法商优书

IPO监管雷区

并购优塾 编著

中国法制出版社
CHINA LEGAL PUBLISHING HOUSE

序　言

这是IPO的一个好时代，也是一个坏时代。作为一种趋势，IPO是企业做大做强的动力和方式，从证监会居高不下的排队队伍和近期的赴港上市热潮可见一斑。但上市并不是简单的融资，基于证监会的严格要求，许许多多的公司因为各项条件不符而屡次在IPO的道路上触礁。

资本市场是一个充满诱惑和浮夸的地方，拉卡拉、周大生、绝味食品、墨迹天气、永安行、十月妈咪、毛戈平、红星美凯龙……这些响当当的名字，背后都有着不同的IPO故事。

圣华曦、诺特健康、宝兰德、丸美生物、时代院线、锦和商业、南航传媒、金枪新材……这些在资本市场起伏中的企业，揭示着企业上市的雷区。

毫无疑问，IPO是一项极为复杂高深的业务，即便是久经沙场的执业者，在监管越来越周延的市场形势下，也难保万无一失。面对证监会细致繁琐的实质性审核，以及复杂的资本市场形势，如何把握IPO上市的关键点，规避IPO上市过程中可能出现的问题，助力企业在国内严格的审核机制下顺利实现IPO上市？并购优塾从“产业洞察”和“监管雷区”两个独特的视角研究实际案例并进行细致的披露和阐释。

自2016年4月创立以来，“并购优塾”一直秉承“务实、精进、创新”的精神，以价值投资为理念，为资本市场核心从业人群，包括PE股权投资机构、拟IPO公司、上市公司，提供深度的基本面研究和IPO、税务咨询服务。作为IPO和财税领域的独立研究机构，从财务分析的视角切入公司研究和行业研究，形成了自己的研究思路和体系。

此次推出的《IPO产业洞察》和《IPO监管雷区》是并购优塾团队在企

业上市方面的系列研究。前者集合了20个鲜活的公司经营案例，对大消费升级领域的公司进行深入分析。有别于传统的商学院书籍，该书取材来自真实的案例和数据，以独特的研究方式，建立“三维一体”的行业研究方法，以公司经营模式为切入点，融合行业研究、财务数据分析，立体解剖商业案例。后者集合了30个鲜活的IPO被否案例，对监管层审核重点进行深入分析，从IPO被否的独特视角，来阐释企业上市的痛点。对拟上市的公司来说，前事不忘后事之师，了解其他类似企业被否原因，可以知道何可为，何不得为；对保荐机构来说，吸取同行保荐被否的教训，能更好地为申报IPO的企业保驾护航；对投资机构来说，监管层的否决反馈，就是最经典的尽调手册。

IPO的研究领域里，国内全面系统的业务操作指导丛书不多，从行业领域研究及失败的案例中汲取经验研究的更是少之又少，本套丛书的出版对于完善IPO领域的实务操作是一个建设性的贡献，也为该领域的工作人员提供了鲜活的案例和踏实的经验。

穿越资本迷雾，让研究回归常识。并购优塾秉承着这样的研究方向，推出了近800篇行业高质量原创文章，积累了近40万的关注人群，集合了上市公司、拟IPO公司、PE、VC群体等产业和资本领域的中坚力量。实操问题的讨论一般以一个实际问题作为起点，分析相关法规和惯例，再具体给出解决方案，这是常规套路，但并购优塾专注于深度探索公司分析案例，从行业研究的角度积累投资领域的基本功，从案例中窥视资本市场中的“雷区”并公之于世，让更多的人透过案例看懂资本市场从而对规则驾轻就熟。这两本书就是献给资本市场研究的一份礼物，期待着带给读者另一种观察市场的视角。若有不足之处，恳请方家不吝赐教。

并购优塾
2018年6月

目录

第一部分　持续盈利能力

第二部分　会计核算

第三部分 规范运行

第四部分　独立性

第五部分　信息披露

第一部分 持续盈利能力

业务结构变化 + 依赖大客户 + 会计处理不规范

一、品恩科技[①]

①本文关于品恩科技的数据来源于《北京品恩科技股份有限公司创业板首次公开发行股票招股说明书（申报稿）》，详见中国证监会网站。

▼

2017 年 6 月 7 日，准军工股——品恩科技，IPO 被否。

这家为部队、机关提供软件的公司，客户都是“某单位”“某部”，很神秘的！然而，它还是被否了。倒在了财务数据有问题、持续盈利能力存疑、规范性不达标上。这次，上述几处疑点，基本都是从财务数据上体现出来的。具体表现在：

1. 业务收入、人工成本、营业成本，这些财务指标如坐过山车，忽高忽低；
2. 大客户依赖，第一大客户营收占比接近 90%；
3. 应收账款超高，占比达到 158%；
4. 坏账计提、营业成本的会计处理不规范；
5. 增值税退税的真实性、合法性存疑。

这算是我们近期研究被否案例中财务问题最多的一个了。

1

为军队服务的软件公司

品恩科技（以下简称品恩），主要为部队和公共安全领域的客户提供软件、技术开发服务和解决方案。一般来说，他们的产品及服务主要包括信息管理系统（部队用）、营区综合管控解决方案、三维人像采集比对解决方案等。并且，这些产品和服务，大多是给部队提供的。

特别说明一下，品恩卖的产品多是标准化的信息管理系统，除非有特殊需要，才会定制。因此，当客户需要个性化定制开发软件时，品恩会收取客户的技术开发费用。技术开发分为两类：完全定制开发（从零开始）、二次开发（在已有产品基础上修修改改）。

另外，品恩还提供定制化的解决方案，如营区综合管控解决方案、三维人像采集比对解决方案等。在为客户提供解决方案的过程中，品恩需要做的事比较系统，既包括销售软件，还包括硬件设备配套，并负责安装、调试，最终验收后，才整体交付给客户。

▼

项目	交付标的	标准化程度	交付过程及投入	验收
软件产品	软件产品	标准化产品	交付标准化产品	产品交付验收
技术开发	软件开发成果	定制开发	有定制开发的项目过程及人员投入	开发完成后验收
解决方案	软件产品或技术开发 + 配套硬件 + 安装实施	整体方案定制	软件、硬件交付及安装实施	安装调试后验收

软件→技术开发服务→解决方案，三者之间是递进关系，后者都是在前者的基础上衍生而来的。

▼

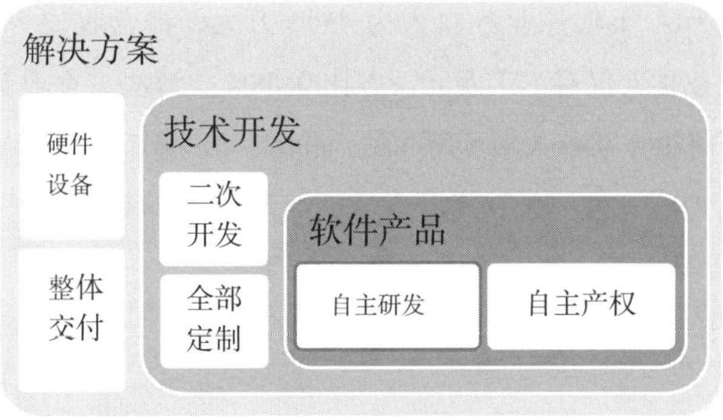

给部队服务，很厉害啊。

然而，这么厉害的一个公司，却因为财务数据上的种种问题，IPO 被否了。

2

三大主营业务，哪个是核心？

本次监管层提出的第一个问题，矛头直指品恩的三大业务：软件、技术开发服务、解决方案。

▼

> 发行人报告期内，发行人软件产品、解决方案、技术开发这三项主要收入，各年度差异大、分布无规律，2016 年度经营性现金流为负。
>
> 请说明：
>
> 1. 2015 年度技术开发、2016 年度解决方案业务内容的差异，以及收入快速增长的原因；
>
> 2. 2017 年 1 ~ 5 月在手订单的签订以及收入利润的实现情况，2017 年第一季度的盈亏情况。①

---

① 参见中国证监会网站《北京品恩科技股份有限公司创业板首次公开发行股票申请文件反馈意见》，载 http://www.csrc.gov.cn/pub/newsite/fxjgb/scgkfxfkyj/201705/t20170527_317511.html，2018 年 4 月 15 日最后访问。

看完了监管层的反馈，我们发现，监管层主要关注的是收入的增长过快以及波动过大的问题。2014 年软件业务收入为 4466 万元，占营收比为 77.56%。到了 2016 年，这个业务收入仅有 123 万元，占比 0.58%。解决方案业务刚好和软件业务相反，2014 年解决方案收入是 675 万元，占比 11.73%，到 2016 年，直接猛增至 2.09 亿元，占比 97%。另一个技术开发收入，2014 年的销售收入占比为 1.25%，到 2015 年暴增至 23.8%，却在 2016 年掉回 1.72%。

▼

单位：万元

收入类别	2016 年度		2015 年度		2014 年度	
	金额	占比	金额	占比	金额	占比
软件产品	123.93	0.58%	1,842.05	15.19%	4,466.44	77.56%
解决方案	20,923.86	97.12%	6,651.49	54.85%	675.62	11.73%
技术开发	369.89	1.72%	2,885.64	23.80%	71.82	1.25%
运维服务	39.31	0.18%	507.92	4.19%	94.34	1.64%
硬件销售	87.84	0.41%	239.94	1.98%	450.25	7.82%
合计	21,544.83	100.00%	12,127.04	100.00%	5,758.47	100.00%

这营收一上一下，真是把大家都看得怀疑智商了。监管层都看不下去了，非要问这是怎么回事。

对此，品恩解释为：不同业务占比波动较大是客户需求不一样导致的。关于解决方案业务为什么增速迅猛，主要是因为解决方案业务里包含了多种项目，既有单独的软件产品，又有解决方案配套的软件产品，还有硬件。如果把它稍微拆分一下，刚刚从 77% 下滑到 0.58% 的软件业务，真正占当期营收的比例，就变为了 83.88%、36.69%、54.62%。

▼

单位：万元

项目	2016 年度	2015 年度	2014 年度
软件产品	123.93	1,842.05	4,466.44
解决方案—软件产品	11,646.87	2,609.39	363.97
小计	11,770.80	4,451.44	4,830.41
占当期营业收入比例	54.62%	36.69%	83.88%

说到这，品恩给出的结论为：公司的核心业务就是软件产品。但是，就算这样解释，解决方案中，软件的收入也才占一半左右，还有一半是什么？品恩没有具体解释。而且，最奇怪的是，收入的波动性这么大，品恩也没有解释。

所以，监管层直接要求品恩，提供今年的订单及业绩数据，来进一步观察收入情况。很显然，最重要的收入指标出现这些奇怪的现象，总是让人不放心品恩的持续盈利能力。

3

雷区一：严重依赖大客户

监管层对品恩持续盈利能力的质疑，除了表现在收入细节上，也对大客户产生了疑问。

▼

> 2016 年度，来自第一大客户中国电子科技集团公司某科研单位下属某单位/公司，签订的合同共有 63 个，合同金额为 2,166.95 万元。截至 2017 年 4 月 30 日，双方再次签订 53 个合同，合同金额合计 15,312.60 万元。
>
> 请说明：
>
> 1. 与中国电子科技集团公司某科研单位下属某单位/公司签订合同未招投标的原因，发行人取得上述业务是否符合法律法规，是否额外支付其他费用；
> 2. 发行人对该客户是否存在重大依赖；
> 3. 对发行人持续盈利能力的影响、风险等信息披露是否充分。①

总结监管层的反馈，我们可看出三个问题：

（1）没有通过招投标就搞到这个大客户，还签了合同，什么情况？这样符合规范吗？有没有支出额外费用？

---

① 参见中国证监会网站《北京品恩科技股份有限公司创业板首次公开发行股票申请文件反馈意见》，载 http://www.csrc.gov.cn/pub/newsite/fxjgb/scgkfxfkyj/201705/t20170527_317511.html，2018 年 4 月 15 日最后访问。

（2）对这个客户有没有依赖？

（3）会不会影响品恩的持盈能力？风险披露了没？

我们一一来看一下：从品恩的前五大客户中，第一大客户——中国电子下属的某单位（以下简称“某单位”），一个单位贡献的收入就占了品恩应收的87.85%。

▼

期间	序号	客户名称	销售内容	金额（万元）	占同期收入比例
2016年度	1	中国电子科技集团公司某科研单位下属某单位	解决方案	18,931.83	87.85%
		中国电子科技集团公司某科研单位	解决方案、硬件		
	2	武警森林部队某部	技术开发及硬件	371.31	1.72%
	3	公安部新疆乌鲁木齐某现役单位	解决方案	100.00	0.46%
	4	北京维信通广电子有限公司	软件产品	89.74	0.42%
	5	南通卡迪网络科技有限公司	解决方案	47.80	0.22%
	6	昆明嘉辰科技有限公司	解决方案	43.85	0.20%
	7	莎车县公安局	解决方案	43.08	0.20%
	8	公安部山东某现役单位	运维服务	39.31	0.18%
	9	北京汉安红腾科技有限公司	软件产品	34.19	0.16%
	10	南京协成楼宇系统工程有限公司	解决方案	33.33	0.15%
	合计			19,734.43	91.57%
2015年度	1	公安部新疆某现役单位	解决方案	1,785.04	14.71%
	2	武警森林部队某部	技术开发及硬件、解决方案	1,778.94	14.66%
	3	武警部队某部	技术开发	1,011.46	8.34%
	4	北京维信通广电子有限公司	软件产品	998.29	8.23%
	5	公安部广东14个现役单位	解决方案	792.04	6.53%
	6	公安部山东13个现役单位	运维服务、解决	633.53	5.22%

续表

期间	序号	客户名称	销售内容	金额（万元）	占同期收入比例
2015年度	7	中国电子科技集团公司某科研单位	解决方案	580.00	4.78%
	8	新疆维吾尔自治区公安厅	软件产品及硬件	517.19	4.26%
	9	莎车县公安局	解决方案	467.17	3.85%
	10	公安部某现役单位	解决方案、运维服务、技术开发	455.47	3.75%
	合计			9,019.13	74.34%

那肯定是够依赖的了。品恩主动解释说：这是行业特点决定的。我们的产品又不是民用，部队、安防客户都很集中。我们目前规模不大，客户少，客户集中度高很正常。品恩还表示，对科研院所的客户订单主要是通过招投标和谈判两种方式获得。

▼

> 涉军国有科研院所客户，公司取得销售订单的方式主要包括三种：①公司作为联合体成员共同承接部队信息化建设项目，如公司曾与中国电科十五所联合实施公安边防应用软件一体化建设项目；②作为分包商与部队及政府单位信息化建设项目总体单位合作，如公司向中国电科院提供解决方案、向中国电科十五所提供技术开发服务等；③为涉军国有科研院所实施管理信息化建设。对于该类客户，公司的销售订单取得方式主要为参与投标与谈判等。①

但为什么没有对这个“某单位”采用招投标方式，品恩没有披露。接近两亿元的订单，不用招投标？这规范吗？有没有额外支出费用，但没有披露的呢？

监管层表示很疑惑。

① 参见中国证监会网站《北京品恩科技股份有限公司创业板首次公开发行股票申请文件反馈意见》，载 http://www.csrc.gov.cn/pub/newsite/fxjgb/scgkfxfkyj/201705/t20170527_317511.html，2018 年 4 月 15 日最后访问。

4

雷区二：会计规范性——谜之人工成本

除了对持续盈利能力产生怀疑外，监管层还在财务数据中看到了营业成本和人工成本的疑点。

▼

> 请说明：
> 1. 各期期末存货保留的人工成本和结转进营业成本的人工成本，两者的划分标准和依据。营业成本中的人工持续低于期末存货中保留的人工的原因；
> 2. 报告期内，各期发生和分摊的人工成本变化不大，但营业成本分摊的人工变化较大的原因。
> 请保荐代表人说明对职工薪酬分摊的核查过程和核查结论。①

监管层的这两个问题，话里意思是：

（1）人工成本为什么有的记到存货，有的记到营业成本，有什么标准、依据？为什么存货中的人工比营业成本的人工多？

（2）为什么每期人工成本都变化不大，但是营业成本分摊的人工成本变化那么大？

在分析监管层的问题前，我们先看看品恩的成本构成。

2014～2016 年，品恩的营业成本分别为 919 万元、4136 万元、8420 万元，这当中，硬件成本和人工成本为主要部分，合计占比超过 80%。

然而人工成本又坐了一把过山车：从 2014 年的 190.99 万元到 2015 年的 1237.30 万元，又掉回 2016 年的 127.92 万元。

---

① 参见中国证监会网站《北京品恩科技股份有限公司创业板首次公开发行股票申请文件反馈意见》，载 http：//www.csrc.gov.cn/pub/newsite/fxjgb/scgkfxfkyj/201705/t20170527_317511.html，2018 年 4 月 15 日最后访问。

▼

金额：万元

年度	成本总额										
	硬件成本		人工成本		房租折旧及费用等		预提维护费		外协实施费		合计
	金额	占比	金额	占比	金额	占比	金额	占比	金额	占比	
2016	6, 839. 87	81. 23%	127. 92	1. 52%	191. 56	2. 27%	686. 07	8. 15%	575. 18	6. 83%	8, 420. 60
2015	2, 024. 57	48. 94%	1, 237. 30	29. 91%	329. 56	7. 97%	177. 53	4. 29%	367. 90	8. 89%	4, 136. 86
2014	632. 86	68. 79%	190. 99	20. 76%	82. 09	8. 92%	14. 00	1. 52%	-	-	919. 94

据披露，2014 年人工成本低，是因为客户未验收，人工成本计入存货。2015 年人工成本高，是因为前期未分摊的技术开发成本分摊到了今年。

那么，人工成本什么时候该计入存货，什么时候该进入营业成本呢？本案，品恩并没有指出划分的依据。而营业成本中的人工成本，一直低于存货中的人工成本，品恩也没有合理解释。

▼

单位：万元

项目	2016 年	2015 年	2014 年
应付职工薪酬发生额①	2, 717. 43	2, 492. 57	3, 118. 93
期初存货 - 人工成本余额②	1, 250. 40	1, 698. 11	631. 04
期末存货 - 人工成本余额③	1, 294. 71	1, 250. 40	1, 698. 11
当期发生和分摊的人工成本小计① + ② - ③	2, 673. 12	2, 940. 28	2, 051. 86
当期损益和冲销维护费的人工成本小计	2, 673. 12	2, 940. 28	2, 051. 86
其中：营业成本 - 人工	127. 92	1, 237. 30	190. 99
结转入维护费 - 人工	69. 01	64. 58	12. 68
管理费用 - 研发费用 - 人工	1, 144. 71	626. 20	974. 41
销售费用 - 人工	325. 94	202. 77	186. 56
管理费用 - 人工	1, 005. 54	809. 44	687. 22

而且，2014 ~ 2016 年，营业成本中的人工成本的分摊为 190 万元、1237 万元、127 万元。分摊变化这么大，为什么？这个问题，品恩依然未做解释。品恩要是不解释，谁能看懂这个人工成本的计量呢？

5

雷区三：会计规范性——谜之应收账款

除了人工成本计量之谜，还有应收账款之谜。

▼

> 报告期内发行人应收账款逐年增长，分别为 9,154.50 万元、9,575.09 万元和 14,307.34 万元，占营业收入的比例分别为 158.97%、78.92%和 66.39%。
>
> 1. 请发行人代表说明应收账款占营业收入比重较高的原因，说明坏账准备计提比例低于同行业上市公司水平的合理性；
>
> 2. 请发行人代表说明北京中泰通达科技发展有限公司、北京维信通广电子有限公司的回款情况，说明不采用个别认定法计提坏账是否符合会计准则中的谨慎性要求。①

通过监管层反馈，我们可以总结为下面两个问题：

（1）为什么应收账款这么高，坏账计提比例这么低？

（2）北京中泰通达科技发展有限公司、北京维信通广电子有限公司这两家公司的应收账款收得怎么样了？为什么不用个别认定法计提坏账？

关于第一个问题，品恩对逆天的应收账款占比的解释是：客户主要是部队、机关、国有研究所等，他们都有预算管理制度，付款流程长。这个问题，只要客户为政府、事业单位的公司，基本都要面对。但是，在坏账计提比例上，品恩表示自己的计提比例与同行接近。

不过，我们发现，在 2 年以上应收账款中，品恩的计提比例是比较低的。

---

① 参见中国证监会网站《北京品恩科技股份有限公司创业板首次公开发行股票申请文件反馈意见》，载 http://www.csrc.gov.cn/pub/newsite/fxjgb/scgkfxfkyj/201705/t20170527_317511.html，2018 年 4 月 15 日最后访问。

▼

账龄		公司	数字政通	四维图新	中国软件	华平股份
1 年以内	0～3 个月	5%	5%	1%	6%	0%
	3～6 个月					1%
	6～12 个月					3%
1～2 年		10%	10%	10%	8%	30%
2～3 年		15%	30%	50%	10%	60%
3 年以上	3～4 年	30%	50%	100%	20%	100%
	4～5 年	50%	80%		50%	
	5 年以上	100%	100%		100%	

品恩表示：我的客户，不是部队就是机关，资信都很好，我这个计提已经很充分了。但是，要知道，它的应收账款占营收比例可是达到过逆天的 158.97%，这么低的计提比例，难免被监管层怀疑。

关于第二个问题，我们在应收账款前五名客户名单里看到了猫腻。前五名客户中，北京中泰通达科技发展有限公司、北京维信通广电子有限公司两家公司长期占据"榜首"，而且 2015～2016 年，他们的应收账款数额几乎没变，但是账龄却悄悄增加。

▼

单位：万元

时间	单位名称	金额	账龄	占应收账款比例
2016 年年末	中国电子科技集团公司某科研单位下属某单位	6, 969. 56	0～1 年	44. 40%
	北京中泰通达科技发展有限公司	1, 626. 25	1～3 年	10. 36%
	北京维信通广电子有限公司	1, 391. 54	0～3 年	8. 86%
	武警部队某部	1, 047. 95	1～2 年	6. 68%
	莎车县公安局	496. 00	1～2 年	3. 16%
	合计	11, 531. 30	–	73. 46%

续表

时间	单位名称	金额	账龄	占应收账款比例
2015 年年末	北京中泰通达科技发展有限公司	1, 626. 25	0 ~ 2 年	15. 77%
	北京维信通广电子有限公司	1, 286. 54	0 ~ 2 年	12. 47%
	武警部队某部	1, 178. 06	0 ~ 4 年	11. 42%
	中国电子科技集团公司某科研单位	580. 00	1 年以内	5. 62%
	新疆维吾尔自治区公安厅	539. 86	1 年以内	5. 23%
	合计	5, 210. 71	–	50. 51%
2014 年年末	北京中泰通达科技发展有限公司	2, 536. 50	0 ~ 2 年	25. 52%
	北京维信通广电子有限公司	2, 235. 40	0 ~ 2 年	22. 49%
	武警部队某部	1, 608. 08	0 ~ 3 年	16. 18%
	北京汉安红腾科技有限公司	1, 040. 00	1 年以内	10. 46%
	公安部江苏某现役单位	615. 63	0 ~ 2 年	6. 19%
	合计	8, 035. 61		80. 84%

品恩表示，这两家公司都是老客户，以前回款都很好，没有过坏账，所以没有用个别认定法计提坏账。但这个理由显然很难服众。

在看点二中，我们提到过品恩获取第一大客户的时候，并没有走招投标程序。然后，我们从监管层的提问中发现，报告期内有一笔最大金额的合同也是没有走招投标程序。

▼

> 3. 发行人报告期确认的最大笔合同内容为三维人像采集比对解决方案，2016 年度确认收入金额为 17, 634. 29 万元。请发行人代表说明上述合同未履行招投标程序的原因，说明上述合同对应的应收账款的回收情况。请保荐代表人对上述合同对应的收入确认是否符合企业会计准则的规定发表核查意见。①

① 参见中国证监会网站《北京品恩科技股份有限公司创业板首次公开发行股票申请文件反馈意见》，载 http：//www. csrc. gov. cn/pub/newsite/fxjgb/scgkfxfkyj/201705/t20170527_ 317511. html，2018 年 4 月 15 日最后访问。

最大笔金额的合同没有走招投标程序，监管层是怎么发现这个问题的呢？原来，是品恩在解释2016年人工成本为什么降低的时候，提到了三维人像采集对比解决方案，没有取得任务书（招投标的关键文件）。这么大的CASE，都不走招投标程序？以后应收账款怎么保证能收回来？并且，在没有任务书的情况下，如何确认收入，会计处理合规吗？这些问题，品恩并没有注意，所以也没有披露。

从这个问题我们可以看出，监管层一直对项目类的公司是否有招投标程序非常关注。经总结，主要在于以下几点：

（1）取得的订单是否合法，有没有“内幕”？

（2）程序如果不正规，怎么保证账款顺利收回？

（3）有没有施工资质？

所以，对需要通过招投标获得项目的公司来说，取得订单的方式也很重要。品恩的问题，看来真不少啊。但愿品恩能尽快说明这些问题，“二战”成功！

项目获取能力存疑 + 业务结构不明 + 应收账款过多

二、绩丰岩土[①]

①本文关于绩丰岩土的数据来源于《浙江绩丰岩土技术股份有限公司首次公开发行股票招股说明书（申报稿）》，详见中国证监会网站。

▼

绩丰岩土，这个听着挺特别的公司，昨日主板 IPO 申请被否。

这家工程公司，年营收近 5 亿元、净利润超 5000 万元，已经能秒杀一大批上市公司了。但是，它还是倒在了持续盈利能力不足、规范性、财务数据存疑的坑里。项目获取能力存疑、核心业务不明、应收账款过高、关联方资金往来存在疑点。这些问题，绩丰岩土没有解释明白。

绩丰岩土被否，也给许多相似企业，尤其是工程类、项目类企业上了一课：做工程的，不能闷头干项目，获取项目的销售能力、收款能力，甚至是主业和辅业之间的协调性，都是监管层关注的重点。

1

绩丰岩土是做什么的?

绩丰岩土（以下简称绩丰），这个名字听起来挺特别的，相信很多小伙伴都猜不到它是做什么的。实际上，绩丰是做地基与基础工程业务的，也就是帮别人打地基的。他们服务的客户主要分布在房地产、交通（铁路、机场、港口、隧道）、市政及公用设施（公路、医院、学校）、城市地下空间（停车场、地下商场、民房工程）等领域（我们后面都简称工程业务）。

因为绩丰是重资产公司，所以当没有项目的时候，这些重资产设备也不能闲着。所以他们会在闲暇时，把起重机、脚手架这些设备租出去，做建筑物资租赁业务（我们后面都简称租赁业务）。

但是，值得注意的是，绩丰出租的这些建筑物资，有相当一部分所有权并不属于自己。不过，这也是工程类公司普遍存在的现象。

因为这些公司大多都是“重资产”型，所以他们在部分资产上采取特殊的采购模式。有些大型设备，如起重机、强夯机等，采购时所需资金量很大，很多公司选择融资租赁或分期付款的方式支付。其实，这就是融资租赁，所以在融资期限到期之前，这些设备的所有权仍然是归出租人所有，而不是归绩丰所有。

所以，问题来了。绩丰把这些融资租入的设备又转租了出去，给后来 IPO 被否埋下了伏笔。

2

雷区一：工程类公司如何拿项目？

看完了绩丰的两大业务，我们再说说它是怎样获得这些工程项目的。

绩丰的项目，通过邀标、议标和招投标三种方式获取。邀标，就是邀请招标。它是指招标人向符合条件的单位发送邀请书，邀请他们投标，再从中选择合作方。这是绩丰最主要的渠道。招投标，就是公开招标。它是指招标人向所有人发布招标公告，邀请不特定对象前来投标，从中选择合作方。除长期合作或跟踪的客户外，绩丰一般不参与公开招标。议标，就是商务谈判。绩丰表示，自己已经积累了大量长期、稳定的老客户，这些客户一般都会直接与绩丰进行谈判来确定是否合作。

这三种方式，和大多数项目类公司基本一致，包括我们之前分析过的巅峰智业，只不过说法不同而已。

有意思的是，绩丰主要采取邀标和议标两种方式，这二者收入占比超过80%，而招投标方式收入占比不足20%。

▼

单位：万元

年度	2016 年度		2015 年度		2014 年度	
	工程收入	占比	工程收入	占比	工程收入	占比
邀标方式	16, 092. 36	49. 10%	9, 888. 18	34. 38%	5, 116. 60	17. 98%
议标方式	10, 385. 39	31. 69%	13, 614. 10	47. 33%	22, 609. 97	79. 43%
招投标方式	6, 296. 70	19. 21%	5, 258. 98	18. 28%	736. 99	2. 59%
合计	32, 774. 45	100. 00%	28, 761. 26	100. 00%	28, 463. 56	100. 00%

也就是说，绩丰的业务主要是靠客户主动邀请投标或谈判来获得的，所以老客户是一个关键因素。可惜的是，在这一点上，监管层也提出了质疑。

3

雷区二：做项目的，能不能一直有活儿干？

本次监管层质疑的问题较多，我们先来看看监管层对于大客户问题的质疑。

▼

> 请说明：
> 1. 发行人同主要客户的交易是否有长期的协议约定，是否存在客户流失风险，是否具有可持续的风险；
> 2. 发行人业绩是否存在下滑趋势或风险；主要客户营销方式是否存在重大变化，所处的行业地位和行业经营环境是否已经或者将要发生重大变化，是否对发行人的持续盈利能力构成重大不利影响；相关信息和风险是否充分披露。①

从上述反馈来看，监管层主要对绩丰提出了三个问题：

（1）你和大客户有长期协议约定吗？要是没有，怎么保证这些客户不会流失，怎么保证你和他们的合作是可持续的？

（2）你对大客户的营销方式会变吗？你的行业地位和经营环境会变吗？

（3）要是上面问题说不清楚，那我可要质疑你的持续盈利能力了，你有没有主动披露这些风险？

在分析上述大客户问题之前，我们先来看一组数据：

2014～2016 年，绩丰前五大客户营收占比分别为 31.98%、35.74%、44.53%。这占比看着不算离谱。

---

① 参见中国证监会网站《浙江绩丰岩土技术股份有限公司首次公开发行股票申请文件反馈意见》，载 http://www.csrc.gov.cn/pub/newsite/fxjgb/scgkfxfkyj/201706/t20170602_317762.html，2018 年 4 月 15 日最后访问。

▼

2016 年度前五名客户情况

单位：万元

序号	客户名称	营业收入	占营业收入比重	业务内容
1	中国中铁股份有限公司	10, 850. 54	22. 35%	地基与基础工程施工、建筑物资租赁
2	浙江和润天成置业有限公司	5, 964. 51	12. 28%	地基与基础工程施工
3	中国铁建股份有限公司	1, 862. 55	3. 84%	地基与基础工程施工、建筑物资租赁
4	泰禾集团股份有限公司	1, 536. 59	3. 16%	地基与基础工程施工
5	中国交通建设集团有限公司	1, 407. 33	2. 90%	地基与基础工程施工、建筑物资租赁
合计		21, 621. 52	44. 53%	

但是，大家注意，这个占比在不断提高，中国中铁、中国铁建近几年都“榜上有名”。绩丰对此解释为，跟这些大客户合作多年了，我的能力大家都认可了，我的牌子也越来越响，所以大客户给的项目也越来越多。

前文我们提到绩丰获取项目的方式主要是邀标和议标。只有客户邀请了，绩丰才有机会拿到这些项目。监管层担心，如果以后大客户给的项目数量减少了，绩丰怎样保证持续盈利能力？

此外，绩丰自己也在风险披露中提及：对于项目类公司，一个项目结束后，客户不再继续采购服务，要想盈利，还得再开拓新项目。而绩丰除了老客户推荐，其对新项目的开拓能力也值得商榷。

看样子，工程公司不仅要注意项目操作的规范性，还要保证有持续获取项目的能力，其实也就是要有独立性。这些问题解释不清，监管层肯定会质疑绩丰的持续盈利能力。

4

雷区三：经营模式又出了什么问题？

监管层对绩丰持续盈利能力的质疑，不仅仅体现在大客户上，还体现在经营模式上。

▼

> 请发行人代表结合发行人报告期内工程和租赁两大业务的毛利及占比变动趋势进一步说明：
>
> 1. 自有资产租赁和融资资产租赁在资产构成、收入和毛利等方面的占比情况，对发行人租赁业务的资产完整性和独立性是否构成实质性影响，及其未来业务发展方向。行业分类的依据及其合理性，关于业务模式的说明是否真实、准确；
>
> 2. 发行人两大业务毛利率波动较大，且波动趋势存在差异的原因及其合理性、可持续性。①

从监管层的反馈来看，我们可以总结出三个问题：

（1）租赁业务中，自有资产和融资资产构成是怎样的，会不会影响你的资产完整性和独立性？你都说清楚了吗？

（2）你的两大业务的毛利率波动这么大，而且波动趋势不同，是什么原因？

其实，监管层的这两个问题，主要是基于两大业务的毛利率变动提出的。

绩丰主业是工程，辅业是租赁。其中，近三年工程业务收入为 2.85 亿元、2.88 亿元、3.28 亿元，营收占比 60% 以上。

---

① 参见中国证监会网站《浙江绩丰岩土技术股份有限公司首次公开发行股票申请文件反馈意见》，载 http://www.csrc.gov.cn/pub/newsite/fxjgb/scgkfxfkyj/201706/t20170602_317762.html，2018 年 4 月 15 日最后访问。

▼

从两大业务营业收入占总营业收入的比重而言，2014 年度、2015 年度、2016 年度，发行人地基与基础工程业务的比例分别为 66.53%、62.62%、67.50%，报告期内均已超过 50%，为公司目前最重要的收入来源。

从两大业务的变动趋势来看，报告期内，发行人地基与基础工程业务营业收入分别为 28,463.56 万元、28,761.26 万元、32,774.45 万元，2015 年度、2016 年度分别较上年增长 1.05%、13.95%；报告期内，发行人建筑物资租赁业务营业收入分别为 14,301.33 万元、17,159.59 万元、15,779.05 万元，2015 年度、2016 年度分别较上年增长 19.99%、-8.05%。报告期内，发行人地基与基础工程业务营业收入持续增长。

由上，从报告期内发行人两大业务营业收入占总营业收入的比重及变动趋势来看，发行人地基与基础工程业务营业收入报告期内收入持续增长，且是公司目前最重要的收入来源。

但是，2015 年，工程业务的毛利竟然不及租赁业务，2016 年工程业务的毛利也只是略微高于租赁业务。

▼

单位：万元

项目	2016 年度		2015 年度		2014 年度
	金额	增幅（%）	金额	增幅（%）	
地基与基础工程	9,676.85	3.73	9,328.92	-27.10	12,796.84
基坑支护	6,654.30	-6.88	7,145.73	-38.92	11,698.35
桩基工程	2,005.28	39.86	1,433.75	-	-
地基处理	344.39	-37.47	550.80	-35.15	849.32
其他工程	672.88	238.74	198.64	-20.28	249.17
建筑物资租赁	9,567.07	-13.78	11,096.26	23.99	8,949.10
信息服务	0.55	-89.34	5.16	-61.52	13.41
合计	19,244.47	-5.80	20,430.34	-6.11	21,759.35

其实，一般来说，租赁业务的毛利率一定是比工程业务高的。

看绩丰披露的数据，工程业务的毛利率为 44.96%、32.44%、29.53%，租赁业务的毛利率为 62.58%、64.67%、60.63%。

▼

项目	2016 年度		2015 年度		2014 年度
	毛利率（%）	增幅（%）	毛利率（%）	增幅（%）	毛利率（%）
地基与基础工程	29.53	-8.97	32.44	-27.85	44.96
基坑支护	30.04	-20.19	37.64	-17.58	45.67
桩基工程	26.67	46.14	18.25	-	-
地基处理	23.53	-37.64	37.73	-6.93	40.54
其他工程	41.00	-4.18	42.79	28.92	33.19
建筑物资租赁	60.63	-6.25	64.67	3.34	62.58
信息服务	100.00	86.43	53.64	-38.68	87.48
合计	39.64	-10.88	44.48	-12.54	50.86

租赁业务毛利率高且稳定，工程业务毛利率低且一直在下滑。于是，监管层比较担心：这两个业务的毛利率波动有差异，是为什么？未来是否可持续？这一点，绩丰没给出具有说服力的解释。而在租赁业务的毛利构成中，自有资产与融资租赁资产各自贡献了多少，绩丰也没有披露。

试想，如果租赁业务的毛利主要来自融资资产，那在所有权还未转移的情况下，这么重要的资产，绩丰的完整性和独立性肯定会受到影响。

由此，我们总结一下，监管层对于核心业务的判断，不仅仅是从营收占比方面去考虑，还有毛利、净利贡献度。这点值得大家注意。

5

雷区四：营收和应收数据有何疑点？

除了上述问题，监管层对应收账款的财务数据也提出了疑问。

▼

> 请发行人代表结合报告期各期营业收入和各期末应收账款变化情况进一步说明，是否存在放松信用政策增加收入的情形；与合同签署、应收账款等相关内控制度的制定及执行情况；结合应收账款的逾期、涉诉和期后回款情况进一步说明，应收账款的回款是否存在风险，坏账准备计提是否充分；报告期各期经营活动产生的现金流净额均低于当年净利润的原因。
>
> 上述情形对发行人持续盈利能力是否构成了重大不利影响。①

从监管层的这一连串表述中，我们可以总结出四个问题：

（1）绩丰营收和应收账款数据存疑，是不是靠降低门槛来增加收入了？

（2）绩丰应收账款回款怎么样了？有没有逾期、涉诉情况？坏账准备计提够吗？

（3）为什么现金流总是低于净利润？

（4）要是这几个问题说不清，监管层可要质疑你的持续盈利能力了。

我们先来看看第一个问题，营收和应收有什么问题？2014～2016 年，绩丰的营收为 4.28 亿元、4.59 亿元、4.86 亿元，而同期期末应收账款为 4.44 亿元、4.78 亿元、5.04 亿元。

▼

单位：万元

项目	2016 年度	2015 年度	2014 年度
营业收入	48,554.05	45,930.48	42,780.22
营业利润	6,863.26	6,079.98	6,492.26
利润总额	7,354.43	6,557.67	6,549.87
净利润	5,395.28	4,778.36	4,779.64
归属于母公司所有者的净利润	5,255.54	4,767.91	4,805.20

虽然项目类公司回款都慢，但是应收比营收还高，这是为什么？绩丰解释说：以后业务增长了，应收账款还可能保持较高水平。

① 参见中国证监会网站《浙江绩丰岩土技术股份有限公司首次公开发行股票申请文件反馈意见》，载 http://www.csrc.gov.cn/pub/newsite/fxjgb/scgkfxfkyj/201706/t20170602_317762.html，2018 年 4 月 15 日最后访问。

▼

应收账款余额较高的风险

公司 2014 年年末、2015 年年末、2016 年年末的应收账款净额分别为 44,404.92 万元、47,804.95 万元、50,391.72 万元，占总资产的比例分别为 36.22%、36.13%、36.39%。应收账款在资产结构中的比重较高，与公司所处的地基与基础工程行业密切相关；公司应收账款年末净额增加的主要原因是项目分期结算、客户付款审批流程较长。今后，随着公司地基与基础工程业务规模的迅速增长，应收账款余额仍可能继续保持较高的水平。如果公司应收账款大幅上升，客户出现财务状况恶化或无法按期付款的情况，将会使公司面临坏账损失的风险。

为什么应收账款这么高，绩丰的解释主要是：合同约定工程进度款的收回，一般按照 30% ~70% 收取，竣工后，还有 5% ~10% 作为质保金，无法立刻收回。并且，客户都是央企、大型房企，审批流程长。所以，这也顺便解释了客户的信用度较高，坏账没多计提的原因。

但是，应收账款能不能收回需要真凭实据，不能只是说说而已，绩丰也要公正办公嘛。所以，监管层表示要拿出销售合同、回款情况、逾期、涉诉情况来证明款项确实收回了，风险措施做到位才行。不然，监管层仍然会怀疑其是否通过降低信用门槛来增加收入、内控是否健全、是否有持续盈利能力。另外，经营产生的现金流净额都比净利润低得多，这又怎么解释？绩丰也没有给出明确的解释。

此外，财务数据上，除了营收和应收账款，绩丰的员工薪酬和关联方资金往来也被质疑。

▼

1. 请发行人代表进一步说明，报告期内，发行人员工平均薪酬呈现下降趋势的原因，是否存在压低薪酬支出调节利润的情形。请保荐代表人发表核查意见。

2. 请发行人代表进一步说明，关联方资金往来的具体流向及用途，借款合同的签订、履行的审批程序；未计算资金占用费的依据及其合理性；发行人是否存在体外循环虚构采购、销售的情况；报告期内是否还存在其他关联方资金往来的情形，发行人关于资金管理、关联交易、防止关联资金占用的内控制度的建立及有效执行情况。①

① 参见中国证监会网站《浙江绩丰岩土技术股份有限公司首次公开发行股票申请文件反馈意见》，载 http://www.csrc.gov.cn/pub/newsite/fxjgb/scgkfxfkyj/201706/t20170602_317762.html，2018 年 4 月 15 日最后访问。

监管层提出这些问题，不仅仅是对财务数据质疑，更是直接指出是否有压低薪酬支出调节利润、体外循环虚构采购、销售的情况。这些异常的财务数据没解释清楚，只能被无情否决了。

不过，我们也希望绩丰能早日搞定业务模式、大客户、应收账款等问题，在下次 IPO 之路上一帆风顺。

行业整体增速放缓 + 经营业绩下滑

三、时代院线[1]

①本文关于时代院线的数据来源于《浙江时代电影院线股份有限公司首次公开发行股票招股说明书（申报稿）》，详见中国证监会网站。

背景这么厉害的公司，IPO 也被否！碰上这问题，谁也救不了。

2017 年 5 月，时代院线这家经营院线的公司，IPO 被否。

就在马首富、王首富近几年大举进军文化产业的时候，时代院线作为万达的同行，用亲身经历给疯狂进军影视行业的大佬们上了一课。

虽然，监管层提出的质疑很多，但都围绕一个核心点，那就是——持续盈利能力不足。例如，电影行业整体增速放缓，主营业务收入下滑，各项关键运营指标下降，广告收入逆势增长不合理，其他业务收入猛增……总之，这一连串的组合拳，弄得时代院线都蒙圈了，一时间不知所措。

在重点支持重资产、出口替代型公司，打压轻资产、依靠大规模资金周转盈利的公司的背景下，时代院线作为 2017 年第一家上会的影视类公司，成了第一个挨子弹的。虽然，它背后的实控人是浙江财政厅，即使在浙江电影票房市场占有率超过三成，但这么厉害的时代院线，还是被否了。

1

院线都是怎么玩的?

说到院线，大家可能都听过，但是估计很多人还不知道它到底是什么意思。

院线公司从发行商拿到影片后，对下属的影院进行排片和管理，充当着发行商和电影院之间的桥梁。

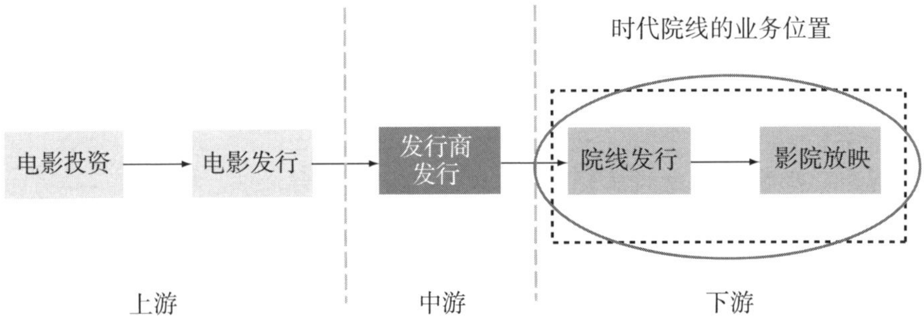

时代院线就是这么玩的，它主要从事院线经营（发行）和影院经营（放映）两个业务。其中，院线经营是指对影院进行统一管理、统一排片、统一供片，收取票房分账款（管理费）。影院经营是指为观众提供放映、餐饮（小卖部）、衍生品销售等服务，同时为客户提供银幕广告、阵地广告等服务，以此收取电影放映收入、小卖部收入、广告收入。

总结一下，时代院线的主营业务收入主要分为电影发行、电影放映（占比80%左右）、小卖部收入及广告收入四部分。

▼

单位：万元

项目	2016 年度		2015 年度		2014 年度	
	金额	比例	金额	比例	金额	比例
主营业务,其中：	33, 726. 08	83. 46%	35, 552. 66	92. 03%	33, 415. 28	94. 85%
电影发行	2, 055. 54	5. 09%	2, 513. 53	6. 51%	1, 942. 18	5. 51%
电影放映	26, 636. 06	65. 91%	28, 919. 29	74. 86%	28, 400. 51	80. 62%
小卖部	2, 213. 96	5. 48%	2, 610. 06	6. 76%	2, 533. 85	7. 19%
广告	2, 820. 52	6. 98%	1, 509. 78	3. 91%	538. 74	1. 53%
其他业务	6, 683. 82	16. 54%	3, 078. 77	7, 97%	1, 814. 41	5. 15%
合计	40, 409. 90	100. 00%	38, 631. 43	100. 00%	35, 229. 69	100. 00%

2

什么是加盟影院模式?

上文给大家介绍了院线的玩法，现在再来看看院线公司与电影院有哪些组合模式。

在国内，院线与下属影院关系分为资产联结和签约加盟两种。前者是：院线公司直接出钱投资或建设影院，对影院统一品牌、统一排片、统一经营、统一管理，所以院线管理控制力较强，分账比例也高。后者是：院线公司只为院线统一排片，不参与加盟影院的经营管理，分账比例较低。

▼

联结形式	院线与影院的关系	特点
资产联结	影院由院线或者院线母公司直接投资兴建，影院资产归院线或院线母公司所有	由于资本联结关系，能够实现以资本和供片为纽带，统一品牌、统一排片、统一经营、统一管理
签约加盟	影院和院线没有资产从属关系，只是以签约形式加入院线	只是以供片为纽带，统一排片，院线公司不参与加盟影院的经营管理

二者的根本区别是影院与院线有没有资产从属关系。说白了，资产联结相当于直营店，签约加盟就是加盟店。时代院线为加盟店提供人员培训、排片指导、营销建议、设备采购和开业指导、审批协助等服务，主要是服务和协助这些加盟影院，并不直接参与管理。

3

雷区一：加盟影院模式出了什么问题？

本次监管层对时代院线提出的问题较多，优塾给大家整理了一下，先来看监管层关注的加盟模式：

▼

> 1. 结合发行人加盟影院的情况，包括加盟影院的数量、近年来的增减变化及原因、发行人来自加盟影院的收入占比及变化情况、发行人对加盟影院的管理模式等，说明加盟模式存在的风险。①

从上述质疑来看，监管层主要对时代院线的加盟模式提出了三个方面的问题：

（1）加盟影院有多少，有没有增减？

① 参见中国证监会网站《浙江时代电影院线股份有限公司首次公开发行股票申请文件反馈意见》，载 http：//www. csrc. gov. cn/pub/newsite/fxjgb/scgkfxfkyj/201705/t20170519_ 317061. html，2018 年 4 月 15 日最后访问。

（2）加盟影院收入占营收的比重有多少？

（3）加盟影院的风险有哪些，是怎么管理的？

这三个问题反映了监管层对加盟影院模式的疑惑。那么，加盟影院模式到底如何呢，我们一起来看一下。

首先，在2016年年底，时代院线共有219家下属影院，其中控股影院24家、参股影院26家、加盟影院169家。可见，加盟影院占据了影院数量的77%。同时，加盟影院的数量也在快速增长，2014～2016年，加盟影院的增长数量分别为25家、24家、29家，而同期资产联结的增长量仅为5家、1家、3家。

其次，2014～2016年，加盟影院模式下的分账收入分别为1419万元、1889万元、1674万元，逐年下滑；且占主营收入的比例不到5%。加盟影院的数量快速增长，但加盟影院的收入却在下滑，这肯定说不过去啊，可惜，时代院线并没有对此作出详细解释。

▼

项目	2016年度	2015年度	2014年度
院线来自加盟影院的分账收入（万元）	1,674.84	1,889.86	1,419.66
占主营业务收入的比例	4.97%	5.32%	4.25%
占利润总额的比例	33.16%	28.20%	25.09%
报告期内进入加盟影院数量（家）	29	24	25
报告期内退出加盟影院数量（家）	3	2	0

最后，对于加盟影院，时代院线的控制力较弱，只是服务和协助，并不进行直接管理和控制。

总结来看，加盟影院快速增长，票房却没拿上来，已经够惨了，加上这些加盟店又不好控制，时代院线遇到这事，想保证稳定的盈利能力也有一定难度。

4

雷区二：电影行业整体放缓，引起监管层的担忧

电影行业今年行不行，我们不知道，但是监管层至少是有所怀疑的：

▼

> 请发行人代表进一步说明：
>
> 1. 我国电影票房 2016 年整体增速放缓的原因，2017 年市场形势的发展变化情况，对发行人业务经营的影响，发行人采取的应对措施；
>
> 2. 发行人所处的行业地位和行业经营环境是否已经或者将要发生重大变化，是否对发行人的持续盈利能力构成重大不利影响，发行人 2017 年经营业绩是否存在大幅下滑的风险，相关信息和风险是否已充分披露。①

从监管层的疑问，我们能看出以下两个问题：

（1）电影行业整体票房前景似乎不太乐观，你们要怎么面对不确定的行业变化趋势？

（2）行业地位和经营环境会不会因此变化，从而影响到你的业绩呢？

电影行业的大背景到底如何，我们来看一组数据：2014 年、2015 年，全国电影票房收入为 296.4 亿元、440.7 亿元，同比增长 36.2%、48.7%。然而，2016 年，全年票房收入为 457.12 亿元，增速仅为 3.73%。这增速真是跳水了。

时代院线对此解释为，“第三方”票补减少、“电影制作小年”、银幕增速过快等因素导致的。而且，去年全国排名靠前的院线公司有接近一半存在票房下降的情况，也拖了整体票房的后腿。

---

① 参见中国证监会网站《浙江时代电影院线股份有限公司首次公开发行股票申请文件反馈意见》，载 http://www.csrc.gov.cn/pub/newsite/fxjgb/scgkfxfkyj/201705/t20170519_317061.html，2018 年 4 月 15 日最后访问。

▼

序号	排名	院线名称	注册地	实际控制人类型	变动率
1	4	中影星美电影院线有限公司	北京	国有	-10.08%
2	7	广州金逸珠江电影院线有限公司	广东	民营	-4.13%
3	9	浙江时代电影院线股份有限公司	浙江	国有	-7.08%
4	12	四川太平洋电影院线有限责任公司	四川	国有	-3.92%
5	13	北京新影联影业有限责任公司	北京	国有	-11.82%
6	14	重庆保利万和电影院线有限责任公司	重庆	国有	-1.68%
7	17	湖北银兴院线影业有限责任公司	湖北	国有	-2.19%
8	19	辽宁中影北方电影院线有限责任公司	辽宁	国有	-18.84%
9	22	浙江星光电影院线有限公司	浙江	国有	-8.78%
10	24	上海大光明院线有限公司	上海	国有	-3.69%
11	26	山东奥卡新世纪电影院线有限公司	山东	国有	-6.54%
12	28	世纪环球电影院线发展有限公司	北京	国有	-15.11%
13	30	江苏东方影业有限责任公司	江苏	国有	-2.80%
平均数					-7.44%

不过，监管层也问了：去年电影行业发展不太猛，时代院线对2017年的电影市场怎么看？万一还是这么萎靡，甚至票房出现下滑，你怎么办？面对监管层的怀疑，时代院线的回复转述成大白话就是：我们要保持积极的心态啊。到2017年5月，票房就已经突破200亿元了。今年这么多大片上映，全年票房可期啊！我们做电影的还是很有前途的，只不过以后（当然不是今年）的事我们也不好预测啊。总之，假如未来电影市场增速真的再次下滑，时代院线也没说会如何应对。

关于第二个问题：行业地位和经营环境，咱们在后面再仔细分析。

5

雷区三：行业增速跳水，自身经营业绩也没挺住

行业增速不行，时代院线自己的业绩也不好看，招来了监管层的问询：

▼

> 1. 发行人报告期内分账比例、上座率、影院平均利润贡献等指标趋于下降、控股影院整体亏损、参股影院亏损面扩大的原因，对发行人业务经营的影响，发行人采取的应对措施；
>
> 2. 发行人 2016 年电影放映收入和发行收入均同比下降、扣除非经常性损益后净利润比上年下降幅度加大的原因，结合扣除非经常性损益后净利润的来源情况，2016 年发行人业务结构是否发生了重大变化。①

从反馈意见来看，监管层问了以下两个问题：

（1）你各项指标都在下滑，到底什么情况？有没有应对措施？

（2）你这扣费净利润下降这么多，是什么原因，净利润从哪来？

回答上述问题，我们先来看看衡量院线盈利能力强弱的几个重要指标。

一是分账比例（这可是院线赚钱的生命线啊）。2014 ~ 2016 年，时代院线对非控股影院的分账比例分别为 2.38%、2.15%、1.86%，同期同行平均值为 2.82%、2.76%、2.09%。

▼

公司	2016 年度	2015 年度	2014 年度
万达院线	–	–	–

① 参见中国证监会网站《浙江时代电影院线股份有限公司首次公开发行股票申请文件反馈意见》，载 http://www.csrc.gov.cn/pub/newsite/fxjgb/scgkfxfkyj/201705/t20170519_317061.html，2018 年 4 月 15 日最后访问。

续表

公司	2016 年度	2015 年度	2014 年度
中影股份	–	2.08%	2.21%
上影股份	–	2.63%	2.94%
幸福蓝海	–	4.28%	4.18%
横店院线	–	3.36%	3.43%
大地院线	2.33%	2.09%	1.75%
时代院线	1.86%	2.15%	2.38%
平均值	2.09%	2.76%	2.82%

分账比例不仅在下滑，还低于同行，到底是怎么回事？时代院线解释的意思大致可理解为：分账比例下滑，是因为有些“疯子”在打价格战，搞得我们没办法啊，也只能硬着头皮干啊！而且，这行业的竞争太激烈了，主要看品牌，谁名气大，分账比例的话语权就大啊。

▼

报告期内，行业可比院线公司对旗下电影院电影发行的分账比例逐年走低，各院线公司吸引影院加盟的竞争较为激烈。同时，各院线的行业地位和品牌效应也直接反映到最终的分账比例中。时代院线在上述行业可比公司中排名相对靠后、品牌影响力相对较小，因此相关院线分账比例也比较低。报告期内，时代院线的院线分账比例变动趋势与行业趋势基本一致。2016 年开始，一些院线把分账比例降至 1% 甚至提出了零分账比例加盟的条件，由此导致时代院线在 2016 年的平均分账比例降至了 2% 以下。

综上，时代院线分账比例低于行业可比公司平均水平，但该等行业可比公司大部分在行业地位、品牌知名度、市场占有率上比时代院线更有优势。综合全国所有院线公司来看，时代院线的分账比例总体符合行业的正常水平。

这样看起来，似乎是有点道理的，但是，这不恰恰又回到了监管层最关心的持续盈利能力的质疑（行业地位和经营环境）上了吗？至于上座率等指标，也和分账比例一样，均在 2016 年出现明显下滑。看来，时代院线也是逃不过行业下滑的魔咒啊！

二是盈利能力指标，如营收、净利润等。2014～2016 年，时代院线的营收分别为 3.52 亿元、3.86 亿元、4.04 亿元，净利润为 4040 万元、5069 万元、3366 万元。

▼

单位：万元

项目	2016 年度	2015 年度	2014 年度
营业收入	40,409.90	38,631.43	35,229.69
营业利润	3,571.53	5,116.61	3,757.98
利润总额	5,051.23	6,701.53	5,657.48
净利润	3,366.85	5,069.36	4,040.08
其中：归属母公司股东的净利润	3,356.28	4,334.78	3,994.40
少数股东损益	10.56	734.59	45.68

营收在增长，但是净利润在下滑，原因是什么？

主营业务收入下滑，而其他业务收入却在飚增。2014 年其他业务收入为 1814 万元，到了 2016 年变为 6683 万元。

▼

单位：万元

项目	2016 年度	2015 年度	2014 年度
主营业务收入	33,726.08	35,552.66	33,415.28
其他业务收入	6,683.82	3,078.77	1,814.41
营业收入合计	40,409.90	38,631.43	35,229.69
主营业务收入/营业收入	83.46%	92.03%	94.85%

其他业务收入主要为思纳科技术工程放映设备、器材销售及技术咨询、设备维保等服务业务收入。很显然，这些业务是与时代院线的主营业务无关的。那么，这样的收入组成变化，会不会导致业务结构的变化呢？时代院线并没有作出强有力的回应。

6

雷区四：监管层咬住持续盈利能力的问题不松口

上面我们回答了时代院线的盈利指标萎缩和净利润下滑的原因。接下来的问题依然是监管层对持续盈利能力的质疑和炮轰。

▼

> 请发行人代表进一步说明：
>
> 1. 发行人报告期内广告费收入和其他业务收入大幅增长的原因及其合理性、可持续性；
>
> 2. 与广告收入相对应的主要客户的交易背景、内容和金额，广告投放与电影放映业务规模是否相匹配；
>
> 3. 发行人通过参股影院获取投资收益在行业内是否普遍；
>
> 4. 发行人最近一个会计年度的净利润是否主要来自合并报表范围以外的投资收益，投资收益的确认是否符合《企业会计准则》的规定；
>
> 5. 发行人是否能够及时取得与投资收益相关的现金流。请保荐代表人发表核查意见。①

从反馈的意见来看，监管层这次又问了两个问题：

（1）广告收入和其他业务收入增长这么快，合理吗、真实吗？

（2）参股影院获取投资收益合理吗，投资收益这么确认合规吗，钱能收回来吗？

这两个问题，是在关注非主营业务增长的真实性和合规性。

第一，关于广告收入及其他业务收入的合理性。除了上文我们分析过的其他业务收入增长快速的原因，时代院线并没有对广告收入的增长作出详尽的解释。

第二，参股影院的投资回报是否合理。所谓参股影院的投资回报，是指对参股影院的长期投资收益（股权投资收益）和借款利息。

---

① 参见中国证监会网站《浙江时代电影院线股份有限公司首次公开发行股票申请文件反馈意见》，载 http://www.csrc.gov.cn/pub/newsite/fxjgb/scgkfxfkyj/201705/t20170519_317061.html，2018 年 4 月 15 日最后访问。

▼

单位：万元

项目	2016 年		2015 年		2014 年	
	金额	占投资收益比例	金额	占投资收益比例	金额	占投资收益比例
可供出售金融资产持有期间取得的投资收益	168.00	17.17%	180.00	9.27%	279.50	25.19%
权益法核算的长期股权投资收益	806.35	82.40%	1,345.35	69.27%	601.14	54.18%
被投资单位超亏时对长期应收款的减记	-177.27	-18.12%	70.36	3.62%	-284.85	-25.67%
债权利息收入	181.47	18.54%	346.39	17.84%	513.69	46.30%
合计	978.55	100.00%	1,942.11	100.00%	1,109.49	100.00%

不仅如此，2014～2016 年，时代院线投资收益分别占利润总额的 19.61%、28.98% 和 19.37%。而这部分的投资收益，是否会对合并报表范围的净利润产生重要影响？投资收益的确认是否符合《企业会计准则》的规定？或许时代院线需要作出更准确的解释了。

监管层对时代院线的炮轰，除上述的盈利能力质疑外，还有对政府补助的质疑。这部分内容较为单一，我们不再赘述，具体的反馈意见大家可以参考一下。

▼

请发行人代表进一步说明：

1. 发行人收到的政府补助的具体依据，是否符合有关法律法规和国务院相关规定；

2. 国家对电影行业相关的补助政策是否发生或将要发生重大变化，对发行人业务经营和经营业绩的影响，发行人现有政府补助是否可持续；

3. 发行人经营业绩对政府补助是否存在重大依赖；

4. 相关信息和风险是否已经充分披露。请保荐代表人发表核查意见。①

① 参见中国证监会网站《浙江时代电影院线股份有限公司首次公开发行股票申请文件反馈意见》，载 http://www.csrc.gov.cn/pub/newsite/fxjgb/scgkfxfkyj/201705/t20170519_317061.html，2018 年 4 月 15 日最后访问。

依赖苹果公司授权 + 内控制度不健全

四、和宏实业[①]

①本文关于和宏实业的数据来源于《深圳市和宏实业股份有限公司首次公开发行股票并上市招股说明书（申报稿 2016 年 9 月 23 日）》，详见中国证监会网站。

▼

苹果真的惹不起：因员工偷苹果数据接口，这家公司IPO泡汤。

2017年6月2日，一家准苹果概念股——和宏实业，做苹果数据线的公司，IPO被否了。其被否的原因很“奇葩”，但追究其被否的导火索，竟然是一起盗窃案！原来，和宏实业的库管员偷窃了苹果数据接口，还私自销售。悲剧的是，苹果因为和宏实业的这个“小纰漏”，取消了对和宏实业的MFi认证授权。

取消授权仅仅是悲剧的开端，后续监管层又从内控、订单、存货、募投项目、采购等多个方面进行了深入询问。但所有的询问，总结为一点就是：和宏实业离开了苹果的授权以后还有持续盈利能力吗？

乍一看，库管员要背IPO被否的黑锅。但是，表面现象背后拉扯出了更为关键的被否原因：持续盈利能力存疑的核心痛点。没想到，拥有苹果MFi认证厂商“光环”的和宏实业，下一秒，竟然变成了“紧箍咒”。

1

苹果背后的男人

和宏实业（以下简称和宏），专做电子连接产品。用大白话来说就是做数据线的。

它的连接线分为移动终端、影音信号、PC 周边、工程线缆四大类，主要应用在手机（苹果、三星）、平板、电视、监控等设备上。

▼

充电器及数据线

座充

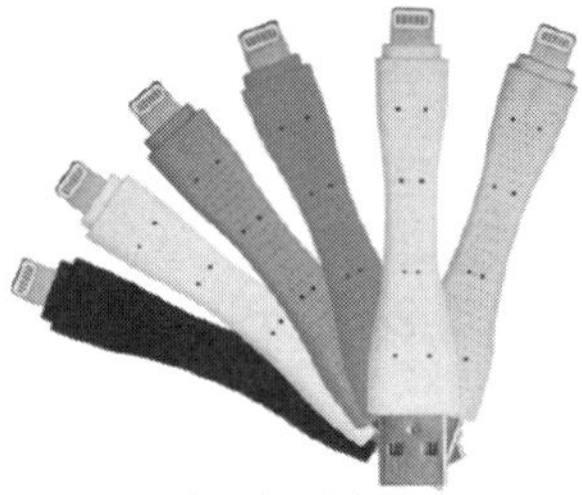

闪电连接线

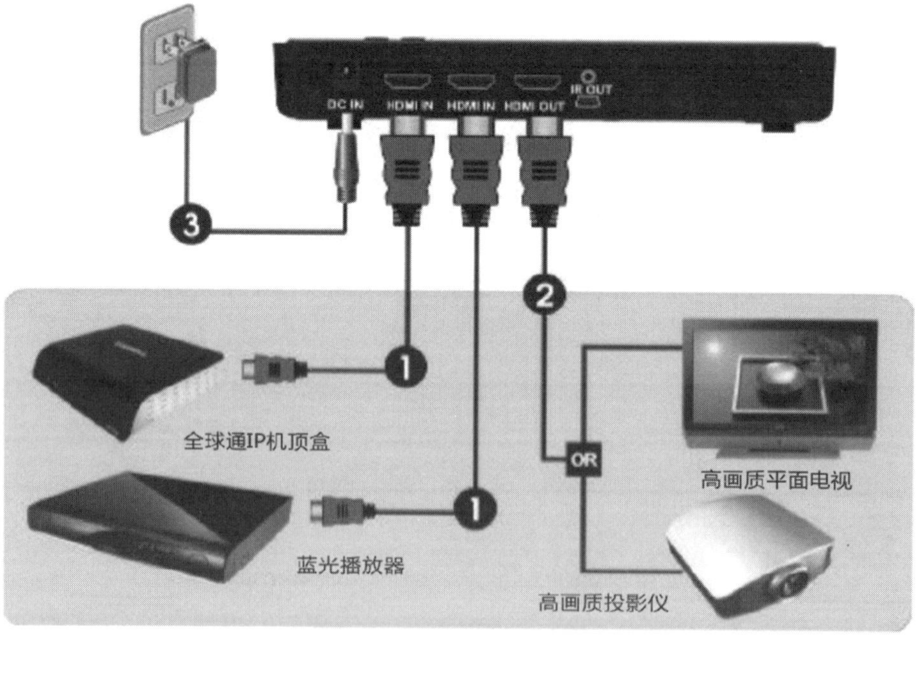

值得注意的是，和宏还是全球首家同时取得苹果公司 MFi 两项认证的授权制造商、全球第三批取得苹果 license 6.0 生产许可的厂家。这里的 MFi，指的是苹果公司 Made for iPhone/iPod/iPad 认证，只有通过这个认证，厂商才有权生产苹果的外置配件。MFi 可以理解为苹果的正版授权，这是一个非常重要的无形资产，苹果当然会非常重视。因此，每 1 ~2 年，苹果会聘请德勤（香港）到给予授权的厂商处检查，看看他们有没有违规。

这个授权好不好用呢？据说，每条苹果数据线连接头的位置，都有苹果设置的用来验证“自己人”资质的芯片。也就是说，当每次系统升级时，这些芯片里的“密码”也跟着升级，山寨货的数据线就不能用了。

幸运的是，和宏早在 2008 年就已经取得了 MFi 认证，并连续多年以贴牌方式生产 Lightning 数据线，通过沃尔玛、亚马逊、京东、天猫等渠道销售，赚得盆满钵满。这么好的授权，却给和宏本次 IPO 带来了不少麻烦。

2

雷区一：内控管理上的“小纰漏”，真是被否原因？

给和宏带来麻烦的，是源自和宏管理上的一个“小纰漏”。

▼

> 2016 年 9 月，发行人仓库管理员盗窃苹果端子。2016 年 11 月，发行人被苹果公司终止 MFi 制造授权。请发行人代表进一步说明：
>
> 1. 发行人的关键物料管理、员工管理，以及与生产相关内部控制制度是否健全并得到有效执行。上述事件发生后，发行人采取了哪些措施完善相关内部控制制度。①

---

① 参见中国证监会网站《深圳市和宏实业股份有限公司首次公开发行股票申请文件反馈意见》，载 http://www.csrc.gov.cn/pub/newsite/fxjgb/scgkfxfkyj/201610/t20161014_304639.html，2018 年 4 月 15 日最后访问。

监管层的意思很简单：库管员监守自盗，你们平时是怎么管理的？这事发生以后，你们有没有好好反省，完善你们的内控制度？

在分析监管层的这个问题之前，我们先来还原一下这起盗窃案的相关信息。因为，员工盗窃和苹果取消授权这两件事发生在申报材料预披露更新之后，所以，我们只能从其他渠道寻找这事的蛛丝马迹了。

据媒体报道，2016 年 9 月，和宏的库管员盗窃苹果数据线接口。后来，德勤在审查中发现了这件事，毫不留情地取消了苹果对和宏的 MFi 授权。

与往常我们所看到的监管层关注董监高的角度不同，这次，这起员工盗窃案的“威力”太大，导致监管层必须重视内控制度对员工的管理了。这个雷踩得太突然，以致和宏在物料管理、员工管理等内控问题的披露，我们暂时无法得知。导火索之所以叫导火索，是因为导火索背后的更深层次的原因。

3

雷区二：一个小纰漏，何以引起“蝴蝶效应”？

导火索被点燃，炸出了本案最重点的核心问题：MFi 制造授权对于和宏持续盈利能力的重大影响。

▼

> 2. 发行人是否继续申请 MFi 制造授权以及目前进展情况。①

虽然只有一句话，监管层的质疑却掷地有声：你还要再申请 MFi 授权吗？这个答案我们也无从得知，只有和宏自己去解释，但是我们想知道的是：为什么这个 MFi 授权对和宏这么重要，以至于监管层多次提问。

---

① 参见中国证监会网站《深圳市和宏实业股份有限公司首次公开发行股票申请文件反馈意见》，载 http：//www. csrc. gov. cn/pub/newsite/fxjgb/scgkfxfkyj/201610/t20161014_ 304639. html，2018 年 4 月 15 日最后访问。

先来看一组数据：2013～2016年6月，和宏的营收分别为6.65亿元、9.71亿元、10.55亿元、5.03亿元，净利润为5140万元、1.09亿元、1.47亿元、5990万元。这其中，超过60%的营收都是数据线贡献的。

▼

单位：万元

项目	2016年1～6月	2015年度	2014年度	2013年度
营业收入	50,330.39	105,521.80	97,094.37	66,532.75
营业利润	6,933.92	16,874.37	13,336.78	6,050.39
利润总额	7,180.47	17,449.32	13,420.54	6,214.62
净利润	5,989.19	14,709.89	10,924.16	5,140.23
扣除非经常性损益后归属于母公司所有者的净利润	5,803.58	14,228.57	10,874.39	4,867.58

一个做数据线的企业，能做到年入10亿、净利润过亿？补充一句，和宏做的不是五块钱一根的数据线，而是上百块一根的正版货。而且和宏综合毛利率为24.54%、27.94%、29.17%、25.31%。

▼

单位名称	2016年1～6月	2015年度	2014年度	2013年度
立讯精密	23.31%	22.28%	23.29%	20.57%
得润电子	17.77%	16.15%	18.98%	20.11%
平均值	20.54%	19.22%	21.14%	20.34%
发行人	25.31%	29.17%	27.94%	24.54%
差异	4.77%	9.95%	6.81%	4.20%

这个毛利率，跟同行的上市公司比起来也很有竞争力啊。之所以这么赚钱都是依靠苹果授权，以2015年为例，和宏苹果数据线的销售收入就高达5.9亿元，营收占比接近56%。

▼

2015 年苹果产品按不同销售模式统计

项目		数量（万 PCS）	销售金额（万元）	金额占比
销售模式	直销	2,046.97	59,120.10	99.55%
	经销	6.68	195.88	0.33%
	代销	2.62	73.71	0.12%
	小计	2,056.27	59,389.69	100.00%

这么高的占比都是得益于 MFi 的认证。如果苹果取消授权，这一半的营收可就瞬间没了，难怪监管层会如此重视。

4

雷区三：蝴蝶效应——未完成订单和存货怎么办？

然而，苹果还是任性地、不留情面地取消了对和宏的授权。由此导致的问题非常严重。有多严重，我们来看看监管层的提问：

▼

> 3. 对在手未执行的苹果产品订单有何影响，执行该等订单是否需要获得苹果公司的认可。
> 4. 对发行人相关存货资产有何影响，存货跌价准备的计提是否充分。①

这几个问题，可以总结为以下两点：

（1）你手里还有未完成的订单，该怎么处理啊，还需不需要向苹果申请认可呢？

① 参见中国证监会网站《深圳市和宏实业股份有限公司首次公开发行股票申请文件反馈意见》，载 http://www.csrc.gov.cn/pub/newsite/fxjgb/scgkfxfkyj/201610/t20161014_304639.html，2018 年 4 月 15 日最后访问。

（2）你还有些存货吧，这些存货该怎么办？存货跌价准备计提，也要重新弄一弄了吧？

我们仔细来看：在订单方面，自盗窃案发生后，11 月，苹果取消了授权。但具体的在手订单情况我们并不清楚。但是从和宏披露的信息来看，2016 年 6 月底，和宏仍有 9269 万元的未完成订单，这其中，肯定有不少苹果数据线的订单。

▼

单位：万元

年度	期初未完成订单	本期新增订单	本期完成订单	期末未完成订单
2013 年	5, 750. 87	70, 630. 87	66, 532. 75	9, 849. 00
2014 年	9, 849. 00	106, 771. 01	97, 094. 37	19, 525. 63
2015 年	19, 525. 63	99, 340. 48	105, 521. 80	13, 344. 31
2016 年 1 ~6 月	13, 344. 31	46, 255. 05	50, 330. 39	9, 268. 97

如果在 6 月至 11 月仍有新增订单和未完成订单，那到底还能不能生产，若生产了，那么这些订单该怎么处理？这些，我们暂时无法得知，需要和宏下次来解释了。在存货方面，和宏披露，2016 年 6 月底，公司有存货 9450 万元，按照存货成本高于其可变现净值的差额，计提存货跌价准备 795 万元，跌价准备计提充足。

▼

存货跌价风险

报告期各期末，公司存货账面价值分别为 5, 307. 59 万元、8, 282. 66 万元、9, 017. 90 万元及 9, 450. 22 万元，占资产总额的比例分别为 14. 52%、14. 74%、12. 91%及 14. 54%。公司于报告期末按照存货成本高于其可变现净值的差额计提存货跌价准备，报告期各期末存货跌价准备余额分别为 433. 50 万元、301. 05 万元、589. 22 万元及 795. 02 万元，跌价准备计提充足。虽然报告期内公司存货周转率保持较高水平，且期末已足额计提存货跌价准备，但由于消费电子行业产品具有更新换代较快的特点，仍不能完全避免存货跌价的风险。

但是，出了这个幺蛾子，监管层表示：现在可好，你手里的正版货要是变成了山寨货，那你这跌价准备计提这点够吗？而且，根据媒体报道，现在和宏已经不再生产 Lightning 数据线，原来的生产车间积压了不少库存。存货也成了一个棘手的问题。

5

雷区四：蝴蝶效应——募投项目成了泡影

不仅存货和订单，募投项目也受到了影响。

▼

> 5. 对募投项目及消化产能有何影响。监管层话里的意思是，这件事对你的募投项目和产能有什么影响？募投项目上，和宏本次拟募集 7.6 亿元，其中 5 个多亿是用在弱电信号传输组件项目（也就是数据线）上。

▼

单位：万元

项目名称	投资总额	募集资金投入金额	备案情况
弱电信号传输组件生产项目	49, 669. 76	49, 669. 76	项目备案编号 2016 -441305 -38 -03 -007730
弱电信号传输组件技术改造项目	4, 874. 35	4, 874. 35	项目备案编号 14130240613000832
设计研发中心建设项目	4, 804. 36	4, 804. 36	深发改备案（2014）0072 号
营销运营平台建设项目	17, 038. 33	17, 038. 33	深福田发改备案（2016）0152 号
合计	76, 386. 80	76, 386. 80	-

而且，和宏还解释称这是为了弥补产能不足。

▼

项目建设有利于公司解决产能不足的“瓶颈”

随着弱电信号传输产品行业规模的迅速扩大，消费者对弱电信号传输产品的使用逐渐增加，加上公司产品功能化和差异化及产品质量服务的保证，渠道客户更倾向于采购公司的系列产品。面对不断扩大的下游市场，公司目前的生产产能已经出现不能满足下游客户需求增长的需要，产能“瓶颈”严重制约了公司的发展，因此公司亟须增添新的生产线，满足公司客户订单不断增加的要求。

公司拟通过本项目的实施增强公司生产能力，扩大生产规模，扩充后产能不仅能有效满足现有客户的订单需求，而且面对以后不断扩大的市场份额，公司将有能力接受新客户的订单，进一步扩大公司产能。

这个规划放在那时候，还是个美好的想法，但是过了没半年，却成了泡影。

6

雷区五：蝴蝶效应——采购难道也要苹果批准？

只听过授权商管得了被授权商的销售，采购也管，这还是第一次听说。

▼

6. 向具有 MFi 制造授权的厂商进行定制化采购等措施，是否需要苹果公司的认可或批准，该措施是否切实可行。

7. 取消 MFi 授权后，发行人经营模式、产品品种结构是否会发生重大变化，对持续盈利能力是否会构成重大不利影响。请保荐代表人发表核查意见。①

监管层话里意思是：

（1）采购上还需要苹果批准吗？你准备如何应对？

（2）大招来了：说一下你的经营模式和产品结构，并证明你能保证持续盈利。

在采购方面，和宏表示，对于苹果产品的专用接插件，苹果在全球范围内指定的分销商为 AvnetAsia Pte Ltd，Taiwan Branch 及 Arrow Asia Pac Ltd 两家，任何取得

① 参见中国证监会网站《深圳市和宏实业股份有限公司首次公开发行股票申请文件反馈意见》，载 http://www.csrc.gov.cn/pub/newsite/fxjgb/scgkfxfkyj/201610/t20161014_304639.html，2018 年 4 月 15 日最后访问。

授权生产商均需要向这两家购买专用接插件。所以，和宏采购的用于苹果产品的插件，超过97%都来自这两家公司，可见对这两家供应商的依赖程度有多高。

▼

（B）2015 年用于苹果品牌移动终端产品接插件的采购情况			
主要供应商	2015 年		
	数量（万 PCS）	采购金额（万元）	采购金额占比
Avnet Asia Pte Ltd，Taiwan Branch	2, 128. 75	26, 817. 01	97. 41%
Arrow Asia Pac Ltd	9. 63	43. 74	0. 16%
深圳市中科成电子有限公司	2, 103. 41	336. 55	1. 22%
东莞市坚诺电子有限公司	208. 07	37. 45	0. 14%
东莞市冠威模具有限公司	1, 805. 66	271. 11	0. 98%
惠州市三邦电子有限公司	244. 43	23. 08	0. 08%
合计	6, 499. 94	27, 528. 94	100. 00%

如果，以后向这两家公司采购也需要苹果批准，那怎么办？这点也要和宏来解释。把上面所有的问题归结起来，落到了最后的根本核心上：苹果这个授权不在了，以后怎么盈利？

7

靠苹果吃饭，吃得不踏实

这个故事的开端，从一起盗窃案开始，以持续盈利能力存疑结束。在这背后，令人好奇的是：苹果公司在何种情况下，会撤销 MFi 的授权。只是因为一起盗窃案，傲娇的苹果不由分说，说翻脸就翻脸，比女朋友翻脸还快啊。

我们都知道，在苹果的背后，有着“苹果概念板块”，假如苹果配件都要 MFi 认证，万一苹果的授权出现问题，岂不是会出现很大的隐患？今天“杯具”故事的主人公和宏，输得比较不明不白。

和宏董秘莫琦表示：公司在2016年11月接到德勤发送的通知，公司被取消了MFi授权资质。但在我们接到苹果官方的通知中，没有说明具体是何种原因取消，我们正在和苹果交涉究竟是违反了哪一条规定。

但是，千言万语汇成一句话：自己厉害才是真的厉害。如果真的要寄人篱下，那就不仅仅要搞好内控，做好各方面的管理，同时也要跟上下游的关键客户、供应商搞好关系才是啊。

看了本案，你们或许会同情和宏，但我又发现了一个跟和宏同病相怜的企业——海能实业（以下简称海能）。海能，2015年5月18日就报送了招股书，至今仍在苦等，都没排到上会的机会。人倒霉起来，喝水都塞牙缝。就在海能IPO前夕——海能被取消了MFi授权资格。和宏上会了被否，海能却都没机会上会，真是患难兄弟。

除了这两家，苹果在中国授权生产数据线的100多家MFi企业中，每年都有企业倒在MFi的审核中，如广州昆仰、东莞黄刀。

"这种每走一步都如履薄冰，每天都在刀口上舔血的日子，海能实业过够了"，他们表示，"苹果取消授权时，给出的回复是'根据协议我们随时可以取消协议'，那以后干脆不申请MFi资质了。"对此，和宏也表示，以后准备转型，如果未来没有苹果授权，照样过得下去。但愿和宏能顺利转型，"二战"成功。

本案写作参考材料如下，特此鸣谢：

[1]《苹果数据线公司遭遇"MFi危机"，两家冲刺IPO企业被取消认证》，载《每经新闻》，2017年3月14日。

[2] 刘勇：《员工倒卖苹果数据线接口，和宏实业IPO被否》，载《重庆商报》，2017年6月4日。

业绩下滑 + 产品可能被替代 + 毛利率偏高

五、华光新材[1]

①本文关于华光新材的数据来源于《杭州华光焊接新材料股份有限公司首次公开发行股票招股说明书（申报稿）》，详见中国证监会网站。

华光新材，被否！业绩问题不搞清楚，IPO企业被否的概率很大！

作为2017年首家被否的公司，华光新材，内心在滴血。这家为美的、格力等大佬供应钎料（焊丝等材料）的公司，倒在了持续盈利能力不足、销售过程存疑、毛利率畸高这些问题上。

从监管层的反馈意见来看，这些问题具体表现在：

1. 经营业绩下滑、产品有替代风险、经营环境可能面临变化，这三大难题的出现，如何保证持续盈利能力？

2. 以往不出售的半成品，突然大量出售，是否有合理的原因？

3. 不同客户的销售毛利率有差异，是否存在关联交易？

4. 毛利率过高，是否有合理的原因？

对“新年第一否”多多总结，看看监管层的审核重点在哪里，读了本文，略知一二。

1

雷区一：经营业绩连续下滑，原因何在？

监管层的第一个质疑是关于华光新材的持续盈利能力。

▼

> 请发行人代表结合行业和下游主要客户产品研发、工艺改进情况，进一步说明发行人报告期内经营业绩下滑的主要原因和合理性，经营业绩是否存在继续大幅下滑的风险，主要产品之一银钎料是否存在被其他产品替代的风险，所处经营环境是否已经发生或将要发生重大变化，持续盈利能力是否存在重大不确定性，相关信息披露和风险揭示是否充分。请保荐代表人发表核查意见。①

读完监管层的意见，我们看出了三个问题：

第一，经营业绩在下滑，到底是什么原因？

第二，主要产品之一银钎料有什么用途，会不会被其他产品替代？

第三，经营环境怎么样，会不会发生重大变化？

这其实是监管层给企业提出的逻辑推导题。华光新材只有把这三个问题解释清楚了，才能证明自己有可持续的盈利能力。我们一起来看一下这三个问题。

首先，我们来看看经营业绩有哪些问题。2013 ~ 2015 年，华光新材的营收为 5.7 亿元、4.9 亿元、3.7 亿元，净利润为 4030 万元、3088 万元、1654 万元。

---

① 参见中国证监会网站《杭州华光焊接新材料股份有限公司首次公开发行股票申请文件反馈意见》，载 http：//www. csrc. gov. cn/pub/newsite/fxjgb/scgkfxfkyj/201612/t20161209_ 307554. html，2018 年 4 月 15 日最后访问。

▼

单位：万元

项目	2016年1月~9月	2015年	2014年	2013年
营业收入	31, 505. 63	37, 152. 27	48, 949. 36	57, 029. 11
营业利润	2, 249. 95	1, 588. 66	3, 209. 10	4, 174. 19
利润总额	2, 660. 29	1, 798. 12	3, 501. 06	4, 576. 54
归属于母公司股东的净利润	2, 361. 95	1, 654. 39	3, 088. 11	4, 030. 40
少数股东损益	–	–	–	–
净利润	2, 361. 95	1, 654. 39	3, 088. 11	4, 030. 40
扣除非经常性损益后归属于母公司股东的净利润	2, 012. 60	1, 475. 33	2, 821. 63	3, 689. 93

营收、净利双降，下降幅度还不小。尤其是2015年，净利润相比2014年近乎腰斩。华光新材对业绩下滑的解释是，受国内经济下行和原材料价格下降的影响。

经济下行是很多公司业绩下滑的“万能理由”，暂不讨论。我们先来看看原材料价格下降是怎么影响经营业绩的。

首先，华光新材对产品的定价采取的是“原材料价格＋研制加工费”的定价模式，因此，原材料价格也会在很大程度上影响产品的定价。而华光新材的原材料又比较特殊，主要是银、铜，这两者的价格会有波动的风险。于是，华光新材对于原材料的价格，采用的是最近一个月银或铜的加权平均价格计算的。这样一来，如果银或铜连续降价，无疑会导致华光新材库存的原材料成本相对上升，也会影响产品的毛利率。这么看来，原材料价格的波动对华光新材的利润影响确实较大。

经营业绩受到原材料价格波动的影响较为明显，那么，盈利能力是否能够抵抗原材料价格波动的风险，是衡量盈利能力是否可持续的一种体现。

分析完经营业绩，再看看另外两个问题。

2

雷区二：主要产品存在被替代风险，怎么保证持续盈利?

既然监管层关注华光新材的主要产品之一——银钎料，咱们就先看看这个产品有什么用。华光新材的主要产品之一是银钎料（钎焊材料的一种），在压缩机、阀门、电机的焊接部位，发挥着重要的作用。重要归重要，但是银也不便宜呀，所以不少客户为了节约成本，采用降银钎料（银的含量较低）来替代普通的银钎料，甚至更有客户以铜基钎料替代银钎料。

对于这种现象，华光新材也提出了自己的观点。客户想用新材料替代，不是一时半会的事。替换其他材质的钎料，必须要同时考虑到设备、工艺的替换。而且，替换以后，质量是否能够得到保证呢？客户肯定不会这么莽撞地在短期内替换材料。但是，这个产品替代风险，我们确实在关注。目前，我们也在积极开发降银钎料和铜基钎料以顺应趋势。你们可以从销售收入里看到，铜基钎料占比越来越大。

▼

单位：万元、吨、元/kg

项目	2016 年 1 月 ~9 月			2015 年		
	收入	销量	单价	收入	销量	单价
银钎料	15, 028. 77	102. 41	1, 467. 50	17, 607. 54	125. 05	1, 408. 00
铜基钎料	14, 426. 72	2, 014. 82	71. 60	18, 860. 09	2, 546. 22	74. 07
合计	29, 455. 49	2, 117. 23	–	36, 467. 63	2, 671. 27	–
项目	2014 年			2013 年		
	收入	销量	单价	收入	销量	单价
银钎料	25, 921. 18	162. 98	1, 590. 45	34, 297. 77	177. 66	1, 930. 53
铜基钎料	22, 960. 46	2, 508. 62	91. 53	22, 678. 35	2, 220. 39	102. 14
合计	48, 881. 64	2, 671. 60	–	56, 976. 12	2, 398. 05	–

不过，监管层仍然表示怀疑：如果出现了替代材料，华光新材真能调整过来吗？从这个问题可以看出，如果产品替代的现象爆发，华光新材的经营环境就会发生变化，经营业绩是否会受到冲击，盈利能力是否可持续，这就是不太确定的事了。而华光新材，对此风险也未作详尽的披露和解释。

3

雷区三：库存数据出现异常，怎么解释？

库存数据上出现疑点也是本次被否的原因之一。

▼

> 请发行人代表进一步说明2015年、2016年发行人大量出售钎料半成品的原因和合理性，是否具有真实商业背景；
>
> 在产品中各报告期末准备出售和回炉使用钎料半成品余额情况，相关在产品余额较高的原因及合理性，相关减值准备计提是否充分。①

从监管层的意见中，我们可以看出库存方面存在两个问题：

一是半成品被大量销售，这样是否合理，是否具备真实商业背景？

二是产品的余额这么高有什么原因，有没有合理计提减值准备？

要想搞清楚这两个问题，我们得先看看这个半成品是什么。华光新材在生产中会产生余料，这些余料经过处理后可以与新料混合生产，所以生产余料也叫半成品。

搞清楚这个问题，咱们再来看看监管层的问题：

首先，在半成品销售方面，先来看一组数据：半成品在2013年、2014年的销售收入为0元，2015年、2016年却被大量销售，销售收入分别为631万元、1990万元。

---

① 参见中国证监会网站《杭州华光焊接新材料股份有限公司首次公开发行股票申请文件反馈意见》，载 http://www.csrc.gov.cn/pub/newsite/fxjgb/scgkfxfkyj/201612/t20161209_307554.html，2018年4月15日最后访问。

▼

单位：万元

项目	2016 年 1 月 ~9 月		2015 年		2014 年		2013 年	
	金额	比例	金额	比例	金额	比例	金额	比例
钎焊辅助材料	30.47	1.49%	34.39	5.02%	47.40	70.00%	36.32	68.53%
废料	28.79	1.40%	19.03	2.78%	20.32	30.00%	16.68	31.47%
钎料半成品	1,990.87	97.11%	631.22	92.20%	–	–	–	–
合计	2,050.13	100.00%	684.64	100.00%	67.72	100.00%	53.00	100.00%

本来没有出售半成品，突然卖了这么多，肯定会引起怀疑。华光新材对此的解释只是“缺钱”，所以卖了半成品用来周转营运资金。可是监管层并不相信这个理由，还要求华光新材解释用于销售和使用的各自余额，这个余额，华光新材并未披露。

其次，在产品余额方面，2013 ~2016 年 9 月底，华光新材在产品的余额占存货比重分别为 22.9%、32.1%、33.51%、41.81%。在产品甚至超过发出商品，也是让人不解。对此，华光新材给出的解释是，它的下游客户主要是空调生产企业，三季度是空调销售旺季，所以要在四季度提前生产备货，因此，在产品余额较大。但是，监管层还是要求进一步披露具体原因，并要求华光新材披露这些在产品的减值准备计提情况，然而这点华光新材并未完全披露。

4

雷区四：为什么对不同客户的销售毛利率会有差异?

华光新材在销售过程中也存在诸多疑点，引起了监管层的怀疑。

▼

> 请说明：相关主要客户与发行人是否存在关联关系；对不同客户的销售毛利率存在差异的原因，销售定价机制和销售价格的公允性；主要向贸易商销售的原因及最终销售去向。请保荐代表人发表核查意见。①

从监管层的反馈意见来看，监管层对华光新材在销售过程中的问题主要集中在两个方面：一是对不同的客户销售出现不同毛利率的原因，销售价格是否公允，是否有关联交易；二是为什么主要销售给贸易商，商品去向是哪？

这两个问题，体现了监管层对关联交易和销售真实性的关注。我们一起来看一下：首先，为什么不同客户销售的毛利率出现差异，华光新材并未解释原因。这就直接导致了监管层对交易价格是否公允、是否存在关联交易的怀疑。其次，华光新材除向格力、美的等大客户直接销售外，大客户名单中还有贸易商的名字，这些贸易商承担着华光新材的经销。

但是销售产品的最终去向，华光新材并未披露，这也让监管层产生怀疑。

在经销模式下倒下的，已经不止华光新材一家了，我们之前分析过的丸美就已经中枪，所以，经销模式占比较大的公司，一定要详细披露销售去向和经销渠道。

① 参见中国证监会网站《杭州华光焊接新材料股份有限公司首次公开发行股票申请文件反馈意见》，载 http://www.csrc.gov.cn/pub/newsite/fxjgb/scgkfxfkyj/201612/t20161209_307554.html，2018 年 4 月 15 日最后访问。

5

雷区五：毛利率偏高，是否有合理解释？

▼

> 招股书披露发行人为满足客户降低成本的需求而研发了降银系列产品，降银系列产品报告期内毛利率分别为50.43%、45.04%、45.96%、52.36%，分别远高于普通银钎料各期的毛利率10.30%、10.61%、15.86%、18.99%及同行业可比公司同期毛利率，同时披露2015年研发并逐步量产了高银的真空钎料产品。
>
> 请发行人代表进一步说明降银系列产品毛利率远高于普通银钎料和同行业可比公司毛利率的原因及合理性，结合报告期内真空钎料产品的实现收入、毛利率贡献情况，说明银钎料产品毛利率远高于同行业可比公司毛利率的合理性。请保荐代表人发表核查意见。①

从监管层的反馈意见中，我们可以看出两个问题：

一是降银产品的毛利率比同行高很多，如何解释？

二是从真空钎料这方面来解释为什么银钎料的毛利率会这么高。

在搞清楚这两个问题之前，我们得先搞清楚华光新材的毛利是如何构成的？华光新材有两种主要产品——银钎料和铜基钎料，他们的定价是“原材料价格＋研制加工费”，毛利则由“材料配方毛利＋研制加工费毛利”构成。

什么叫材料毛利和研制加工费毛利？我们打个比方吧：材料毛利——假如生产一个产品，公司与客户约定好需用10吨材料，最后公司用9吨的材料就做出来了，那么剩下的1吨就成了材料毛利。研制加工费毛利——假如华光新材目前的研制加工费为200元/kg。但是随着技术的成熟，越来越多的公司加入竞争，那么，研制加工费就会逐步下降，最终会影响到这块毛利的收入。一般来说，影响产品毛利的因素，主要是研制加工费毛利。

① 参见中国证监会网站《杭州华光焊接新材料股份有限公司首次公开发行股票申请文件反馈意见》，载 http://www.csrc.gov.cn/pub/newsite/fxjgb/scgkfxfkyj/201612/t20161209_307554.html，2018年4月15日最后访问。

搞清楚这个问题，我们再来看看降银产品的毛利率。2013～2016 年 9 月，它的毛利率分别为 50.43%、45.04%、45.96%、52.36%。

▼

而降银钎料较普通银钎料来说，算是新产品，所以其加工研制费应该较普通银要高。但是，为什么高，高多少，华光新材并未披露。

同样，与降银产品相似，真空钎料（银钎料的一种）也是一种新产品，初期研制加工的毛利很高，因此它也能在一定程度上拉高银钎料整理的毛利率。

综上，华光新材并未对降银、真空钎料这两种产品的毛利率高于同行作出有说服力的阐释。

土地使用权及用途不合规 + 房屋产权瑕疵

六、锦和商业[1]

①本文关于锦和商业的数据来源于《上海锦和商业经营管理股份有限公司首次公开发行股票招股说明书（申报稿）》，详见中国证监会网站。

被否！成也土地，败也土地，一不小心会让你的IPO被否。

锦和商业，一家经营产业园的公司，去年四月被否。

这家公司，专门通过政府租地，拿来改造，再租出去，背后各种商委、领导小组、开发区委员会，还有专门的政策支持。然而，就是因为这些土地，引出了持续盈利能力问题。此外，运行规范性、关联交易、信息披露也都有疑点。土地使用权不明、租赁资产产权瑕疵、关联交易、委托工程方信息披露不全，种种原因，都是死穴。

有意思的是，锦和商业对土地使用权问题专门解释了一番，还搬出了不少支持政策。监管层也不示弱，在否决一个月后，还专门出具了《关于不予核准上海锦和商业经营管理股份有限公司首次公开发行股票申请的决定》（以下简称《决定》），一针见血地指出问题。这一来一回，真是精彩。

话说回来，土地使用问题，不仅仅是对产业园而言，商业地产、主题公园、工厂用地都可能出现这种问题。

1

锦和商业是做什么的?

锦和商业主要是运营产业园，尤其是创意产业园的。它采用“承租运营”的经营模式，先租来一些建筑，再重新定位、设计改造，之后招商、运营，以此获得租金收入和物业管理收入。先来张图感受一下它改造过的产业园：

▼

越界创意园

越界•永嘉庭

越界•苏河汇

越界•500视觉园

除承租运营外，锦和商业还有一小部分收入来自“受托运营”，也就是为其他园区提供运营服务（如招商咨询策划、物业管理），以此收取服务费。这一点，和我们之前分析过的万达商业的“轻资产”战略很像。

截至2016年6月，锦和商业有21个承租运营项目、1个委托管理项目、2个参股运营项目。而锦和商业恰恰在这些项目的土地使用权上出现了问题。

2

雷区一：土地使用权有哪些取得方式？

由于本次锦和商业的问题主要出现在土地使用权上，我们不妨先来具体看一下土地使用权有哪些取得方式。国有土地使用权的取得，分为出让和划拨两种方式。

出让方式下，政府将土地使用权有偿转让，使用者向国家交纳土地出让金之后，才能取得使用权。而且，这个使用权是有期限的（如40年、70年等）。这个使用权取得后，使用者是可以自由转让的，而且不需要再交纳土地出让金。

划拨方式下，经县级以上政府同意，使用者缴纳补偿、安置等费用后，可以无偿取得土地使用权，不用交纳土地出让金。而且，这个使用权是没有期限限制的。在这个使用权取得后，使用者只能自己使用、收益，不能转让、抵押、出租等。就算有特殊情况需要转让，也得办一大套手续，还得再补交土地出让金。

举个例子：某小伙伴去买房，如果房产证上的土地使用权是划拨方式，要想卖掉，要去有关部门申请审批，并且补交土地出让金，最后还得把房产证上的“划拨”改成“出让”（也就是有期限了）。

一般公益事业、经济适用房、回迁住宅等用地，都是以划拨方式取得的。

此外，不管是对出让还是划拨取得的土地，国家都会明确规定用途，如果需要改变用途，还得经相关部门同意（如《中华人民共和国土地管理法》第五十六条之规定）。

然而，我们今天的主角——锦和商业，虽然对这个土地使用权和土地用途主动披露了相关风险，却还是被否。

3

雷区二：土地使用权和土地用途出了哪些问题？

作为运营产业园的公司，土地使用权和物业产权肯定是最关键的资产，先来看看监管层在土地使用权上提出了哪些质疑：

▼

> 请说明：
>
> 1. 发行人是否属于《关于加快发展服务业若干政策措施的实施意见》（以下简称《意见》）（国办发〔2008〕11 号）、《国务院关于推进文化创意和设计服务与相关产业融合发展的若干意见》（以下简称《若干意见》）（国发〔2014〕10 号）等政策中提及的“以划拨方式取得土地的单位”，其租赁划拨用地的用途是否属于“兴办创意产业”；
>
> 2. 发行人承租运营土地性质为划拨的园区，是否符合《中华人民共和国土地管理法》《划拨土地使用权管理暂行办法》等国家土地管理法律法规，目前经营的土地，是否符合城乡规划及划拨用地目录，在承租期内是否存在园区土地用途和使用权人变更的风险及对发行人持续经营的影响。①

从监管层的反馈意见来看，我们可以总结出两个问题：

（1）你说国家发了两个意见，对划拨方式取得土地的单位，要是从事文化创意和设计服务，可以不用变更土地用途。那你是不是“以划拨方式取得土地的单位”？土地用途又属不属于“兴办创意产业”？

（2）你的土地用途合规吗？要是土地用途和使用权人变更了，会不会影响你的持续经营？其实最核心的担忧，还是划拨的土地未来有没有不可测的风险，如中途不能使用之类的。在分析这两个问题之前，我们先看一下这个《意见》的具体内容是什么。

---

① 参见中国证监会网站《上海锦和商业经营管理股份有限公司首次公开发行股票申请文件反馈意见》，载 http：//www. csrc. gov. cn/pub/newsite/fxjgb/scgkfxfkyj/201506/t20150623_ 279567. html，2018 年 4 月 15 日最后访问。

▼

> 《关于加快发展服务业若干政策措施的实施意见》（国办发〔2008〕11号，以下简称《意见》）、《国务院关于推进文化创意和设计服务与相关产业融合发展的若干意见》（国发〔2014〕10号，以下简称《若干意见》）：
>
> “支持以划拨方式取得土地的单位利用存量房产、原有土地兴办文化创意和设计服务，在符合城乡规划前提下土地用途和使用权人可暂不变更。”①

至此，监管层还在《决定》中补充了两点：这个意见里的内容，需要注意两个重点：(1) 必须是以划拨方式取得土地的单位（锦和是租来的土地，而这里的单位指的是业主方，也就是出租方）。(2) 做的事，必须是兴办文化创意和设计服务（锦和商业是出租物业）。只有这两个条件符合了，这个《意见》里的支持政策才适用你。

关于这两个条件，锦和商业的解释，我们用通俗易懂的语句翻译一下：虽然《意见》里说的“以划拨方式取得土地的单位”一般都是指国企或行政机关（因为只有他们才容易拿到划拨土地），但是他们都缺乏运营创意产业园的经验，也缺钱，还不专业，所以我给租过来运营。你看，本来这地在他们手里都浪费了，我租过来运营创意产业园，和他们自己做创意产业园，不是一回事吗？我这是适应市场需要，而且盘活了存量土地和房产，灵活利用现有资源……所以，我应同样被视为“以划拨方式取得土地的单位”，我做的这件事也应该被视为“兴办文化创意和设计服务”，我是受到《意见》支持的。

说了这么多，该信了吧？然而，监管层并不赞同：证据不足，不可以！也就是说，监管层并不认可这种辩解的逻辑。

▼

你公司提出，根据《意见》《若干意见》中关于“支持以划拨方式取得土的单位利用存量房产、原有土地兴办文化创意和设计服务，在符合城乡规划前提下土地用途和使用权人可暂不变更”的规定，其承担划拨土地用于园区经营的行为应当得到政策支持。但是，在有关申报材料和聆讯中，你公司和保荐机构均未提出充足依

---

① 优塾注：这一大段话的意思是：如果某单位是做文化创意和设计服务的，而且这块地是以划拨方式取得的，就算他用的地规划用途不是这个也没关系，照样使用。

据证实你公司符合“以划拨方式取得土地的单位”的主体资格，以及你公司承租划拨土地向第三方出租行为符合“兴办文化创意和设计服务”的行为要件，因此你公司的上述主张不能采信。①

以后做类似园区的朋友们如果要报 IPO，在这个问题上一定要注意：即便你是租来的，逻辑看似充分，但只要和政策不能严丝合缝，仍然是一条死路。

这也引出来第二个问题：《意见》里说，连续经营一年以上的单位，如果符合划拨用地目录，政府给办划拨用地手续。不符合划拨用地目录，政府给办出让用地手续。

但是锦和商业也是一直没有解释，经营了这么长时间，用地到底符不符合用地目录？手续办了吗？解释不清楚，这个没有手续的土地，以后肯定会影响持续盈利能力。

▼

此外，《若干意见》规定，“连续经营一年以上，符合划拨用地目录的，可按划拨土地办理用地手续；不符合划拨用地目录的，可采取协议出让方式办理用地手续”，你公司承租有关划拨土地用于向第三方客户租赁经营的期限均在一年以上，但你公司未提出充分依据证明其用地手续符合上述规定。上述情形可能对你公司持续盈利能力构成重大不利影响。②

这些问题都与锦和商业特殊的经营模式有关：产业园的用地都是通过政府租来的，又基本都是划拨用地，本来土地使用权的处理就已经很复杂了。各个地方政策又这么多，说也说不清，久而久之，这个问题就成了 IPO 的雷区。

---

① 参见中国证监会网站《上海锦和商业经营管理股份有限公司首次公开发行股票申请文件反馈意见》，载 http://www.csrc.gov.cn/pub/newsite/fxjgb/scgkfxfkyj/201506/t20150623_279567.html，2018 年 4 月 15 日最后访问。

② 参见中国证监会网站《上海锦和商业经营管理股份有限公司首次公开发行股票申请文件反馈意见》，载 http://www.csrc.gov.cn/pub/newsite/fxjgb/scgkfxfkyj/201506/t20150623_279567.html，2018 年 4 月 15 日最后访问。

4

雷区三：房屋和物业又出了什么问题?

土地使用的问题还没搞清楚，监管层又在房屋租赁和物业产权上挑出了毛病。

▼

> 3. 发行人对所使用租赁房屋存在资产瑕疵的解决进展情况，上述资产瑕疵是否影响发行人的资产完整性；
> 4. 拥有租赁物业产权的国有企业单位，是否完整履行了包括资产评估在内的决策程序，发行人承租的物业在合同约定期限内是否存在影响持续使用经营的重大潜在风险。①

监管层的反馈意见，主要集中在两个问题：

(1) 你这租赁房屋存在资产瑕疵，处理得怎么样了？会不会影响你的资产完整性？

(2) 你从国有企业单位租来物业，那这个国有企业单位走没走资产评估这些规范程序啊？你租的这个物业会不会影响你使用和经营？

其实监管层提出的这两个问题，也是因为锦和商业主动披露了相关的风险。

瑕疵在哪里？产权证书。根据锦和商业的招股书，我们可以看到，锦和商业的项目之一——越界？X2 创意空间的出租方为上海电气集团，但是，这个物业并没有取得产权证书。除此之外，锦和商业在租入的物业中，总共有 30910 平方米的房产没有取得产权证书。

---

① 参见中国证监会网站《上海锦和商业经营管理股份有限公司首次公开发行股票申请文件反馈意见》，载 http://www.csrc.gov.cn/pub/newsite/fxjgb/scgkfxfkyj/201506/t20150623_279567.html，2018 年 4 月 15 日最后访问。

▼

其他项目中未取得产权证书的房产

由于公司承租运营的园区物业多为老旧物业改造，部分园区承租而来的房产中有部分房产尚未取得产权证书。该部分未取得权属证书的房产多为历史原因形成的临时建筑或辅助设施建筑。

截至本招股说明书签署日，发行人承租运营的园区中，合同双方在物业租入合同中约定的未取得产权证书的房产面积合计 30910.92 平方米，上述物业租入合同已约定了对发行人的相关损失赔偿保护条款或者发行人控股股东已出具相关赔偿承诺。

上述未取得产权证书的房产未来若被主管部门认定为违章建筑，发行人承租运营上述房产存在租赁合同中关于该部分房产的相关内容被法院认定为无效或者该部分房产可能被拆除的风险。

这就比较尴尬了，虽然锦和商业也解释了，这些没确定产权的租赁合同都有赔偿保护条款，甚至公司的控股股东都出具了赔偿承诺。也就是说，如果这些没有产权证书的物业，导致锦和商业出现损失，出租方和控股股东都会对锦和商业进行赔偿。

但是，就算如此，监管层还是对这些存在瑕疵的资产深表怀疑，质疑锦和商业的资产完整性。而且，对出租方——包括上海电气集团在内的国有企业单位，到底有没有履行资产评估等程序，以后会不会对相关物业造成影响，这些问题，都需要锦和商业来具体解释。

归根结底，如果资产出现瑕疵，它最终可能会影响到持续盈利能力的问题，所以，这个“瑕疵”最好别有，不然作再多解释也是徒劳的。

除用地和资产问题外，锦和商业还有很多问题需要解决，这里就不一一分析了，读者可以自己感受一下：

▼

1. 请发行人代表在报告期内发行人董事、高级管理人员发生变化的人员比例和人员重要性等方面，进一步说明上述变化是否构成董事、高级管理人员的重大变化，是否符合《首次公开发行股票并在创业板上市管理办法（2016）》第十二条等相关规定。请保荐代表人发表核查意见。

2. 请发行人代表结合上海广电股份浦东有限公司和上海锦和商业经营管理有限公司的股权关系变化情况进一步说明两者之间租赁价格确定的合理性和公允性。请保荐代表人结合2011年之后上海房屋和土地租赁价格的走势，对比可比土地租赁价格，进一步说明对于关联方租赁交易定价合理性的核查过程、依据和结论。

3. 请发行人代表说明报告期内发行人委托的主要工程方的基本情况，包括但不限于：工程方的名称、相关资质、与发行人主要的业务往来模式、结算方式等。请保荐代表人说明对发行人及其关联方与主要工程方是否存在关联关系的核查情况。[①]

董监高变动、关联交易、委托工程方的信披，这些雷，锦和商业也都踩了。

最后，我们还是希望锦和商业能尽早解决这些问题，下次IPO一帆风顺！

---

① 参见中国证监会网站《上海锦和商业经营管理股份有限公司首次公开发行股票申请文件反馈意见》，载 http://www.csrc.gov.cn/pub/newsite/fxjgb/scgkfxfkyj/201506/t20150623_279567.html，2018年4月15日最后访问。

客户集中度过高＋毛利率畸高＋预收款项波动大＋股份支付价格公允性

七、威士顿[1]

①本文关于威士顿的数据来源于《上海威士顿信息技术股份有限公司首次公开发行股票招股说明书（申报稿）》，详见中国证监会网站。

▼

2017 年 6 月 27 日，威士顿，这个给上海烟草集团开发软件的公司，主板 IPO 被否。

这个软件公司，靠着上烟集团这个烟草大佬，能做到 1.85 亿元的营收、4500 万元净利润，50% 的毛利率也领先已上市的同行。

但是，给上烟集团服务，不仅没成为加分项，反倒成了减分项。

威士顿本次被否，主要倒在了持续盈利能力和规范性的坑里。

客户高度集中（基本就一个上烟集团）引出了一连串疑点：对客户重大依赖、关联交易、利益输送、行业环境变化、销售真实性，这些审核重点，都被监管层问了个遍。同样是客户依赖，东方嘉盛的业务中来自惠普的营收占比超过 92%、赛意信息的业务中来自华为的营收占比超过 70%，照样过会。

可见，客户集中，甚至是客户依赖，并不是 IPO 被否的根本原因，它背后所折射的持续盈利能力、独立性、规范性、真实性的问题，才是重点所在。威士顿，肯定有没做好的地方。这些地方也是所有存在客户依赖问题的公司应该注意的。

1

雷区一：客户集中与客户依赖

客户集中，是拟 IPO 企业避不开的永恒话题。

它本身并无太大过错，适当的客户集中反倒能降低交易成本、增强议价能力，提升企业绩效。

不过，过高的客户集中度也可能滋生许多风险，如大客户依赖、关联交易、应收账款过高等。其中，最容易让人联想到的就是大客户依赖。对于一些规模并不大的拟 IPO 企业来说，这是个不小的隐形地雷——监管层既没有明确的标准来界定大客户依赖，又极其关注此事。从以往的案例来看，存在大客户依赖嫌疑的公司，既有很多顺利过会（如东方嘉盛），也有很多无情被否（如威士顿）。

所以，重大客户依赖并非 IPO 的实质性障碍，却是一个重要的审核风险，因为它能直接影响企业的持续盈利能力和独立性。

我们来看看监管层对此有什么相关规定。根据《首次公开发行股票并在创业板上市管理办法（2016）》，我们发现监管层总结了几种影响持续盈利能力的情形。

▼

第三十条　发行人不得有下列影响持续盈利能力的情形：

（一）发行人的经营模式、产品或服务的品种结构已经或者将发生重大变化，并对发行人的持续盈利能力构成重大不利影响；

（二）发行人的行业地位或发行人所处行业的经营环境已经或者将发生重大变化，并对发行人的持续盈利能力构成重大不利影响；

（三）发行人最近 1 个会计年度的营业收入或净利润对关联方或者存在重大不确定性的客户存在重大依赖；

（四）发行人最近 1 个会计年度的净利润主要来自合并财务报表范围以外的投

资收益；

（五）发行人在用的商标、专利、专有技术以及特许经营权等重要资产或技术的取得或者使用存在重大不利变化的风险；

（六）其他可能对发行人持续盈利能力构成重大不利影响的情形。

其中第三项就明确规定，拟 IPO 企业最近一个会计年度的营收或净利不得对关联方或存在重大不确定性的客户存在重大依赖。

可见，这个大客户依赖的目标是关联方或有重大不确定性的客户，而没明确说所有客户。看来监管层并没有对客户依赖的问题一棍子打死。

说了这么多，怎么才算重大依赖？我们在监管层的另一些规定里找到一些线索。

▼

信息披露内容与格式准则

《公开发行证券的公司信息披露内容与格式准则第 1 号——招股说明书（2016 年 1 月 1 日实施)》第四十四条：

发行人应根据重要性原则披露主营业务的具体情况，包括：

……

（四）列表披露报告期内各期主要产品（或服务）的产能、产量、销量、销售收入，产品或服务的主要消费群体、销售价格的变动情况；报告期内各期向前五名客户合计的销售额占当期销售总额的百分比，如向单个客户的销售比例超过总额的 50% 或严重依赖于少数客户的，应披露其名称及销售比例。如该客户为发行人的关联方，则应披露产品最终实现销售的情况。受同一实际控制人控制的销售客户，应合并计算销售额；

《公开发行证券的公司信息披露内容与格式准则第 28 号——创业板公司招股说明书（2016 年 1 月 1 日实施)》第四十二条：

发行人应披露销售情况和主要客户，包括：……（二）报告期内各期向前五名客户合计的销售额占当期销售总额的百分比，向单个客户的销售比例超过总额的 50%、前五名客户中新增的客户或严重依赖于少数客户的，应披露其名称或姓名、销售比例。该客户为发行人关联方的，则应披露产品最终实现销售的情况。受同一实际控制人控制的销售客户，应合并计算销售额。

可见，如果企业对单个客户的销售比例超过 50%，就需要详细披露，这个要求和严重依赖少数客户的情形相同，所以 50% 是一条红线，能不碰就不碰。

不过，有些行业比较特殊，如寡头垄断，这些寡头的“小弟”们难免会踩红线，笔者查询了相关资料，给踩红线的小伙伴们来个“三步走”破局。

第一步，得如实披露对客户存在依赖，并做出重大风险提示；

第二步，要合理解释为什么会存在这种依赖。比如，是公司特殊，还是行业特殊？为什么人家就看上你了？有没有关联交易？交易定价的依据是什么？价格公允吗？有没有利益输送？怎么取得订单？这种合作稳定吗？能持续吗（长期合作协议、不易被替代）？等等，这些都明明白白解释了，才能安全点；

第三步，要明确指出现在有什么措施来降低依赖程度。比如，正在拓展其他客户，或是拓展其他业务等。

除此之外，出现客户依赖的企业还要定位自己属于什么样的依赖。比如，是依赖大型国企、知名上市公司，还是名不见经传的公司？前者经营比较透明，如果能自证清白，反倒是加分项；后者关联交易、利益输送、销售问题都很棘手。再如，这个依赖，是“相依为命”还是“一厢情愿”？前者公司与客户是比较稳定的，如果没什么违规情况还好一点，后者客户随时可能踢人，这就不好说了。

2

雷区二：威士顿是如何依赖的？

本次威士顿被否，主要就是它的大客户过于集中导致的。

▼

请发行人代表进一步说明：

1. 发行人客户集中且主要客户为上海烟草集团有限责任公司（以下简称上烟集团）的原因及其商业合理性，是否属于行业共有特点；

2. 上烟集团采购的方式和发行人的主要竞争对手情况，发行人近三年高比例中标取得上烟集团项目的原因及其合理性，是否符合需通过招投标方式获取等规定；

3. 发行人与上烟集团是否存在长期的业务合作协议或特殊利益安排，报告期发行人与上烟集团及其下属企业的主要合同条款、信用政策、结算及收款方式与其他主要客户相比的差异、原因及合理性；上烟集团及其下属企业董监高人员、相关采购部门负责人员及其亲属是否直接或间接持有发行人股权，是否存在利益输送。①

监管层提出的这些细节，其实都是我们上面讲的那“三大步”里的，咱们具体看一下：

（1）为什么你的业务集中在上烟集团，这是行业特点吗？

（2）上烟集团是怎么采购的？你的对手又是怎么样的？怎么每次都是你中标？

（3）你和上烟集团有长期合作协议吗？你跟上烟集团的合作与你跟其他企业的合作有什么不一样的？有没有我不知道的利益输送？

要想搞清楚监管层的问题，我们得先来看看威士顿是做什么的，和上烟集团有什么关系。威士顿是为客户开发定制化软件（如信息管理系统），并提供 IT 服务的，它的业务主要以项目为单位，而且通过招投标方式获得。它的客户，集中在烟草行业和金融行业，其中烟草行业的收入占主要部分。

不过，这个集中却有点过头，我们从威士顿的前五大客户中看到，上烟集团和旗下的多家子公司贡献销售额合计 1.5 亿元，占比达到了 81.01%，光是上烟集团就贡献了 64.36%。类似情况，在 2014 年、2015 年都有发生。

---

① 参见中国证监会网站《上海威士顿信息技术股份有限公司首次公开发行股票申请文件反馈意见》，载 http://www.csrc.gov.cn/pub/newsite/fxjgb/scgkfxfkyj/201705/t20170519_317052.html，2018 年 4 月 15 日最后访问。

▼

2016 年前五名客户情况

单位：元

序号	客户名称	销售金额	占比	交易内容
1	上海烟草集团有限责任公司	119, 590, 593. 60	64. 36%	主要是三网协同应用—移动管理平台及应用开发，MES 生产数据应用开发，工业生产点 MES 系统设备及能源管理模块建设；服务器设备采购，容灾升级项目硬件采购，本级软件采购；信息化 MES 系统运维服务，上海容灾中心机房运维服务
	上海烟草包装印刷有限公司	15, 419, 056. 26	8. 30%	主要是精益管控系统（一期）开发；安全信息化对接集成系统开发；汽、气自动化数采监控系统（软件部分）开发；计算机硬件采购，汽、气自动化数采监控系统（硬件部分）采购；应用系统运维服务，计算机类设备维修维护服务
	上海烟草集团有限责任公司天津卷烟厂	6, 246, 815. 70	3. 36%	主要是执行系统（MES 系统）拓展应用项目；存储设备采购项目；MES 软件集成维保，惠普主机维保，数据库软件产品维保服务
	上海高扬国际烟草有限公司	3, 251, 884. 92	1. 75%	主要是高扬自营产销生产经营决策管理系统部署项目采购，软硬件及设备采购；MES 驻厂保障运维，高扬信息化运维服务，高扬五金、计量系统维护，设备维保服务
	上海烟草集团太仓海烟烟草薄片有限公司	1, 639, 430. 15	0. 88%	主要是 IT 设备采购合同，数据采集与控制集成系统二期采购；工控接口、数据库及管理网维护服务，SPC 系统运维服务
	其他同一集团下属公司合计	4, 387, 189. 20	2. 36%	主要是软硬件及设备采购；北京卷烟厂 MES 软件集成维保，微机类设备维修维护，白玉兰生产管理系统保障运维，MES 专项运维（二期）北京卷烟厂 MES 专项运维（一期）
	小计	150, 534, 969. 83	81. 01%	–

这明显踩了 50% 的红线，客户集中的帽子先扣上。威士顿自己也清楚，它在风险披露中还算比较客观详细地说明了这个风险。

▼

客户集中度较高的风险

上烟集团是国内烟草行业龙头集团之一，考虑到上烟集团的规模、信誉、业务持续性等因素，公司早在发展初期就一直将上烟集团作为重点开发与服务的客户对象，并结合公司在业务发展前期阶段选择的精细化和专业化的经营策略，将有限的资源集中在某些特定行业领域，持续向上烟集团等优质客户提供深入的、全面的高质服务，双方的合作也得到不断加深和巩固，紧密度日趋加强。该情况为公司带来了稳定的收入来源，并在行业内取得了较好的口碑和客户满意度，但也在一定程度上造成了较高的客户集中度。2014 年至 2016 年，公司对上烟集团及其下属企业的合计销售额占公司当期营业收入的比例分别为 82.21%、82.86% 及 81.01%，占比较高。这种情况与公司业务发展历程相关，上烟集团是公司服务时间最长的客户，其信息化进程与公司的所提供的产品和服务具有较大的相关性，对上烟集团而言，信息系统的更换替代在技术上存在风险，成本上也不经济，因此，上烟集团与公司之间存在着较强的相互黏性，也体现了信息系统业务的行业特点。但是，公司营业收入中上烟集团占比较高，使得公司对上烟集团的依赖性较大。具体来说，可能存在以下影响公司业绩的事项：

1. 技术研发水平下降导致中标项目减少

若上烟集团信息化系统建设在发展方向发生变化，公司技术研发未能及时作出相应调整，未来中标信息化建设项目减少，会导致公司整体销售收入和利润的减少。

2. 服务质量下降导致后续中标能力下降

若公司不能持续保持良好的服务质量，将影响上烟集团对于公司后续投标项目分数的评定，进而影响公司后续中标能力，会导致公司整体销售收入和利润的减少。

3. 信息化投入减少导致项目数量或金额减少

若上烟集团经营情况发生重大变化，对信息化系统建设投入减少，信息化建设项目数量及金额也会下降，该情况可能会导致公司整体销售收入和利润的减少。

在威士顿的披露中，它的解释，简单来说就是：我和上烟集团可是老朋友，他是我最老的客户了。这些软件都是定制化的，他要是换人，新人不一定熟悉，成本肯定也不低，除非上烟集团脑袋有毛病，要不怎么可能换掉我？

而且，威士顿也解释了这种依赖属于行业共有特点。威士顿表示，国内的烟草行业长期集中经营、专卖管理，现在就剩“云烟系”“中华系”“湘烟系”“武烟系”等为数不多的大佬了，大佬们选择这些 IT 供应商时，一般为了降低风险，准入要求设置得比较高，也不会轻易换人，所以集中度高。

而且，威士顿还举出了软件服务行业上市公司的数据，向监管层表示干这行的都是这样，哪有客户不集中的？

▼

代码	上市公司	被并购标的	收入规模	招股说明书/收购预案或草案披露主要客户占比
300047	天源迪科	维恩贝特	2016 年 1 ~ 9 月销售 1 亿元	2016 年 1 ~ 9 月主要客户交通银行、平安银行及中信银行分别占其主营业务收入比例为 31.01%、26.65% 和 6.85%，三者合计 64.51%
603189	网达软件	n/a	2016 年 1 ~ 6 月销售 0.86 亿元	2016 年 1 ~ 6 月主要客户中国移动、中央电视台分别占其主营业务收入比例为 56.42% 和 29.53%，两者合计 85.95%
300523	辰安科技	n/a	2015 年度销售 4.1 亿元	2015 年度主要客户中国电子进出口总公司，其占主营业务收入比例为 49.90%
300209	天泽信息	远江信息	2015 年度销售 2.9 亿元	2015 年度主要客户中国移动，其占主营业务收入比例为 67.40%
603322	超讯通信	n/a	2015 年 1 ~ 6 月销售 3.1 亿元	2015 年 1 ~ 6 月主要客户中国移动，其占主营业务收入比例为 97.02%
300468	四方精创	n/a	2014 年度销售 3.3 亿元	2014 年度主要客户中国银行及中银香港分别占其主营业务收入比例为 49.76% 和 23.95%，两者合计 73.71%
300366	创意信息	n/a	2012 年度销售 2.59 亿元	2012 年度主要客户四川电信、广西电信和贵州移动分别占其主营业收入比例为 38.22%、15.2% 和 13.4%，三者合计 66.82%
300085	银之杰	n/a	2009 年度销售 0.75 亿元	2009 年度主要客户中国农业银行、中国工商银行、重庆市农村商业银行分别占其主营业务收入比例为 31.5%、24.78% 和 7.03%，三者合计 63.31%

嗯，这么说着也有点道理，“三大步”的第一步，勉强过关。

然而第二个问题和第三个问题，就不好说了。在威士顿的披露中，上烟集团最近三年都牢牢占据大客户榜首，如果没猜错，上烟集团应该是年年都排第一。

刚才咱们也说了，威士顿的项目都是通过招标方式取得的，尤其是上烟集团这种大国企，都是公开招标。那监管层就不明白了：你这对手难道都不如你？难道就没一个打上烟集团的主意？这招标真的合规吗？要不怎么上烟集团年年都选你？

监管层还进一步问：你有没有和上烟集团签订长期协议呢？你给上烟集团的服务有没有“特殊服务”？要不就是你们两家的股东员工有什么不可告人的关系？要不怎么上烟集团年年都选你？

这些细节，却被威士顿忽略掉了。这也是我们上面提到的第二步的种种细节，在出现客户高度集中时，这些细节都要披露，尤其是“人家怎么就看上你了”这个问题。

3

雷区三：高毛利率能不能持续？

客户依赖的问题，也延伸到了财务数据上。

▼

> 4. 在毛利率高于同行业平均毛利率的情形下，发行人与上烟集团的交易是否具有可持续性，在烟草行业“统一领导、垂直管理、专卖专营”的管理体制下，发行人产品和服务是否存在国家烟草专卖局（中国烟草总公司）统一进行信息化建设而被取代的风险，发行人的有效防范和应对措施。①

① 参见中国证监会网站《上海威士顿信息技术股份有限公司首次公开发行股票申请文件反馈意见》，载 http：//www. csrc. gov. cn/pub/newsite/fxjgb/scgkfxfkyj/201705/t20170519_ 317052. html，2018 年 4 月 15 日最后访问。

监管层的话里意思是：你这毛利率这么高，能持续吗？烟草行业在改革，你不会被踢吧？你有什么应对策略？

我们先来看一组数据。2014～2016 年，威士顿的毛利率为 45.69%、55.33%、50.84%，明显高于同行平均的 45.06%、44.22%、46.30%。

▼

公司名称	2016 年度	2015 年度	2014 年度
安硕信息	34.30%	42.32%	46.52%
汉得信息	39.19%	40.11%	39.59%
中软国际	29.72%	29.70%	30.46%
赢时胜	81.99%	81.50%	80.53%
中科信息	尚未披露	27.46%	28.22%
平均值	46.30%	44.22%	45.06%
公司	50.84%	55.33%	45.69%

注：由于鼎捷软件未在营业成本中核算员工薪酬，毛利率数据不具有可比性，故将其在样本中剔除。

截至本招股说明书签署之日，中科信息处于 IPO 审核阶段，未能从公开渠道获取其 2016 年度的财务数据。

威士顿的解释，可以理解为：我们做的软件系统可是给烟草公司用的，和他们做给银行、汽车厂那些竞争这么激烈的行业能一样吗？我们这烟草专用产品本来毛利率就高。

看来，烟草行业是个香饽饽。然而，威士顿自己披露，国家为了提高烟草行业的总体竞争力，从 2003 年就开始体制改革，对烟草行业“统一领导、垂直管理、专卖专营”。

而且，国家烟草专卖局在 2005 年出台了《数字烟草发展纲要》，旨在构建烟草行业“电子商务、电子政务、管理决策”三大应用体系，加快行业信息化建设进程，打造数字烟草。

▼

虽然我国烟草行业的信息化发展较晚，但由于近年来需求较旺、投资力度大，因此发展速度快、起点高。针对烟草行业新的发展要求，国家烟草专卖局在 2005

年出台了《数字烟草发展纲要》，旨在构建烟草行业“电子商务、电子政务、管理决策”三大应用体系，加快行业信息化建设进程，打造数字烟草。据统计，2013 年烟草行业的信息化建设投资保持着 8.21% 的增长率，达到了 90.67 亿元的总投资。对于烟草企业来说，信息系统的快速推进和整合对企业的管理至关重要，而烟草行业欲提高整体竞争力和实力也需要运用信息技术，走信息化道路来实现行业内各类资源的整合。因此可以预见，未来烟草行业信息化的步伐将进一步加快，信息系统软件开发、集成和运维在烟草行业的应用需求也将得到进一步释放。

监管层看到这里，就有点担心了：你说烟草行业要统一领导，怎么就没把你做的信息系统这块给“统一”了？虽然上烟集团不会轻易替换 IT 服务供应商，但并不表示上头老大不会统一推行吧？

为什么监管层会有这个疑问，笔者也查询了相关的新闻，发现烟草专卖局在“2016 年全国烟草行业信息化工作会议”上表示，要推进提议化数字烟草建设，还要优化统一平台建设。

▼

3 月 22 日，2016 年全国烟草行业信息化工作会议在北京召开。会议总结了 2015 年及“十二五”时期行业信息化工作，研究了“十三五”时期目标任务，部署了 2016 年重点工作，并对行业“十二五”信息化工作先进单位和先进个人进行表彰。国家烟草专卖局副局长段铁力出席会议并讲话。

段铁力在讲话中指出，“十二五”期间，行业信息化工作按照“整合兼容、互联互通、先进适用、改造升级”的要求，围绕中心、服务大局，大力推进一体化数字烟草建设，统筹规划取得实质性成果、集成整合取得创新性成果、信息服务取得突破性成果、安全保障取得阶段性成果，形成了“领导重视是前提、顶层设计是关键、创新发展是核心、技术架构是重点、重点项目是抓手、规范管理是保障”6 条宝贵经验，取得了显著成效，为行业改革发展提供了有力支撑。

段铁力强调，“十三五”时期，要主动顺应时代潮流，认真落实《中国制造 2025》，积极应用“互联网 +”、大数据、云计算等现代技术和管理手段，努力推动行业信息化工作再上新水平。一要认清行业信息化发展的新形势、新变化、新任务。深刻认识“互联网 +”新形势，积极用信息化推动烟草行业转型升级；有效应对网络安全新变化，为行业信息化健康稳定发展提供良好安全环境；准确把握行业发展新任务，把信息化作为推动行业发展、再上卷烟新水平的关键要素。二要着力提升“三个水平”，全面建成一体化数字烟草。持续完善和优化行业统一平台技术架构，着力提升信息化支撑水平；全面提升数据资源应用广度深度和共享服务水平，着力提升信息化服务水平；深入推进新一代信息技术与烟草产业的融合发展，着力提升信息化融合水平。三要适应新要求，加强信息化队伍建设，做到选好人、用好人、管好人。选好人是基础，要懂技术、熟悉业务、勇于探索创新、人品好；用好人是关键，要注重人岗匹配、坚持明责授权、鼓励探索实践；管好人是保障，要按程序办事、按规矩办事、按党纪办事。

会上，国家烟草专卖局烟草经济信息中心主任胡新华作工作报告。报告提出，2016 年，行业信息化工作要认真落实行业信息化发展规划，系统谋划和完善企业“十三五”规划，优化统一平台建设，深化信息资源服务，狠抓网络安全管理，有效把握新一代信息技术的新趋势、新特点，推动企业创新应用、试点示范，为贯彻发展新理念、卷烟再上新水平提供信息化支撑，实现“十三五”行业信息化工作良好开局。(新闻来源：中国政府网)

这个统一建设，会不会对威士顿有影响，我们不知道，监管层也不确定，至少，威士顿并没有披露，而且，怎么去应对这个烟草行业的变化，威士顿也没个想法。监管层问的这个问题，其实还是对持续盈利能力的质疑。

此外，我们还注意到，2016 年 10 月 19 日，为贵州中烟印烟标的永吉股份，客户集中度飙升到了 97%，竟然顺利过会，监管层在过会的反馈中，提到了对烟草行业的担忧。

▼

> 1. 请发行人代表进一步说明发行人的品牌、研发、生产技术等核心竞争力是否能够保持其在贵州中烟工业有限责任公司（以下简称贵州中烟）重要供应商地位，以及发行人的持续经营和持续盈利能力；
>
> 发行人是否存在严重依赖单一客户贵州中烟的情形，是否存在独立性方面重大缺陷，发行人是否存在被其他供应商替代的风险；发行人是否建立防范商业贿赂的内部控制制度及其运行情况；
>
> 在我国卷烟产量受到国家控制以及多地出台了控烟措施等经营环境发生变化的情况下，发行人烟标销量及平均单价下降是否对发行人的持续盈利能力构成重大不利影响。
>
> 2. 请发行人代表进一步对本次募集资金投向的两个技改项目中新增产能的必要性、合理性和可行性，是否采取必要的产能消化措施，以及是否存在产能过剩的经营风险进行说明。请保荐代表人补充说明对前述事项的核查情况。①

之后，在 2017 年 1 月 6 日，为烟草企业提供自动化系统技术服务的华龙讯达被否，本次威士顿又被否，监管层是否有这层考量，值得所有烟草相关企业深思。

4

雷区四：销售数据真实吗?

如果上面的毛利率有疑点，那监管层对预收款项是来真的了。

---

① 参见中国证监会网站《上海威士顿信息技术股份有限公司首次公开发行股票申请文件反馈意见》，载 http://www.csrc.gov.cn/pub/newsite/fxjgb/scgkfxfkyj/201705/t20170519_317052.html，2018 年 4 月 15 日最后访问。

▼

> 5. 报告期各期末预收款项波动较大的原因及其合理性，发行人在报告期各期末是否存在突击增加收入的情况，发行人向上烟集团销售的真实性，发行人的在手订单以及来自上烟集团及其下属公司的订单情况，上烟集团及其下属公司的未来信息技术系统的需求和投入情况，发行人是否对上烟集团存在严重依赖，是否对发行人的持续盈利能力构成重大影响，发行人的营业收入或净利润对存在重大不确定性的客户是否存在重大依赖；相关信息和风险是否充分披露。①

监管层的意思是：你的预收款项为什么波动这么大？你向上烟集团销售的业务是真的吗？不会是突击增加的吧？

我们来看看预收账款波动有多大：2014～2016 年，威士顿的预收款项为 2433.42 万元、3885.32 万元、487.19 万元，占总负债比重为 29.27%、69.42%、20.54%。

▼

单位：万元

项目	2016 年 12 月 31 日		2015 年 12 月 31 日		2014 年 12 月 31 日	
	金额	比例	金额	比例	金额	比例
应付账款	1,127.20	47.52%	973.78	17.40%	4,258.11	51.22%
预收款项	487.19	20.54%	3,885.32	69.42%	2,433.42	29.27%
应交税费	654.14	27.58%	583.74	10.43%	1,512.38	18.19%
其他应付款	103.50	4.36%	133.13	2.38%	88.51	1.06%
流动负债合计	2,372.03	100.00%	5,575.98	99.62%	8,292.43	99.75%
递延收益	–	–	21.00	0.38%	21.00	0.25%
非流动负债合计	–	–	21.00	0.38%	21.00	0.25%
负债总计	2,372.03	100.00%	5,596.98	100.00%	8,313.43	100.00%

2016 年的预收款项直线跳水，肯定会引来怀疑。威士顿对此解释为，出现这么大的波动是项目执行进度和收款进度造成的。2016 年，之所以预收账款会大幅减少，是因为客户都是国企，采用预算管理制度和集中采购制度，所以上半年审批，

① 参见中国证监会网站《上海威士顿信息技术股份有限公司首次公开发行股票申请文件反馈意见》，载 http://www.csrc.gov.cn/pub/newsite/fxjgb/scgkfxfkyj/201705/t20170519_317052.html，2018 年 4 月 15 日最后访问。

下半年招标，所以下半年合同签得多，预收款项也多。

那按理说2016年结束了，预收款项应该更多才是，怎么少了这么多？威士顿又解释了：2016年，有些项目启动晚，所以拖到2017年了，公司2017年1季度新签合同5488万元，收到货款3053万元，这不就顺眼多了吗？

▼

签订日期	项目名称	合同对方	主要内容	合同金额（元）
2017.1.5	烟印成本管控业务系统技术开发合同	上海烟草包装印刷有限公司	建设内容包括标准成本管理、全员成本管控和成本绩效管理三大块	3,980,000.00
2017.3.23	科技园区MES系统建设技术开发合同	上海烟草集团有限责任公司	科技园区生产区MES系统的开发及实施	9,270,000.00
2017.3.24	集团信息管理系统科技园区推广技术开发合同	上海烟草集团有限责任公司	将上烟集团现有的集团信息管理系统推广到科技园区进行延伸运用	4,950,000.00
2017.3.29	湖北中烟武汉卷烟厂易地技术改造项目生产执行系统（MES）采购子项目合同	湖北中烟工业有限责任公司	为武汉卷烟厂MES系统建设提供需求分析、设计、开发、实施直至通过验收交付使用等全过程服务	11,260,000.00

不过，这个解释监管层不太相信，甚至直接要求威士顿证明自己没有突击增加收入，还要证明销售是真实的。怎么证明？白纸黑字拿出来——在手订单有多少？上烟集团的预算审批、信息系统的需求计划是怎么样的？怎么对得上？要是说不出来，那真实性也不好证明了。

这个问题，还是和对上烟集团依赖的问题有联系，毕竟之前的问题都没解释清，再出现这个数据异常，就更不好说了。

除毛利率、预收款项的疑点外，威士顿的管理费用和股份支付也搞得不清不楚。

▼

> 1. 请发行人代表进一步说明，报告期毛利率高于同行业可比上市公司平均水平、管理费用率低于同行业上市公司的平均水平的原因及其合理性，向主要客户提供服务的定价机制及服务价格是否公允，是否存在利益输送和特殊利益安排，成本费用是否真实、准确、完整入账，是否存在由实际控制人及其他关联方为发行人垫付费用的情形。请保荐代表人发表核查意见。
>
> 2. 请发行人代表进一步说明，2015 年股份支付权益工具公允价值的确认依据及合理性，对股份支付会计处理调整的理由和依据，对会计报表的影响，会计处理是否审慎，履行的批准程序，相关的内部控制制度及其有效性，相关信息是否充分披露。请保荐代表人发表核查意见。①

管理费用的问题，还是客户依赖问题的延伸，而股份支付，又碰到了规范性的雷。

希望威士顿能早日完善这些信息披露，“二战”顺利。

本案写作参考材料如下，特此鸣谢：

［1］徐悠：《客户集中度风险与 IPO 企业盈余管理》，载《中南财经政法大学研究生学报》2016 年第 1 期。

［2］邹俊：《如何解决拟 IPO 企业的大客户依赖症》，2015 年 8 月 31 日。

［3］《IPO 成功案例学习笔记：严重依赖单一客户》，载《企业上市》，2016 年 10 月 24 日。

① 参见中国证监会网站《上海威士顿信息技术股份有限公司首次公开发行股票申请文件反馈意见》，载 http://www.csrc.gov.cn/pub/newsite/fxjgb/scgkfxfkyj/201705/t20170519_317052.html，2018 年 4 月 15 日最后访问。

净利润数据存疑+未缴纳公积金+会计核算不规范+会计挪用公款

八、国策环保[①]

①本文关于国策环保的数据来源于《西藏国策环保科技股份有限公司首次公开发行股票并在创业板上市招股说明书（申报稿）》，详见中国证监会网站。

▼

2017 年 6 月 28 日，国策环保，创业板 IPO 被否。

这家公司，排队两年，终于上会“闯关”，如果成功过会，就意味着不久的将来西藏上市公司队伍将再扩容，迎来新鲜血液。

可惜的是，它做的是环保事业，服务的是政府部门，还是西藏的企业，各种政府补助、优惠政策加持，却还是被否了。

被否的原因也很简单：规范性和持续盈利能力不足。净利润高度依赖政府补助和税收优惠、高管薪酬、研发费用出现异常、会计操作违规、员工挪用资金、财务核算不规范、产权不清、未依法缴纳公积金。这些问题，搞得国策环保的 IPO 计划千疮百孔。

尤其是净利润问题，在 IPO 提速的背景下，规模不大的企业们也敢鼓起勇气申报了，这当中需要注意什么问题？国策被否的案例，可以给出一个答案。

1

国策环保是怎么环保的？

国策环保，是提供城市环保服务的，如帮城市处理生活垃圾、医疗废物、城市污水等，这个服务，一般以项目为单位，都是由政府采购。

它的业务分为三类：城市环保托管运营、环保设施建设施工、环境影响评价服务。

▼

主营业务的构成

城市环保托管运营，是指政府把生活垃圾、医疗废物、城市污水等污染物委托给国策环保处理。请注意，这里的托管运营，并非我们所熟知的“交钥匙”工程，而是“只管运营”。也就是说，所有的资产都是属于政府（也就是客户）的，国策环保和政府签订合同时，政府把土地、房屋、设备，包括基层员工全部移交给国策环保，国策环保只取得了资产的使用权和员工的管理权。

然后国策把基层员工的劳动关系转到自己名下，再派出几个管理人员过来运营，政府只充当“监工”角色，在旁监督检查，按运营效果支付运营费。等合同期限结束，国策还要把所有的资产和员工完好无损地交回给政府。

总结来说，国策环保的城市托管运营业务，只是利用自己的运营和管理经验提供“代运营”服务，再收取服务费，它自己并没有资产的所有权。

另一个业务——环保设施建设施工，就类似我们说的“交钥匙”工程了（国策不负责设计方案）。国策的这个业务，主要是承包市政环保工程的施工工作，如垃圾掩埋场、污水处理站等。客户先找别人设计方案，再把剩下的施工业务委托给国策，国策按方案施工，并根据工程进度收款。

环境影响评价业务，就比较好理解了，实际就是做了环保局的环评工作（投产前的项目），并提出污染防治措施。具体玩法是：国策先去现场勘查，收集一些数据，再拿着这些数据委托环境监测站做监测，最后根据监测结果出个报告书。环保局再去勘查一遍，若报告说得对，即支付中介服务费。

值得注意的是，这个做环保事业的还是个高新技术企业，背后各种支持政策，只不过，国策却在这里给自己埋了个雷。

2

IPO 的硬性要求是什么？

如果说 A 股是个女神，那监管层就是丈母娘，丈母娘在挑选女婿时，肯定有不少要求，包括吸金能力。所以，今天我们来看看监管层对报 IPO 的企业有什么硬性标准。

根据《首次公开发行股票并在创业板上市管理办法（2016）》第二十六条之规定，报 IPO 的企业，应该符合五个财务标准：

（一）最近 3 个会计年度净利润均为正数且累计超过人民币 3000 万元，净利润以扣除非经常性损益前后较低者为计算依据；

（二）最近 3 个会计年度经营活动产生的现金流量净额累计超过人民币 5000 万元；或者最近 3 个会计年度营业收入累计超过人民币 3 亿元；

（三）发行前股本总额不少于人民币 3000 万元；

（四）最近一期末无形资产（扣除土地使用权、水面养殖权和采矿权等后）占净资产的比例不高于 20%；

（五）最近一期末不存在未弥补亏损。

其中，最重要的业绩标准有两个：

一是净利润，最近三年净利润全部为正数并且累计超过 3000 万元；

二是现金流或营收，最近三年经营活动产生的现金流量净额累计超过 5000 万元，或者营收累计超过 3 亿元。

可见，要想接近“女神”，3000 万元和 3 亿元（或 5000 万元）是个硬条件（至于创业板有没有最新标准，我们还没看到官方文件），不然“丈母娘”看不上，不可能有结果。

那国策够不够格呢？先来看一组数据。2014 ~ 2016 年，国策的净利润为 1447 万元、1453 万元、1879 万元，累计 4779 万元。营收 8900 万元、1.03 亿元、1.03 亿元，累计 2.95 亿元。

▼

单位：元

项目	2016 年度	2015 年度	2014 年度
营业收入	103, 055, 906. 61	103, 216, 350. 67	89, 052, 921. 01
营业利润	12, 897, 812. 03	14, 047, 928. 06	14, 076, 578. 73
利润总额	20, 941, 207. 60	16, 109, 222. 38	15, 887, 595. 55
净利润	18, 789, 187. 56	14, 526, 389. 76	14, 466, 955. 25
归属于母公司股东的净利润	18, 789, 187. 56	14, 526, 389. 76	14, 466, 955. 25
扣除非经常性损益后归属于公司普通股股东的净利润	17, 866, 335. 80	13, 683, 735. 32	12, 818, 929. 94

这个净利润、营收，踮一踮脚，也差不多，但是，“丈母娘”却发现了一些问题。

3

雷区一：净利润有什么疑点？

“丈母娘”对净利润，看样子没有不太满意，但是她却发现了一个疑点。

▼

> 发行人报告期扣除非经常性损益后的净利润分别为1281.89万元、1368.37万元、1786.63万元。发行人报告期高管薪酬总额逐年下降、董事长薪酬大幅下降。2016年管理费用中研发费用大幅下降。发行人代表说明高管薪酬和研发费用大幅下降的原因，结合研发费用占营业收入的比例说明发行人是否符合高新技术企业的条件。①

监管层的话里意思是：你的高管薪酬、研发费用大幅下降是怎么回事？你的研发费用这么少，这样真的算高新技术企业吗？

我们先来看看高管薪酬有什么异常。2014～2016年，董事长的年薪为36.91万元、12.49万元、12.49万元，副总经理的年薪为10.82万元、9.46万元、9.27万元，监事会主席的年薪为11.16万元、10.44万元、10.38万元，整个高管团队，大部分成员的薪酬都类似这样，逐年减少。

▼

单位：万元（税前）

姓名	职务	2016年度	2015年度	2014年度
陈鸿	董事长、总经理	12.49	12.49	36.91
范津涛	副董事长	–	–	–
张丽	董事、证券事务部经理	7.45	7.45	–

① 参见中国证监会网站《西藏国策环保科技股份有限公司创业板首次公开发行股票申请文件反馈意见》，载http://www.csrc.gov.cn/pub/newsite/fxjgb/scgkfxfkyj/201706/t20170616_318791.html，2018年4月15日最后访问。

续表

姓名	职务	2016 年度	2015 年度	2014 年度
幸川	董事、副总经理	9.27	9.46	10.82
赵永花	董事、财务总监	9.75	11.87	11.25
杨伟强	董事、董事会秘书	9.55	9.24	10.89
黄峰	独立董事	2.00	2.00	0.67
林玲	独立董事	2.00	2.00	0.67
徐兵	独立董事	2.00	2.00	0.67
苏昌军	监事会主席、内控总监	10.38	10.44	11.16
张锡营	监事	-	-	-
陈远财	职工监事	6.99	4.80	5.71
苏信兰	副总经理、工程设计部经理	9.81	9.51	8.21
孟凯中[注1]	环评部副经理	2.90	11.21	10.49
苗颖[注2]	科研部专员	2.52	-	-

注1：孟凯中于2016年7月离职，不再担任公司的核心技术人员。

注2：苗颖自2016年7月起担任公司的核心技术人员，薪酬金额自任职起算。

而原因，国策并未解释。此外，研发费用也在2016年跳水。2014～2016年，国策的研发费用为384.67万元、481.94万元、94.27万元，营收占比均不足5%。

▼

项目	2016 年度	2015 年度	2014 年度
研发费用（万元）	91.27	481.94	384.67
营业收入（万元）	10,305.59	9,749.63	8,799.29
研发费用比例	0.89%	4.94%	4.37%

国策环保对2016年研发费用跳水的解释为，2016年没有新的纯科研项目，所以研发费用减少。话是这么说，但监管层不乐意了。而且监管层还特地摆出来利润数据，话里意思是：你这数据，对创业板来说，也算半个“高富帅”，但是两个费用都降这么多，不会是穿了“内增高”吧？

国策需要好好说明这些费用跳水的原因。不幸的是，因为这个研发费用，国策又踩了雷。我们前面提到，国策环保是个高新技术企业，有什么好处呢？税收优惠。

国策环保2011年11月取得高新技术认证（有效期三年），2014年9月通过复审，如果还是三年，那今年就要再次复审，2016年的研发费用减少这么多，会不会影响复审？国策环保也没说明。

▼

未来无法继续保持高新技术企业资格的风险

股份公司2011年11月25日经西藏自治区科学技术厅、西藏自治区财政厅、西藏自治区国家税务局认定为高新技术企业（证书编号：GR201154000006，有效期三年），并于2014年9月25日通过了高新技术企业的复审。但公司存在未来无法继续保持高新技术企业资格，而从2018年起无法享受企业所得税应缴地方所得部分（6%）减免的税收优惠的风险，从而对公司的企业所得税率及净利润产生影响。

顺着这条线索，我们还发现国策环保除了享受高新技术的税收优惠，还享受其他各种优惠和补贴，如西部大开发企业所得税税收优惠、西藏自治区高新技术企业所得税税收优惠、城市环保运营业务流转税税收优惠等。这些税收优惠和补助加起来，占净利润的比重为46.38%、48.94%、46.47%。

▼

单位：万元

项目	2016年度		2015年度		2014年度	
	对净利润的影响	占同期净利润的比率	对净利润的影响	占同期净利润的比率	对净利润的影响	占同期净利润的比率
政府补助：						
企业所得税返还	–	–	56.44	3.89%	156.43	10.81%
增值税税收返还	634.98	33.79%	102.39	7.05%		
其他	9.01	0.48%	9.02	0.62%	8.64	0.60%
税收减免：						
环保运营服务收入流转税减免	35.37	1.88%	299.37	20.61%	260.95	18.04%
其他税种优惠	5.32	0.28%	28.96	1.99%	25.76	1.78%

续表

项目	2016 年度		2015 年度		2014 年度	
	对净利润的影响	占同期净利润的比率	对净利润的影响	占同期净利润的比率	对净利润的影响	占同期净利润的比率
西藏自治区企业所得税税收优惠	64.04	3.41%	72.74	5.01%	66.03	4.56%
国家西部大开发政策所得税税收优惠	124.41	6.62%	141.99	9.77%	153.20	10.59%
合计	873.12	46.47%	710.91	48.94%	671.00	46.38%

这敢情将近一半的净利润是靠政府补助和政策优惠撑起来的，这个风险，国策环保自己也披露了。

▼

报告期内公司的经营成果对税收优惠政府补助存在较大的依赖，若未来国家、地区税收政策发生变化，导致公司不能继续享受上述优惠，将会在一定程度上影响公司的盈利水平。

笔者来给大家还原一下不靠补助和优惠的净利润，分别为 776 万元、742 万元、1006 万元，累计 2524 万元，这下“女神”肯定不开心了。

看来，监管层很少在否决意见中“嫌小”，不代表忘了净利润这个事，国策的净利润本来也不算高，又有这么多“水分”，折射的是公司在经营抗风险能力、持续盈利能力等方面的诸多不足。

2017 年以来，除国策环保外，被否公司中扣非净利低于 3000 万元的公司还有：步科股份、双环电子、城林科技、震裕科技、新水源景、金枪新材、西龙同辉、华光新材。这些公司，虽然累计净利达标，单年的净利润却不足 3000 万元，一旦出现了规范性、关联交易、财务数据的疑点，更易被监管层质疑抗风险能力和持续盈利能力。

4

雷区二：员工福利，公积金要交吗？

在生活中，有很多人对公积金的态度都是可有可无，很多单位也是这种想法，不过真的是这样吗？笔者带大家看看国务院的《住房公积金管理条例》。

第二十条：单位应当按时、足额缴存住房公积金，不得逾期缴存或少缴。

对缴存住房公积金确有困难的单位，经本单位职工代表大会或者工会讨论通过，并经住房公积金管理中心审核，报住房公积金管理委员会批准后，可以降低缴存比例或者缓缴；待单位经济效益好转后，再提高缴存比例或者补缴缓缴。

第三十七条：违反本条例的规定，单位不办理住房公积金缴存登记或者不为本单位职工办理住房公积金账户设立手续的，由住房公积金管理中心责令限期办理；逾期不办理的，处1万元以上5万元以下的罚款。

第三十八条：违反本条例的规定，单位逾期不缴或者少缴住房公积金的，由住房公积金管理中心责令限期缴存；逾期仍不缴存的，可以申请人民法院强制执行。

看样子，公积金并非可交可不交，从法规上看，企业必须要为在职职工缴纳公积金。

公积金尚且如此，社保就更不用说了，《中华人民共和国劳动法》和《中华人民共和国社会保险法》都有非常明确的规定。

然而，我们也发现，很多出现社保或公积金问题的公司，如利民股份、银河磁体、富煌钢构等，都顺利上市。这是为什么呢？我们查询了相关资料，发现可能有以下例外：

（1）员工多为农民工，农民工兄弟自己有住宅，不愿意缴纳公积金。《住房公积金管理条例》也只是鼓励单位为他们缴纳，并不强制；

（2）公司提供免费住宿或者发放住房补贴以代替住房公积金；

（3）地方原因，如企业在乡镇，根本无公积金管理机构，找不到缴存单位。

这些原因，在建筑施工类企业、劳动密集型企业最为常见。

不过，理由归理由，对于一家拟上市公司来说，总不能违反法律，如果出现了社保公积金问题，笔者可以给大家支几招：最保险的是补缴，以后也足额缴纳，而且要披露缴纳情况，解释未能补缴的原因；如果确实不便补缴或全员缴纳，也要说明原因，如入离职手续正在办理、实习生或农民工主动放弃，不便强行缴纳等。

最重要的是，口说无凭，白纸黑字要拿出来，如社保公积金主管部门的证明文件（无违法违规）、员工主动放弃声明、大股东对相关风险的兜底承诺等。

可惜，国策环保也是用的这种套路，却还是没能躲过一劫。

5

雷区三：公积金出了什么问题？

监管层在本次否决中，特地问了国策环保公积金缴纳问题。

▼

> 截至 2016 年 12 月 31 日，发行人 1153 名员工中，仅为 70 名员工缴纳了住房公积金，未缴纳住房公积金的员工占比为 93.93%。说明发行人社保公积金的缴纳是否符合我国劳动保险法的相关规定。①

公积金问题，对拟 IPO 企业来说，并不是一个实质性障碍，我们也很少看到主要因为社保或公积金问题被否的案例。

不过，像国策环保这样绝大部分员工都没缴纳公积金的公司，还是不太多的，我们来看看是什么原因导致这么多员工未缴纳公积金。前面我们提到，国策环保的城市托管运营业务中，它运营所需的所有资产和基层员工都是政府转交过来的，其

---

① 参见中国证监会网站《西藏国策环保科技股份有限公司创业板首次公开发行股票申请文件反馈意见》，载 http://www.csrc.gov.cn/pub/newsite/fxjgb/scgkfxfkyj/201706/t20170616_318791.html，2018 年 4 月 15 日最后访问。

中大部分是环卫工人。对于这些环卫工人的社保缴纳问题，国策环保也主动披露：2016 年年底，国策环保在册员工 1153 人，其中母公司 106 人，子公司国策服务 1047 人。国策已为 70 名员工缴纳了住房公积金，未缴纳住房公积金的员工中，913 名自愿签署了《放弃缴纳公积金的承诺》。

国策环保也进一步解释了这么多员工未缴纳的原因，主要有以下几个理由：

（1）西藏地区男性 55 岁、女性 45 岁为法定退休年龄，不用交；

（2）新员工试用期，不用交；

（3）环卫工自己购买了新型农村合作医疗保险、新型农村社会养老保险，没法交；

（4）员工多为流动性强的非城镇户口务工人员和本地藏民，自愿放弃，不愿交；

解释完了，国策环保自认不符法律法规，并搬出了大股东兜底承诺和相关管理部门的证明，来确认这是没问题的。

▼

报告期内，发行人的“五险一金”缴纳存在不规范之处，形成了部分应缴社保和公积金费用尚未向社保机构缴纳的情形。对于未严格按照规定为员工办理社会保险和住房公积金缴纳而可能带来的补缴风险，发行人实际控制人陈鸿承诺，对于国策环保及其子公司未缴纳的社保费用及因此而可能遭受的行政处罚或其他损失，将全额向国策环保进行补偿。同时，根据发行人及其子公司相关社会保险管理机构、住房公积金管理中心出具的证明，发行人的社会保险和住房公积金缴纳不存在重大违法违规且最近三年，发行人不存在因违反劳动及社会保险相关法律、法规而被行政处罚的情形。

发行人律师认为：“虽然发行人的社会保险和住房公积金的缴纳不符合法律法规的规定，但该等不规范情形的形成原因系基于特殊的事实背景，现发行人已经在逐步规范中且该等不规范情形可能导致的经济补偿责任已经由实际控制人陈鸿出具承诺予以承担，该等情形对本次发行上市不构成重大实质障碍。”

这理由、文件都拿出来了，监管层还问为什么？除国策环保自认不合法外，我们还发现，国策环保针对监管层之前提出的反馈意见进行了披露，测算了一下，如果为还没放弃缴纳的员工补缴，又要影响 6.97%、1.72%、1.93% 的净利润。

▼

根据《西藏自治区人民政府办公厅转发住房城乡建设厅等部门关于在我区非公

有制企业中逐步推行住房公积金制度意见的通知》，鉴于西藏自治区非公有制企业职工来自“五湖四海”、流动性强，住房公积金制度在西藏自治区所有非公有制企业全面建立，目前尚有一定难度，为此，从2014年1月1日起西藏自治区开始逐步扩大在非公有制企业建立住房公积金制度的覆盖面；鉴于发行人在册员工中大部分属于流动性较强的非城镇户口的务工人员和藏族本地人员（含游牧民），能够实际享受公积金政策带来的福利的可能性较低，且根据住房公积金的缴费政策，员工本人也需要缴纳一定数额的公积金，从而导致其每个月获得的实际收入减少，因此员工不愿意缴纳住房公积金，且大部分员工自愿签署了《放弃缴纳公积金的承诺》。公司根据截至2016年12月31日未放弃缴纳住房公积金的员工人数对补缴金额进行了测算。2014年度、2015年度及2016年度，公司测算的住房公积金补缴金额分别为100.80万元、24.97万元和36.29万元，占当期净利润的比例分别为6.97%、1.72%和1.93%。

本来净利润就有很多是靠补助和政策优惠给提上来的，这再扣一点，那再扣一点，真没多少了。监管层有没有这个考虑，值得思考。

上面两个原因，只是被否的部分原因，除公积金这个规范性问题外，监管层还对规范性问题连发六问。

▼

根据申报材料，发行人存在以下情形：

1. 发行人的部分会计凭证的制单、审核以及过账均为财务总监赵某一人操作；

2. 发行人昌都分公司财务人员唐某于2015年2月17日从昌都市财政局领取现金支票后，除支付188,250元给环卫工人外，其余款项633,856元均私自挪用，而发行人直到2015年8月才发现唐某挪用公款的行为；

3. 建筑施工项目未建立项目预算制度和体系，对于建筑施工项目财务核算不规范；

4. 昂仁县县城垃圾填埋场工程跨期确认收入；

5. 未计提安全生产费；

6. 公司的部分固定资产权属不清，存在部分政府拥有实际产权的车辆登记在发行人名下的情况。请发行人代表说明上述行为是否符合《首次公开发行股票并在创业板上市管理办法（2016）》第十七条、第十八条的规定。①

---

① 参见中国证监会网站《西藏国策环保科技股份有限公司创业板首次公开发行股票申请文件反馈意见》，载 http://www.csrc.gov.cn/pub/newsite/fxjgb/scgkfxfkyj/201706/t20170616_318791.html，2018年4月15日最后访问。

这六个规范性问题，看着不是大问题，却明显反映了国策环保的内控制度存在漏洞。

最后我们还是祝愿国策环保能早日处理好这些问题，“二战”成功。

本案写作参考材料如下，特此鸣谢：

[1]《国策环保 IPO 被否连续三年扣非净利偏低》，载《上海证券报》，2017 年 6 月 29 日。

[2] 投行小兵：《企业上市：公积金问题》，2014 年 3 月 4 日。

[3] 计兮：《企业 IPO 上市中通常存在问题操作实务》，2016 年 6 月。

[4] 苏启桃：《国策环保 IPO：净利润近半靠税收优惠和补助研发投入骤减还叫高新技术企业?》，载《金融投资报》，2017 年 6 月 28 日。

核心产品专利权瑕疵＋经销商数量波动＋毛利率畸高

九、西点药业[1]

①本文关于西点药业数据来源于《吉林省西点药业科技发展股份有限公司首次公开发行股票招股说明书（申报稿）》，详见中国证监会网站。

“科技人员紧张地检索，一行是明天的希望，十行是品种类雷同的迷茫，百行是深深的、宽宽的专利沟壑……”

这是西点药业董事长张俊早前写的短诗——《跋涉》里的一句，没想到，这句诗，竟在后来的 IPO 之路上，一语成谶。

西点药业，2012 年就开始着手 IPO，靠着两款核心产品，能做到 2 亿元营收、5000 万元净利润、85% 的毛利率，却在 2016 年 5 月 18 日被否。被否的主要原因是其中一款核心产品的专利权属出现了疑点，这背后反映的是监管层对持续盈利能力和独立性的质疑。

此外，经销商、毛利率、销售费用、学术推广费、商业贿赂风险，都是监管层审核医药类公司时关注的重点。

西点被否，除给医药行业敲响警钟外，专利权更是所有高新技术企业应该特别注意的问题。专利权，看似是一个金光闪闪的光环，用不好，也很可能成为紧箍咒。

1

专利权会出现哪些问题？

专利权，简称专利，是持有人在一定时期内享有的独占实施权，它是知识产权的一种。专利权对技术密集型企业来说，尤为重要。而监管层对报 IPO 的企业（尤其是创业板），也有明确规定。

《首次公开发行股票并在创业板上市管理办法（2016）》第三十条规定：发行人不得有下列影响持续盈利能力的情形：

……

（五）发行人在用的商标、专利、专有技术以及特许经营权等重要资产或技术的取得或者使用存在重大不利变化的风险；

可见，这个专利权，看似不起眼，却也能影响企业的持续盈利能力。那报 IPO 的企业容易在专利权上踩哪些雷呢？笔者查询了以前的一些案例，总结一下常见的地雷：

一是权属不明。比如，职工发明，如果这个专利是由员工发明的，发明过程中有多大部分是占用了企业的资源，在实际中不好界定，所以专利属企业还是属员工个人易出现争议；又如，股东发明，股东以专利权或其他知识产权出资，当中的出资额如何界定、手续是否齐备，也容易出问题；再如，专利许可，许可协议是否具备、使用费用如何划分、使用期限到底多长，这些也得搞得明明白白。

二是专利"无用"。如果是高新技术企业，肯定少不了各种专利，但是有些公司拥有的专利并不能和其主营业务、核心竞争力等匹配，显得"驴唇不对马嘴"。

三是专利瑕疵。比如，专利管理不善，竞争对手能轻松模仿，或者是未及时缴费、申报等造成专利失效；最严重的是，专利涉嫌侵权，易引起重大诉讼纠纷；

四是信息披露。专利相关信息披露得不明确、不全面，相关数据存在明显瑕疵，易导致产生误解，以及其他一些该说没说的重要问题。

为了避免这些问题，笔者也给大家几个建议：

首先，得正视这个问题。要有保护知识产权意识和战略眼光，而不是突击申请专利，把它作为圈钱工具；其次，提高创新和专利管理能力。应及时关注专利权的问题，及时缴纳年费，以及是否有出资、转让、权属、诉讼方面的瑕疵；再次，培养专职知识产权人才。一般大公司都有知识产权部门，有专人负责知识产权；最后，要记得信息披露及时、真实、完整，这点就不用多说了。

可惜，西点药业（以下简称西点）的专利权出现了疑点后，却没处理好。

2

雷区一：西点怎么取得专利？

西点药业，主要生产抗贫血用药和治疗精神障碍用药。核心产品为益源生和可同，这俩顶梁柱为西点药业贡献了大部分的营收。

▼

单位：万元

项目	2015 年 1 ~6 月		2014 年度		2013 年度		2012 年度	
	金额	比例	金额	比例	金额	比例	金额	比例
益源生	5, 731. 59	62. 59%	12, 548. 60	61. 83%	8, 723. 73	55. 34%	5, 987. 28	51. 40%
可同	2, 774. 96	30. 30%	6, 219. 08	30. 64%	5, 516. 36	34. 99%	4, 282. 97	36. 77%
其他产品	651. 09	7. 11%	1, 526. 59	7. 52%	1, 524. 02	9. 67%	1, 378. 43	11. 83%
收入合计	9, 157. 64	100. 00%	20, 294. 27	100. 00%	15, 764. 11	100. 00%	11, 648. 69	100. 00%

其中，益源生属于抗贫血用药，是独家产品，拥有国家发明专利；可同属于治疗精神障碍用药，为国内第一个取得同种类药品注册批件并上市的利培酮口腔崩解片药物。

作为制药企业，研发能力和专利技术最重要，不过，我们发现，西点的这两个顶梁柱中，只有益源生通过购买方式取得了专利，而可同的专利，西点并没有取得。

▼

序号	名称	取得方式	类别	专利号	保护期
1	复方硫酸亚铁片（益源生）	购买	发明	ZL98104770. X	二十年（自1998年2月17日起）
2	一种合成瑞香素的新工艺	自主研发	发明	ZL200610016731. 0	二十年（自2006年3月31日起）
3	一种7，8－二羟基香豆素合成工艺	自主研发	发明	ZL200410010752. 2	二十年（自2004年3月26日起）
4	7，8－二羟基－2－氧代－2H－苯并吡喃类衍生物及合成方法和医药用途	自主研发	发明	ZL200610016849. 3	二十年（自2006年5月16日起）
5	白首乌有效部位的制备方法及其在治疗失眠药物中的用途	自主研发	发明	ZL200610016796. 5	二十年（自2006年4月26日起）
6	一种复方硫酸亚铁叶酸片的生产方法	自主研发	发明	ZL201210426284. 1	二十年（自2012年10月31日起）

这就引起监管层的怀疑了，监管层在西点第一次披露招股书后，在反馈意见中也明确提出了这个疑问：

▼

据招股书披露，报告期内，发行人可同产品存在使用他人资产情况，主要涉及产品的商品名、商标以及专有技术（专利），上述许可使用资产均为自然人郭夏控制公司所有。

可同报告期内占发行人主营业务收入比例分别为39%、37%、35%、32%。另发行人在研项目均为合作研发，合作方大部分均为郭夏控制企业。请保荐机构及发行人律师核查并补充披露：

1. 郭夏及其控制公司无偿授权发行人独占使用相关商标、专有技术（专利）、商品名的原因及合理性，是否存在其他协议安排。

2. 发行人是否存在对郭夏及其控制企业技术开发方面的依赖，是否存在不能继续使用相关商品名、商标及专利许可的风险，对发行人资产完整性是否构成重大影响。

3. 请补充披露发行人所有专利的取得方式，补充说明发行人与外部合作所获专利所占比例，上述知识产权在发行人经营过程中所起的作用、必要性、产生的效益。发行人与合作方关于上述知识产权的使用、保密相关约定的具体执行情况，是否存在纠纷或其他重大不确定性因素。①

① 参见中国证监会网站《吉林省西点药业科技发展股份有限公司首次公开发行股票申请文件反馈意见》，载 http：//www. csrc. gov. cn/pub/newsite/fxjgb/scgkfxfkyj/201511/t20151127_ 287252. html，2018 年 4 月 15 日最后访问。

西点在之后的披露中，也重点解释了可同（利培酮口腔崩解片）的专利问题，我们一起梳理一下。

西点表示，自己于2001年开始从事医药制造业务，那时还比较稚嫩，研发能力不足。而郭夏控制的万全系主要从事医药研发和销售，不涉及生产。一个要技术，一个要生产，这哥俩儿就凑一块去了。

对于可同这个产品，实际他俩转让的知识产权包括四部分：生产技术和资料、专利权、商标使用权、商品名使用权。西点先出90万元的技术转让费，获得了利培酮口腔崩解片生产技术的独家转让。然后，万全系再把专利权、商标、商品名使用权无偿、独家转让给西点。

作为“无偿”转让的回报，西点将可同的部分市场区域划分至郭夏及其控制的企业（即海南万德玛），海南万德玛享有这些市场的销售权及收益权。而且，西点还强调，这种方式是医药行业普遍的玩法，也是正常的商业往来，不存在关联交易和重大依赖，这是哥俩儿“互补互赢”的体现。

可惜的是，监管层并不这么想。

3

雷区二：西点的专利权问题

虽然西点对可同的专利权作出了解释，但监管层好像并不感冒。

▼

请发行人代表针对发行人主要产品利培酮口腔崩解片（可同）的专利技术使用事宜进一步说明：

1. “一种利培酮口腔崩解片及其制备方法”专利技术及其相关的商标、商品名由“万全系”企业独家、无偿授权使用的原因及合理性。

2. “万全系”企业无偿授权发行人独家使用相关专利，但均一直未与发行人签订合法有效的专利许可使用协议的原因，专利权人是否有权单方面撤销《专利授权使用书》，发行人关于可同产品的专利的使用是否存在重大不利变化的风险。

3. 发行人主要产品口腔崩解片的持续合法生产、销售及其专利技术的权属是否存在争议或潜在的纠纷，其持续经营是否存在重大不确定性。

4. 2006 年 3 月取得“可同”的新药证书和生产批件开始形成销售后直至 2012 年 10 月之前，公司对海南万德玛的销售价格低于其他经销商，是否事实上构成授权许可使用他方商标以及专有技术（专利）支付的对价（使用费）。若事实上构成商标以及专有技术（专利）使用费，相关会计处理是否符合企业会计准则的规定。

5. 发行人根据《技术转让合同书》与“万全系”企业取得“利培酮口腔崩解片”新药证书并由发行人单方取得生产批件是否真实、有效，前述新药证书及生产批件及其技术的所有权和生产权归属，是否符合相关法律法规和规范性文件的规定。

6. 发行人拥有的利培酮口腔崩解片（可同）药品批准文号的企业情况，利培酮口腔崩解片专有技术（专利）是否为发行人独家使用。

7. 前述相关事项的信息和风险是否充分、准确披露。请保荐代表人说明对前述事项的核查情况，并就发行人的本次发行是否符合《首次公开发行股票并在创业板上市管理办法（2016）》第三十条的相关规定发表核查意见。①

监管层的这七大质问，直指可同产品的专利权问题，总结如下：

（1）万全系独家无偿把专利给你用是为什么？

（2）虽然无偿给你用了，但是没跟你签书面协议，万全系不会改变主意吧？

（3）你的专利权属明确吗？不会影响你的持续经营吧？

（4）你把可同卖给海南万德玛时这么便宜，是不是要补偿这个“无偿”的专利权？如果属于补偿的话，你的会计处理该变了吧？

（5）你的新药证书和生产批件是真实、有效、合规的吗？所有权生产权归谁？

（6）你的可同产品专利是不是真的由你独家使用，有没有其他公司也有这个药的批准文号？

（7）这些信息和风险你披露了吗？符合《首次公开发行股票并在创业板上市管理办法（2016）》第三十条的规定吗？

这七个问题，有很多都是西点已经解释过的，除对专利的取得方式、原因等有比较详细的解释外，西点还特地强调了这个专利权、商标权不存在对万全系的依赖，也没有不能继续使用的重大风险，不会影响其资产完整性。

---

① 参见中国证监会网站《吉林省西点药业科技发展股份有限公司首次公开发行股票申请文件反馈意见》，载 http：//www. csrc. gov. cn/pub/newsite/fxjgb/scgkfxfkyj/201511/t20151127_ 287252. html，2018 年 4 月 15 日最后访问。

▼

发行人不存在对万全科技技术开发方面的依赖，不存在不能继续使用相关商品名、商标及专利许可的重大风险，对发行人资产完整性不构成重大影响。

①发行人不存在对郭夏及其控制企业技术开发方面的依赖情形

A. 国内医药企业受研发创新能力薄弱、资金实力不足、技术及人才储备等因素影响，自主研发能力受到较大限制，而合作研发模式作为企业进行领域拓展或产品突破时较为高效的一种研发模式，在国内外行业内较为普遍；

B. 万全科技作为国内较早发展起来的领先医药研发企业，主营业务为医药技术开发和转让，具备较强的技术开发能力，且具备临床研究相关资质。发行人选择合作研发的模式，既符合行业普遍特征，也符合自身利益，双方系正常商业往来，发行人对其并不存在依赖情形。

而且，西点还补充表示，目前自己还和其他类似机构合作，而且取得了成果，自身的研发能力也在不断增强，还特地列出了研发费用，确实也是逐年上升。

▼

单位：万元

项　目	2015 年 1 ~6 月	2014 年度	2013 年度	2012 年度
研发费用合计	338. 05	1, 651. 49	972. 09	548. 22
母公司销售收入	9, 157. 64	20, 355. 65	15, 789. 11	11, 654. 56
研发费用占比	3. 69%	8. 11%	6. 16%	4. 70%

这还不够，西点还表示，可同这个产品，卖给万全系的销售比例也只占 30% 不到，营收占比也不到 10%，没什么影响。

▼

单位：万元

项目	2015 年 1 ~6 月	2014 年度	2013 年度	2012 年度
向海南万德玛销售	828. 03	1, 821. 69	1, 438. 06	1, 607. 07
占可同销售比例	29. 84%	29. 82%	26. 07%	37. 55%
占营业收入比例	9. 04%	8. 99%	9. 12%	13. 80%

最后，再明确回答这个专利权、商标具有排他性和独占性。

▼

发行人不存在不能继续使用相关商品名、商标及专利许可的重大不利风险，对发行人资产完整性未构成重大影响。

A. 万全科技控股子公司在无偿授权发行人商品名、商标及专利的同时获得了可同产品的部分区域销售权。实质上，双方均可以从该等合作模式中实现利益最大化，因此，对于可同产品来说，双方具备长期、稳固的合作基础。如若单方面出现关于专利等授权事项的风险，各方都将可能承受较大损失。

B. 发行人利培酮口腔崩解片技术转让系独家转让，该产品的生产权及所有权均归公司所有。发行人对可同的生产具有排他性和独占性。

C. 根据签署的协议以及万全科技控股子公司出具的确认函，均约定在专利有效期或商标保护期限（包括申请续展注册的续展期）内授权发行人无偿、独家使用。该等文件具备法律效力，能够保障发行人在未来很长时期内对可同产品的排他性权益。

监管层说：不争的事实是，这个专利许可权，你一直没签订有效的法律协议，即使你俩现在是穿一条裤子的好朋友，以后也难保不产生纠纷。

▼

自利培酮口腔崩解片上市开始，发行人即无偿使用北京万全生物医药科技有限公司注册号为 5245809 的“万全 Venturepharm”商标，但双方未签订书面许可使用协议。2012 年 11 月 21 日，北京万全生物医药科技有限公司出具确认函，对许可西点无偿使用该商标进行书面确认，并确认发行人就该注册商标的无偿使用事项不存在任何法律纠纷或潜在法律纠纷。

而且，这个可同，卖给海南万德玛（万全旗下公司）时，价格是比较低的，减出来的这部分价格，应不应该算是“无偿”取得专利权所付出的代价，西点也没说明白。这么玩，监管层也只能选择不相信了。

4

倒在专利权上的，还有哪些人？

因专利的问题被否的，其实有很多，今天笔者就来说一说有哪些“前车之鉴”。

苏州恒久，专利权中枪的最典型案例。2010 年 1 月，苏州恒久已过会，随后《21 世纪经济报道》曝光其五项专利因欠缴年费（几千元）被废止，监管层二次审核，撤销首发核准。这也导致苏州恒久成了创业板 IPO 首个首发撤销、退还募资的公司。好在之后苏州恒久痛定思痛，处理好这些问题，终于在6 年后卷土重来，成功登陆中小板。

星网锐捷，同病相怜，2008 年 6 月 27 日过会，却迟至 2010 年 4 月才被证监会重新核准发行，原因也是专利因未续缴年费被终止。

吉林永大，2010 年 3 月被否，原因是品牌许可依赖伊顿电气授权，凸显缺乏独立面对市场的能力。之后“二战”主动披露与伊顿电气协议延长至 2015 年，终于在 2011 年 9 月过会。

新大新材，2010 年 5 月因专利纠纷而暂缓创业板上市，被实名举报，举报者表示其主营业务及其生产技术侵犯河南醒狮的专利权及产品特有名称。2010 年 6 月，河南醒狮撤诉，并与新大新材签订承诺书，承诺不再追究。6 月 25 日恢复上市。

松德包装，2010 年 6 月 IPO 被暂停审核，原因为仕诚公司起诉其专利侵权。

艾比森，2012 年 5 月 18 日上会，30 项专利和 5 项著作权均为“实用新型专利（15 项）”和“外观设计专利（15 项）”，没有一项是“发明专利”。且 25 项为 2011 年 1 ~3 月取得，占全部专利的比例超过八成，大量的专利取得日期集中在 2011 年 3 月 10 日，但仍顺利过会。

最后，老朋友永安行，被“无固定取还点的自行车租赁运营系统及其方法”专利持有人顾泰来举报和诉讼，暂缓 IPO，6 月 7 日永安行一审胜诉，且大股东出具兜底承诺，目前仍未首发。

这么多“前辈”作出警示，不知道以后还会不会有公司往枪口上撞。

作为一家医药公司，经销模式和商业贿赂风险，是监管层关注的焦点，大家自行感受下吧。

▼

1. 请发行人代表进一步说明报告期内各年度发行人的经销商变化数量较多的原因，是否对发行人的销售和经营产生不利影响。

请保荐机构进一步说明对报告期各期发行人的前十大经销商基本情况（包括但不限于成立时间、注册资本、主要股东、与发行人合作年限等）、销售的主要产品、销售金额、销售数量；发行人、实际控制人、发行人董监高、发行人主要股东及其关联方与经销商是否存在关联关系；发行人、实际控制人及其关联方与经销商是否存在期后货款异常流出等异常资金往来情形；经销商最终销售情况的核查程序、依据和结论。

2. 请发行人代表进一步说明报告期各期发行人与可比公司分产品的毛利率对比情况，并结合发行人产品特点说明发行人毛利率远高于同行业公司平均水平的原因。请保荐代表人发表核查意见。

3. 请保荐代表人进一步说明对销售费用中业务推广费的内部控制制度运行的有效性和是否存在商业贿赂问题的核查情况。①

经销商和商业贿赂风险，监管层几乎“逢药必提”，笔者就不多说了，感兴趣的朋友可以看润弘制药这个案例。

因为这个看似小小的专利，西点 IPO 遇挫。我们祝愿西点能早日解决专利权和经销商的问题，“二战”成功！

本案写作参考材料如下，特此鸣谢：

[1] 前瞻产业研究院：《勿让专利问题成为 IPO 绊脚石》，2014 年 2 月 11 日。

[2]《血的教训！专利问题让这家公司上市进程延后 6 年》，载《中国知识产权报》，2016 年 8 月 26 日。

[3]《知识产权与 IPO：什么仇，什么怨?》，源自网络，2015 年 3 月。

[4] 吕方锐：《共享单车专利案判决结果出人意料永安行 IPO 会否卷土重来?》，载《华夏时报》，2017 年 6 月 7 日。

[5]《西点药业 IPO 之殇：专利权属不明，上市功亏一篑》，载《中国知识产权报》，2016 年 6 月 20 日。

① 参见中国证监会网站《吉林省西点药业科技发展股份有限公司首次公开发行股票申请文件反馈意见》，载 http://www.csrc.gov.cn/pub/newsite/fxjgb/scgkfxfkyj/201511/t20151127_287252.html，2018 年 4 月 15 日最后访问。

第二部分 会计核算

会计调整不合规 + 持续盈利能力不足 + 员工社保未正常交纳

一、信诺传播[①]

①本文关于信诺传播的数据来源于《北京信诺传播顾问股份有限公司首次公开发行股票招股说明书（申报稿）》，详见中国证监会网站。

▼

信诺传播，2017 年 5 月 31 日，被否！一个会计政策的调整，就能让你的 IPO 被否，千万要注意。

说起品牌传播，你可能最先想到的是广告公司。

但是，还有一种更加精准、更加高端的营销传播方式——活动传播，这些年也在悄然兴起。

信诺传播，做的就是活动传播，而且在业界做得还不错。年营收近 4 亿元，净利润超过 4000 万元，为宝马、奔驰、大众服务的公司，竟然被否了。

被否的原因也让人震惊：会计政策要调整引来质疑（实际还未调整）、持续盈利能力也有疑点、员工保险缴纳情况存疑。收入确认原则要改、业务人员费用要成本化、收入依赖汽车行业的大客户、五险一金缴纳情况不明，看似没什么致命弱点，却个个都是死穴。

信诺传播被否这事，再次给所有企业的会计上了一课：会计政策选不好，能让你的公司上不了市！

1

活动策划类的业务，收入怎么确认?

信诺传播（以下简称信诺），主要通过策划和组织活动来为客户宣传品牌。作为传播服务业的一员，信诺和其他同行一样，采取订单驱动的经营模式：先通过竞标获得订单，再细化活动方案、采购活动资源，最后执行管理活动。简单点说，信诺主要是为客户提供活动传播服务，并按照项目收取服务费。

但是，这个服务费何时确认为收入，是个令人头疼的问题。我们来具体看看。活动传播收入，针对已执行完毕的项目和未执行完毕的项目，采取不同的收入确认方式。其中：对于已执行完毕的项目，需要满足三个条件，信诺才能确认收入（我们可以简称为“三大件”）：

（1）根据 PO（Purchasing Order，即订单）或服务协议编制结算单，收入金额能可靠计量；

（2）项目执行完毕，成本能可靠计量（这里的成本指的是采购成本，如场地、设备等）；

（3）相关经济利益很可能流入企业。

▼

业务类型	业务流程	客户付款条件及时间安排	收入确认具体时点	收入确认依据
活动传播业务注	设计方案，参与招标，确定合作关系，项目执行与管理，活动结束	客户一般不向公司支付预付款。根据公司的信用政策，公司会给予客户一定的信用期，客户一般在项目执行完毕收到发票后 1～3 个月内付款	活动传播服务项目按合同要求完成时	根据服务协议或 PO 以及项目执行情况编制的结算单
其他公关业务	前期沟通，签订服务协议，组建服务团队，按月提供服务	客户一般在季度结束收到发票后付款	提供公关服务的每月月末	根据服务协议或 PO 以及项目执行情况编制的结算单

注：在资产负债表日，如项目尚未执行完毕，根据合同约定，公司已经发生的项目成本预计能够得到补偿的，按照已经发生的能够得到补偿的项目成本金额确认收入，并按相同金额结转项目成本；如果已经发生的项目成本预计全部不能得到补偿的，将已经发生的项目成本计入当期损益，则不确认收入。

然而，对未执行完毕的项目，信诺会先根据合同，预估项目的成本能否得到补偿。若能够得到补偿，则可确认为收入；如果不能，这个成本就计入当期损益。

此外，对当年未执行完毕的项目（跨期项目），信诺把收入和成本在当年和次年之间分配。具体分配原则为：在资产负债表日，信诺如果预计成本能得到补偿，就按照这个金额确认收入、结转成本。剩下的待第二年再确认收入、结转成本。

2

主动请缨进行会计调整，到底是出了什么问题？

在本次 IPO 被否前，信诺就已经想对它自己的会计政策进行调整了，这点监管层也披露了出来。

▼

在《关于做好相关项目发审委会议准备工作的函》意见回复中，发行人拟对《招股说明书》中“财务报告及其附注”作如下修改：

（1）出于审慎原则，调整活动传播收入的确认方法，对于资产负债表日尚未执行完毕的项目，若未满足收入确认条件，则不确认收入，已经发生的项目直接成本计入存货。该调整对发行人财务报告中的收入、利润、净利润、存货和资产总额具有影响；（这是会计调整第一处——统一收入确认原则。对原本按照项目是否执行完毕的差异化收入确认原则进行统一，参照收入确认的“三大件”）

（2）发行人之前在财务报告中将业务人员的人工成本全部列入销售费用，但目前基于对外财务报告中业务人员的人工成本会计核算应与内部管理会计保持一致的考虑，结合业务实际情况，将主要负责客户维护和开发的行业事业部负责人的人工成本计入销售费用，将其他业务人员的人工成本全部计入营业成本。（这是会计调整第二处——部分销售费用转入成本。只将客户维护及开发的人员成本计入费用，其他的人工成本计入营业成本）

> 上述调整使报告期内各期营业成本、销售费用、毛利率较调整前发生较大变化，2013 年、2014 年、2015 年和 2016 年 1 ~6 月，营业成本变动比例分别为 14.41%、11.54%、12.91% 和 11.66%；销售费用变动比例分别为 -82.09%、-80.36%、-81.99% 和 -80.44%；
>
> 毛利率变动比例分别为 -26.84%、-26.25%、-29.31% 和 -30.27%，较调整前分别下降 9.37%、8.02%、8.96% 和 8.42%。①

这段话比较长，我们在中间备注了两项会计调整：

一是统一收入确认原则；

二是部分销售费用转入成本。

这两个地方的会计调整，都会对信诺的毛利率、营业成本、销售费用产生很大的影响，难怪监管层会重点提问。

3

雷区一：会计基础不规范，到底错在哪？

从上面监管层的披露来看，信诺想进行这么大的会计调整，确实也需要斟酌一下，以至于监管层也要发问了：

▼

> 请发行人代表结合发行人上述关于收入确认原则和活动传播业务收入跨期确认、主要业务人员人工成本由费用化改为计入营业成本两项会计调整事项，进一步说明：发行人作出会计调整的原因和合理性，是否符合《首次公开发行股票并在创业板上市管理办法（2016）》（以下简称《办法》）第二十三条、第二十四条和第四十七条的规定。请保荐代表人说明核查情况和结论。②

---

① 参见中国证监会网站《北京信诺传播顾问股份有限公司首次公开发行股票申请文件反馈意见》，载 http：//www. csrc. gov. cn/pub/newsite/fxjgb/scgkfxfkyj/201609/t20160920_ 303579. html，2018 年 4 月 15 日最后访问。

② 参见中国证监会网站《北京信诺传播顾问股份有限公司首次公开发行股票申请文件反馈意见》，载 http：//www. csrc. gov. cn/pub/newsite/fxjgb/scgkfxfkyj/201609/t20160920_ 303579. html，2018 年 4 月 15 日最后访问。

从监管层的意见中，我们可以看出两个问题：

（1）你要调整跨期收入确认、人工成本费用改为营业成本这两项，是什么原因？

（2）你这么做符合《办法》的要求吗？

我们一起来看一下这两个问题。我们先来看看，监管层在《办法》中对会计规范的要求：

第二十三条：发行人会计基础工作规范，财务报表的编制符合企业会计准则和相关会计制度的规定，在所有重大方面公允地反映了发行人的财务状况、经营成果和现金流量，并由注册会计师出具了无保留意见的审计报告。

第二十四条：发行人编制财务报表应以实际发生的交易或者事项为依据；在进行会计确认、计量和报告时应当保持应有的谨慎；对相同或者相似的经济业务，应选用一致的会计政策，不得随意变更。

第四十七条：发行人及其全体董事、监事和高级管理人员应当保证预先披露的招股说明书（申报稿）的内容真实、准确、完整。

看了监管层的“会计铁律”，再来看看信诺是想怎么调整的，竟然撞到枪口上了。

首先是跨期收入的确认，在前面咱们提到，信诺在跨期项目上，主要是通过对成本能否得到补偿的预计，来确认收入、结转成本。可见，如果这个跨期项目还未完成，在当年信诺“预计”成本能得到补偿，收入就可以确认了。而且，怎么判断成本未来能够得到补偿，信诺并没有披露。

很显然，这样的会计方法是不够严谨、审慎的，甚至会碰上“提前确认收入”的财务雷区。现在，它修改收入确认原则，要将未执行完毕的项目的收入确认原则统一为“三大件”，已完成的部分直接成本计入存货。这样一来，存货多了，收入少了，业绩自然会受影响。

其次在人工成本的确认方面，信诺在招股书中也表示：同行上市公司也是把人工成本全部列进费用，我们这会计处理是符合规定的。

▼

公司业务人员的人工成本未计入成本的原因

公司开展业务的成本费用主要分为两大部分：第一部分是公司由于业务需要向

供应商支付的相关成本和费用，第二部分是公司业务人员的人工成本。为了与国内外同行业公司保持一致和简化会计核算，公司将向供应商支付的相关成本和费用列入营业成本核算，而将业务人员的人工成本列入销售费用。

1. 同行业上市公司成本核算方法情况

项目	发行人	蓝色光标
成本核算方法	以单个项目或项目中的具体执行阶段为成本核算单元，营业成本主要由场地租赁费、设备租赁费、搭建费、交通食宿费、多媒体制作及演出费等构成，不包括公司开展服务业务的人工成本	营业成本主要由服务成本、会议成本、媒介成本和其他成本构成，不包括公司开展服务业务人员的人工成本。其中，服务成本主要来源于两方面：一是公司外包服务的成本；二是公司开展品牌管理等活动时产生的相关成本费用

由上表可知，发行人成本核算方法与同行业上市公司一致。

2. 发行人各项费用、人工的分配方法

发行人在活动传播项目执行过程中所发生的各项费用直接计入相关项目的成本，人工成本全部计入销售费用，发行人各项费用、人工不涉及在各项目之间分配的情形。发行人成本核算方法符合企业会计准则的规定，与同行业上市公司的核算方法一致。

现在，它又觉得不合适，要把开拓项目的人员开支列进销售费用，执行项目的人员开支列入营业成本。这一调不要紧，直接让营业成本上升了超过 10%、销售费用下降了超过 80%、毛利率下降了超过 8%。这么大的变动幅度，可真不是说调就调的。

悲剧的是，我们对比了信诺 2014 年 6 月和 2016 年 9 月报送的招股书，在这两个部分仍是基本相同，也就是说，这两项会计调整只是“拟调整”，招股书中并未进行太大改动。这样一来，不管是改还是不改，总有一个是不符合监管层的规定了。

到底哪个合适，只能等信诺来解释了，不过，通过监管层的反馈，我们也能看出会计规范性的重要性。

4

雷区二：订单驱动的销售模式，是否能保持持续盈利能力？

监管层的第二个疑问直指信诺的持续盈利能力。

▼

> 请发行人代表结合发行人的客户开发方式、报告期内主要业务订单的获取和实施情况，员工离职情况及其影响，以及截至目前在手订单情况，进一步说明：发行人是否存在经营模式、产品或服务的品种结构已经或者将发生重大变化，并对发行人的持续盈利能力构成重大不利影响的情形。请保荐代表人补充说明对前述事项的核查情况。①

这又是监管层给信诺出的一道推理题：请从你的客户开发方式、订单情况、员工离职情况三个角度推导出你的经营仍保持正常。

在分析这道推理题之前，我们先来看看为什么监管层要提到信诺的客户情况。在最开始我们提到，信诺的经营模式是“订单驱动”：先拿到订单，再组织活动、执行项目。所以，没有订单就没有收入，可见客户给的订单是多么重要。

不过，信诺也主动披露，2013～2016 年 6 月，它的营收中，分别有 59.30%、79.42%、82.92%和 88.47%是来自汽车行业，前五大客户（日产、宝马、大众、奔驰、英菲尼迪等）收入占比分别为 53.77%、70.64%、66.00%和 68.08%。

▼

客户行业集中度较高及重要客户流失的风险

2013 年、2014 年、2015 年和 2016 年 1～6 月，公司来源于汽车行业的收入占公司当期营业收入的比重分别为 59.30%、79.42%、82.92%和 88.47%，客户的行

① 参见中国证监会网站《北京信诺传播顾问股份有限公司首次公开发行股票申请文件反馈意见》，载 http：//www.csrc.gov.cn/pub/newsite/fxjgb/scgkfxfkyj/201609/t20160920_303579.html，2018 年 4 月 15 日最后访问。

业集中度较高且逐年上升。2013 年、2014 年、2015 年和 2016 年 1 ~6 月公司前五大客户收入（受同一实际控制人控制的客户已合并计算）占当期营业收入的比重分别为 53.77%、70.64%、66.00% 和 68.08%，前五大客户收入的占比较高，若重要客户流失将对公司业务造成较大影响。如果受宏观环境影响汽车行业整体减少营销预算，或者公司主要客户因生产经营出现波动或其他原因减少对活动传播服务的需求，将对公司的业绩产生不利影响。

这么高的客户集中度，万一客户哪天不高兴了，不下订单了，那信诺还不得“难过”好些天？

知道了这个背景，我们再回到推理题上来：在客户开发方式上，信诺主要是通过竞标来取得客户的认可，从而获得订单；从这点看，信诺能否获得订单，还得看它自身的活动质量和价格。

在订单情况上，信诺的两个主要订单（金额 500 万元以上）都是在 2016 年七八月签订的，这个时间点仅在招股书更新的一个月前。因此，监管层产生了一些疑问，要求进一步说明这些在手订单的执行情况。

同时，在员工离职问题上，近些年员工人数持续减少，从 2013 年的 232 人减少到 2015 年的 202 人。

▼

项目	2016.6.30	2015.12.31	2014.12.31	2013.12.31
员工总数（人）	186	202	225	232

综上来看，监管层的质疑还是由信诺的客户过于集中引起的。如果想证明自身的持续盈利能力，信诺还得好好解释客户和订单的集中以及员工减少的原因。

5

雷区三：五险一金有没有正常缴纳？

监管层的第三个疑问，问起了信诺员工五险一金的缴纳情况。

▼

> 请发行人代表结合发行人所在地适用的社会保险及住房公积金的缴纳标准，发行人实缴人数、实缴数额等，进一步说明：是否依法为员工足额缴纳社保及住房公积金的情况进行补充说明和披露。请保荐代表人说明对前述事项的核查情况。①

从上述意见我们可以看出，监管层主要针对五险一金问了两个问题：

（1）你为员工缴纳五险一金的标准是什么？

（2）你实缴人数、数额多少，真实吗？

在招股书中，我们看到了信诺对五险一金的披露。信诺解释，它已依法为员工缴纳五险一金，还能开出北京、上海两地相关政府的证明。值得注意的是，信诺的员工人数从2013年的232人降低到了2015年的202人，但是五险一金的缴纳金额却从991万元上升至1100万元。

▼

2013年缴纳情况

项目	缴纳金额（万元）	缴纳人数
养老保险	458.88	239
失业保险	24.80	238
医疗保险	230.87	239
工伤保险	7.51	239
生育保险	18.25	238
住房公积金	251.43	239
合计	991.74	

注：上表中所列示的缴纳人数为公司2013年12月实际参保的人数。

① 参见中国证监会网站《北京信诺传播顾问股份有限公司首次公开发行股票申请文件反馈意见》，载http：//www.csrc.gov.cn/pub/newsite/fxjgb/scgkfxfkyj/201609/t20160920_303579.html，2018年4月15日最后访问。

2015 年缴纳情况

项目	缴纳金额（万元）	缴纳人数
养老保险	508.08	200
失业保险	27.08	198
医疗保险	255.83	200
工伤保险	8.50	200
生育保险	20.86	198
住房公积金	279.82	200
合计	1100.16	

注：上表中所列示的缴纳人数为公司 2015 年 12 月实际参保的人数。

人少了，缴的钱却多了，监管层自然会问缴纳标准是什么？为什么每年越来越多？实缴人数、数额到底是多少？这些问题，信诺并未披露。

员工的五险一金缴纳情况，并不是企业 IPO 被否常见的原因之一，但是，如果出现了数据背离的疑点，监管层仍会毫不客气地指明。

本次信诺拟对业务人员的费用成本化，其做法与已经通过 IPO 申请的科锐国际非常类似。我们不妨来回顾一下：

如果按照科锐国际之前的会计处理方式，它的业务人员支出是被算作销售费用的，所以营业成本极低，中高端人才访寻业务的毛利率一度达到 100%！

▼

项目	2015 年 1～6 月	2014 年度	2013 年度	2012 年度
中高端人才访寻	99.88%	99.14%	100.00%	99.84%
招聘流程外包	95.84%	95.20%	98.53%	99.79%
灵活用工	14.02%	14.81%	18.06%	19.20%
其他业务	36.09%	75.19%	28.25%	40.96%
综合毛利率	56.85%	59.74%	62.20%	67.54%

但是，如果将这部分的人员开支成本化，科锐国际的综合毛利率只剩 30% 不到。

▼

项目	2015年1~6月	2014年度	2013年度	2012年度
中高端人才访寻	44.01%	48.20%	46.14%	46.67%
招聘流程外包	47.62%	46.25%	41.77%	42.71%
灵活用工	10.24%	12.11%	14.90%	15.81%
其他业务	-59.72%	30.41%	-6.72%	3.53%
综合毛利率	27.54%	31.22%	30.70%	33.31%

只是小小的一个会计政策的变更，就能让毛利率发生不可思议的变化。所以监管层也对这个问题非常重视。

只不过，科锐国际的会计政策调整主要表现在费用成本上，并不存在收入确认原则的重大调整。所以，科锐国际在第二次预披露更新中对成本费用化的问题进行了修订。

反观我们的信诺，就没那么幸运了，一下出现了两个会计政策的调整，还涉及非常敏感的收入确认原则的调整。我们可以想象，如果按照信诺原来的收入确认原则，本该是第二年确认的收入，却提前在当年确认了，那么是否会触及“提前确认收入”的财务雷区呢?

加速计提折旧+依赖下游行业+违约项目过多

二、科维节能[①]

①本文关于科维节能的数据来源于《浙江科维节能技术股份有限公司首次公开发行股票并在创业板上市招股说明书（申报稿 2017 年 3 月 23 日）》，详见中国证监会网站。

▼

科维节能于 2017 年 5 月 22 日，被否！

一个给钢铁、石油、化工等高能耗企业做节能管理的公司，毛利率达 60% 多，IPO 被否了。

从监管层的反馈意见上看，监管层对其会计处理规范性、持续盈利能力、内控及财务数据都提出了疑问。具体表现在：

1. 加速折旧的计提方法是否做了相应的纳税调整？

2. 人才、技术、市场三大马车，是否为科维节能提供了核心竞争力？

3. 项目涉诉较多，应收账款回收及坏账风险较大，该如何处理？

这些监管层注意的细节，说到底，都与科维节能独特的“交钥匙”经营模式息息相关，同时也与科维节能所处的行业密不可分。

1

节能管理怎么玩?

科维节能，主要做流体输送系统的优化节能改造项目，是经国家批准的第一批节能服务公司。流体输送系统的定义，并不重要。但是，我们可以通过以下三个提问，对科维节能有个大致的了解。

一是它是做什么的？它是做节能服务的，是帮助甲方（用能单位）降低生产能耗，节约能源的。甲方一般是煤炭、化工、钢铁等高能耗的行业，科维节能等节能服务公司是在此基础上繁衍出来的一个中间环节。

其与传统节能改造的区别在于，它饰演了一个“提供专业节能管理 + 承担风险 + 节能收益分成”的角色。

▼

节能服务公司合同能源管理业务模式示意图

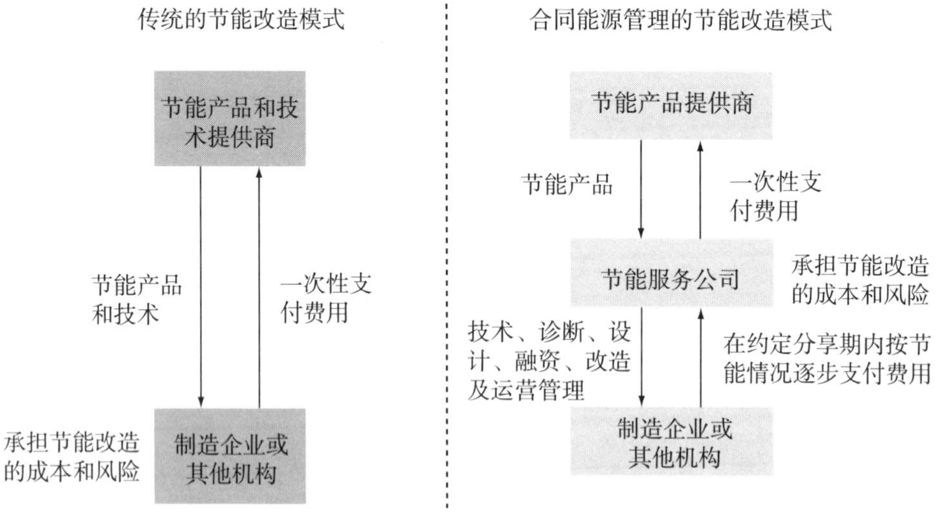

二是这行技术门槛高吗？它所做的节能服务，是全过程管理的，比简单的回收设备余热的节能管理，以及仅针对工艺技术改进的节能管理，要高级些。

三是科维节能是怎么赚钱的？科维节能，通过为用户提供节能诊断、规划设计、资金筹措、实施改造、运营管理等全过程服务，收取服务费。

通常，其经营模式为合同能源管理的运作模式（EPC）。行业内，也将这种模式比喻成“交钥匙工程”。我们可以这样理解：

甲方：小科啊，我们能耗太高，想搞搞节能，你给我点建议吧。

小科：好的，我给你出个方案，你看成不成。如果可以，你就把这个事全交给我，我保证帮你做好全过程的管理。看在我俩关系这么好的份儿上，我自己来出资金，等到有节能效果了，我们就按照节能效益来分成，你看怎么样？

甲方：好好好，这样一来我不用预先投入资金，给我省了一大笔钱呢。未来节能有了收益，我一定不会亏待你！

小科：没问题。不过，我在帮你做节能管理的时候，用到的节能设备啊什么的，所有权还是在我这，等项目结束了，我再将设备的所有权转让给你。毕竟，我帮你承担了资金风险，这你能理解吧？

甲方：OK！

▼

序号	合同能源管理的主要内容	对用能单位的价值
1	节能服务公司提供从节能诊断、规划设计、资金筹措、实施改造、运营管理等全过程服务，为客户实施“交钥匙工程”	■节能服务公司在节能技术方面更专业化、综合化，全局系统把握能力强，其设计的节能方案具有更高的节能效率，一般用能单位靠自身技术力量无法在短期内实现 ■节能服务公司还具有较强的资源整合和项目管理运作能力，如对设备供应商的较强的议价能力，对银行的批量融资能力和对施工方的谈判和监督能力等，免去用能单位各个环节运作的负担和风险 ■节能服务公司可在节能系统运行后持续提供培训、维护等服务，有效保障节能系统的稳定运行，提升客户的管理水平，使客户获得专业节能资讯和能源管理经验
2	节能服务公司通常承担项目成本、费用投入	■用能单位不用预先投入，不发生成本、费用，还可在合同期内分享节能效益，现金流始终为正值
3	节能服务公司收益实质来源于节能效益分成	■节能分享以存在节能效益为前提，节能越多，用能单位和节能公司共同获益越大。在项目结束后，用能单位获得全部节能效益及节能设备的所有权

也就是说，科维节能全包了整个节能项目的优化过程，甲方什么事都不用操心，到期科维节能把“钥匙”（节能效益凸显时）交给甲方就可以了。

最后，我们对于科维节能的这种商业模式，还要再强调一点：科维节能所获得的收益，是有一个分享期的。在分享期内，客户根据“节电量×电价”结算节能效益。并根据节能效益和科维节能投入的成本，按比例向科维节能支付报酬。分享期结束后，设备和之后的节能收益全部归客户所有。这个分享期一般在 1~5 年，分享比例为 35%~100% 不等。

▼

公司合同能源管理业务的运作模式示意图

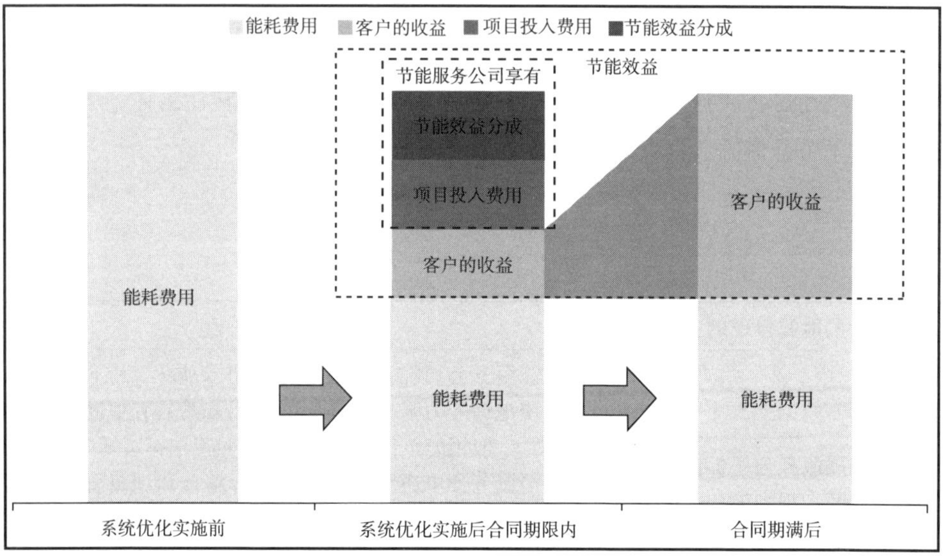

2

雷区一：为何要采取加速折旧计提方式？

在上面我们提到，在分享期内设备的所有权归科维节能。对于这些设备的折旧计提方法，科维节能有点特别，监管层特此询问。

▼

发行人主营业务为合同能源管理，发行人承担节能优化改造的全部费用，改造后新增设备设施的所有权在分享期满前归发行人所有，项目合作结束后发行人将全部设施无偿移交给客户。报告期公司归属母公司所有者的扣除非经常性损益后的净利润分别为4,106.63万元、3,089.87万元和2,973.14万元。

1. 请发行人代表说明合同能源管理合同中新增设备设施的折旧政策及其政策依据，加速折旧的固定资产是否应做纳税调整，是否征得主管税务机关同意；

2. 请发行人代表节能合同能源管理的具体内容、主要客户的行业特点等说明发行人盈利能力的可持续性。请保荐代表人对上述问题发表核查意见。①

这里要说明一下，科维节能，是按项目分别归集单个项目成本。主要包括折旧成本和运营维护成本等。

什么叫按照项目结算成本呢？一般科维节能会在项目验收合格前，通过在建工程归集实施项目所发生的各项成本，包括实施过程中需投入的节能设备、材料和人工费用等。验收合格后，从“在建工程”结转至“固定资产”，并按照合同约定的节能收益分享期平均分摊，作为该项目营业成本的折旧成本。可见，设备（节能项目）的折旧年限是按照分享期长短确定的，而且分享期一般在1～5年，这就明显比一般的固定资产的折旧年限要短。

▼

单位：万元

类别	折旧年限	原值	累计折旧	减值准备	净值	综合成新率
房屋建筑物	20年	1,212.99	231.92	-	981.07	80.88%
运输设备	5年	593.75	493.61	-	100.14	16.87%
电子及其他设备	5年	115.44	79.87	-	35.58	30.82%
专用设备	收益分享期	9,010.90	4,789.41	76.91	4,144.59	46.00%
合计		10,933.09	5,594.80	76.91	5,261.38	48.12%

那么，这种加速折旧，是否会加速成本收回，使后期成本费用前移、前期利润

① 参见中国证监会网站《浙江科维节能技术股份有限公司创业板首次公开发行股票申请文件反馈意见》，载 http://www.csrc.gov.cn/pub/newsite/fxjgb/scgkfxfkyj/201703/t20170328_314267.html，2018年4月15日最后访问。

后移，是否需要对纳税进行调整呢？这种独特的经营模式下独特的折旧成本计算，科维节能要好好解释一下了。

3

雷区二：以人为本、依赖下游，怎么保证核心竞争力？

监管层的第二个质疑是围绕科维节能的技术人员的资质、核心竞争力、客户稳定性等细节展开的，这些都从侧面影响了科维节能的持续盈利能力。

▼

> 请说明：
>
> 1. 发行人经营所使用的技改技术来源及技术研发人员技术专长情况，项目实施过程中发行人员工及其他人员使用情况，前述人员在项目实施过程中的具体工作范围及是否具备相应的施工资质；
>
> 2. 发行人核心竞争力与市场竞争对手的差异。请保荐代表人说明核查过程及结论；
>
> 3. 请结合合同能源管理的具体内容、主要客户的行业特点等说明发行人盈利能力的可持续性。①

科维节能如果要保持持续盈利能力，一定要有技术优势（即技术门槛）、客户优势（市场认可和深度合作）、人才优势（核心技术人员）等。

科维节能在 2016 年年底拥有 64 名研发人员，他们的技术涵盖了热工、机械、电气、自动化、化工、冶金等多个领域。但是，这些技术人员到底有哪些专长、工作范围是什么，科维节能并未具体披露。所以，科维节能的技术人员发挥的作用、有无资质，对它的技术核心竞争力是否有比较大的影响，科维节能并未作出解释。

另外，科维节能主要合作的客户主要集中在钢铁和石化行业，如宝钢、首钢、

---

① 参见中国证监会网站《浙江科维节能技术股份有限公司创业板首次公开发行股票申请文件反馈意见》，载 http：//www. csrc. gov. cn/pub/newsite/fxjgb/scgkfxfkyj/201703/t20170328_ 314267. html，2018 年 4 月 15 日最后访问。

中石化南京化学工业等。但因为这些行业受政策调控影响较大，尤其是钢铁、石化行业，目前正在进行供给侧改革，产能过剩的客户可能会被淘汰，因而，客户的行业特点对于其持续盈利能力有一定的影响。

对于依赖这些高能耗企业的科维节能来说，如何在下游客户群萎缩的情况下保证持续盈利，是个严峻的问题。这点科维节能也在招股书中披露了相关的风险。

▼

下游行业发生波动的风险

公司的客户群体涉及钢铁冶金、石油化工、生化制药、热电及公共建筑等多个领域，客户所属行业范围广泛，大部分企业属于高耗能工业企业，其中钢铁冶金、石油化工行业是公司最主要的客户群体。报告期内，钢铁冶金、石油化工等行业作为国民经济基础性行业伴随着国民经济的整体增长，行业总产出水平不断增长，但其均为传统行业，且不同程度受到国家宏观经济形势的影响。因此，客户所属行业的自身周期性特点和相关产业政策的变化将影响本公司的发展速度和规模，进而使本公司面临一定的市场风险，主要体现在：

1. 下游行业经济周期波动的风险。受宏观经济周期影响，部分下游行业的周期性波动较为明显，如钢铁冶金、石油化工等行业，若该等下游行业步入经济周期的低谷，将不利于本公司的业务拓展，同时部分客户经营情况发生不利变化将影响公司应收账款的回款，进而对本公司经营业绩产生不利影响。

2. 下游行业政策调控的风险。为优化产业结构，转变经济增长方式，我国近年来出台了一系列政策措施，限制环境污染和产能过剩行业。根据2009年国务院发布的《关于抑制部分行业产能过剩和重复建设引导产业健康发展若干意见的通知》，对钢铁、化工、水泥等高耗能行业新增产能进行了一定的约束。2015年中央经济工作会议进一步提出将积极稳妥化解过剩产能。在钢铁行业全产业过剩、亏损以及供给侧改革的背景下，2016年国家不断发布各种相关政策，加快钢铁行业去产能。2016年2月4日，国务院发布《关于钢铁行业化解过剩产能实现脱困发展的意见》，明确指出，严格执行环保、能耗、质量、安全、技术等法律法规和产业政策，达不到标准要求的钢铁产能要依法依规退出。在淘汰落后、不环保产能的同时，积极推进行业升级，推进钢铁行业智能制造、提升品质品牌、研发高端品种、促进绿色发展。各省政府也相继出台具体执行政策。受上述政策影响，钢铁、化工等行业整体发展将会通过联合重组、调整产业结构和技术升级来促进自身健康发展，一定程度上制约本公司下游行业新增产能的潜在市场需求。

所以，与企业竞争力相关联的软实力因素是衡量企业持续盈利能力的标准，这也是监管层最关注的核心要点。

4

雷区三：为什么会有这么多的违约项目？

违约项目众多也影响到了科维节能的审核。

▼

根据招股说明书披露，截至 2016 年年末，发行人有 36 个项目处于违约状态（包括诉讼已判决、已调整，但暂未执行完毕的项目），涉及项目应收账款账面余额为 1,860.87 万元，涉及固定资产账面原值为 622.23 万元。

根据申报材料，发行人将上述违约项目分为客观违约和主观违约，主观违约客户中有三家尚有应收账款净值 730.43 万元。发行人报告其客户涉及国有企业客户共计 52 家，共涉及节能技改项目 251 个，其中 139 个项目履行了招投标程序，其他 112 个项目未履行招投标程序。请发行人代表：

1. 说明诉讼后和解及诉讼审理中的三家客户的具体名称，涉及诉讼和执行的最新进展情况；

2. 说明截至报告期末，超过信用期未履约的应收账款总额，以及是否有新的诉讼事项；

3. 说明未履行招投标程序的 112 个项目截至 2016 年年末对应的应收账款余额及减值准备计提金额；

4. 补充说明在唐山港陆钢铁有限公司未按调解书约定足额及时支付款项的前提下，认定应收账款可收回的依据；

5. 说明报告期 2014～2016 年度前 10 名客户“一次性分享”业务截至 2016 年年末应收账款余额及减值准备计提金额、诉讼情况；

6. 以嘉兴石化有限公司 2014 年度“一次性分享”确认的 1643.85 万元（专业设备原值及计提折旧均为 378.73 万元）为例，补充说明该项目确认的收入、毛利情况；

7. 说明各报告期对于单项计提的坏账准备是否已做纳税调整。请保荐代表人对上述问题发表核查意见。①

上述问题较多，但归纳一下就是：科维节能的客户违约了。

据科维节能披露，目前已审结未执行完毕的诉讼有三个，全部是因为客户拒绝支付节电收益而发生的。而造成这种违约，与其 EPC 的经营模式相关。由于是对整个项目从头到尾的“包干”，最后再按照节能效益分配收益。其中，节能效益的核算不太容易计量，也容易与客户产生分歧。由于节能产业集中于钢铁、石油、化工等下游领域，对应的客户多为大型国企央企，收款期限和议价能力也受到制约。

正如科维节能披露的，很可能在项目结算时，客户不按照合同约定执行节能实施方案、拒绝抄表结算等，会对公司预期利益造成一定不利影响。

除此之外，科维节能有 44% 的项目未履行招投标程序。假如这些项目再出现问题，科维节能面临的坏账风险将又多了一番。

虽然，科维节能的这些问题很大程度上受行业的特征影响，个中细节大家可以细细品味。

只不过，官司缠身，应收款难收回，应收账款占比高，减值准备怎么计提等问题都未详细披露。这样报 IPO，这不是不让监管层省心吗？

---

① 参见中国证监会网站《浙江科维节能技术股份有限公司创业板首次公开发行股票申请文件反馈意见》，载 http：//www. csrc. gov. cn/pub/newsite/fxjgb/scgkfxfkyj/201703/t20170328_ 314267. html，2018 年 4 月 15 日最后访问。

固定资产减值不合规 + 毛利率偏高 + 环保问题

三、元利科技[①]

①本文关于元利科技的数据来源于《山东元利科技股份有限公司首次公开发行股票招股说明书（申报稿）》，详见中国证监会网站。

▼

很多读者肯定记得早前通达信突然取消审核，让大家表示看不懂。但大多数人肯定不记得另一家公司——元利科技，是在同一天被否！

这家年入近10亿元、净利7000多万元、营收下降两成、净利翻倍的奇葩化工厂，倒在了A股门口。

从本次否决反馈来看，会计处理、财务数据、环保三个问题成了拦路虎。固定资产减值不规范、在建工程转固遥遥无期、毛利逆天增长、环保不合规、行业前景不明，每个都有解释，每个都不切题。尤其是对于毛利和毛利率的增长，都已经解释了，但还是被否！

本次元利科技被否，否的不是这一家化工厂，而是千千万万存在同样问题却解释不清的公司，尤其是生产型企业！

1

元利科技的生产状况如何?

本次监管层的疑问，有很大一部分就是针对元利科技（以下简称元利）的生产线。

所以，先来看看元利是干什么的，生产线有哪些。元利是家化工生产企业，产品包括高沸点溶剂、脂肪醇（PDO 和 HDO）、增塑剂、苯四大系列，每个系列都有对应的一条或者多条生产线。可见，元利的生产线在它的固定资产中占有举足轻重的地位，这些生产线直接决定了产品的生产情况。

然而，元利恰恰就在生产线的问题上被监管层揪住不放：10 万吨苯生产线、3 万吨苯生产线、顺酐及苯酐生产线的会计处理都出现了疑点，下面细细道来。

2

雷区一：固定资产减值 75 万元，也要被管?

监管层提出的第一个疑问就是关于上面提到的苯生产线。

▼

> 请进一步说明，3 万吨和 10 万吨“苯生产线”最近两个会计年度固定资产减值测试的过程、结论和依据。相关的内控制度是否健全且被有效执行，会计基础工作是否规范。①

① 参见中国证监会网站《山东元利科技股份有限公司首次公开发行股票申请文件反馈意见》，载 http：//www. csrc. gov. cn/pub/newsite/fxjgb/scgkfxfkyj/201610/t20161014_ 304582. html，2018 年 4 月 15 日最后访问。

从监管层的反馈意见中，我们可以看出话里的意思是：你这两条生产线，固定值产减值测试是怎么进行的？测试的结论、依据是什么？

在分析这个问题之前，我们不妨先来看一下固定资产减值测试是什么。固定资产减值测试，简单来说，就是对固定资产可能发生的减值进行评估。显而易见，固定资产测试，是在计提减值准备前必做的一项工作。

搞懂了这个问题，咱们再来看看，元利是怎么对这两条生产线进行减值测试的。元利的招股书披露，因为宏观因素影响，公司的 10 万吨苯生产线和 3 万吨苯装置生产线都处于闲置状态。所以，元利的管理层在 2016 年 1 月聘请了中瑞国际资产评估公司（以下简称中瑞公司），对苯生产线及在建的顺酐及苯酐生产线进行评估，评估基准日为 2015 年 12 月 31 日，评估方法为成本法。

中瑞国际在 2016 年 1 月 25 日出具评估报告，随后元利根据结果对 10 万吨苯生产线计提了 75.99 万元的减值准备。不过，对于本次评估详细的过程、依据等，元利并没有披露。

虽然只有区区 75 万元的减值，但是仍然是监管的重点。这才招致了监管层追问它近两年都是怎么处理的。甚至元利的内控制度、会计工作规范性都被质疑。

看来，对这种财务处理存在异常状况的资产，无论多少，公司都要详尽披露才行。

3

雷区二：生产线事故，也会成为死穴？

监管层的第二个疑问仍是关于生产线，不过重心从固定资产的减值转移到了在建工程上。

▼

> 请进一步说明，“顺酐及苯酐生产线”试生产发生事故后，相关项目审批、环保验收和竣工验收的进展情况。转为固定资产前预计投入情况，何时具备转固条件。是否存在减值风险。①

从监管层的反馈意见中，我们可以看出两个问题：

一是顺酐及苯酐生产线发生事故后的审批、环保和竣工验收是什么情况？

二是这条生产线“转固”前总共要投入多少，什么时候能转固，有没有减值风险？

看来，这次被提出来的是这个“顺酐及苯酐生产线”，咱们先看看它是个什么情况。根据元利的披露，顺酐及苯酐生产线属于元利的在建工程，目前还未转为固定资产，且每年还在不断投入。截至 2016 年 6 月底，元利已经在它身上投入了 1.42 亿元。

▼

单位：万元

项目	2016.06.30	2015.12.31	2014.12.31	2013.12.31
10 万吨苯生产线	0.00	2.50	0.00	7,448.69
顺酐及苯酐生产线	14,205.07	13,730.21	9,976.94	8,199.50
厂区改建及其他	179.32	595.28	1,825.23	1,200.60
合计	14,384.39	14,327.99	11,802.17	16,848.79

不幸的是，2013 年 11 月 30 日，这个项目发生了事故，造成总经理杨辉不幸去世，2 人受轻伤。

从事故到现在，这条生产线仍然在技改状态，还未完工转固。而且，元利表示，未来这部分仍有重大资本支出。

---

① 参见中国证监会网站《山东元利科技股份有限公司首次公开发行股票申请文件反馈意见》，载 http://www.csrc.gov.cn/pub/newsite/fxjgb/scgkfxfkyj/201610/t20161014_304582.html，2018 年 4 月 15 日最后访问。

单位：万元

工程项目名称	投入数	工程进度	资金来源
10 万吨苯生产线	10, 164. 34	已完工转固	自筹
顺酐及苯酐生产线	14, 205. 07	正在进行技改	自筹
脂肪醇生产线	5, 229. 18	已完工转固	自筹
合计	29, 598. 59	-	-

尽管公司对本次生产事故进行了披露，但是仅仅披露事件本身是不行的。

对发生事故的工程，审批、验收、环保、后续投入、转固时间、减值风险，这一整套流程，监管层都会关注，而元利在招股书中都没有披露。这才招致监管层揪住不放，要求它赶快说明什么时候能竣工。（其含义是：你这生产线不会成了个无底洞或者烂尾工程吧？）

从这来看，这条生产线与上面说的苯生产线一样，都出现了异常情况，一个闲置，一个发生事故。对这样的资产，还是得主动解释清楚后续的处理方式才行，不然，又是 IPO 路上的一块死穴。

4

雷区三：监管层，分分钟教你做人

请进一步说明：

1. 结合发行人与同行业可比上市公司产品、客户、销售模式等的异同，分析发行人毛利率显著高于同行业可比上市公司，且报告期各期毛利率变动趋势与同行业可比上市公司不一致的原因和合理性；

2. 国内宏观经济下行，发行人所处行业与宏观经济密切相关，在国内产能总体过剩、开工率不足的背景下，报告期内发行人利润水平以及毛利水平逐年增加的原因及其合理性。①

① 参见中国证监会网站《山东元利科技股份有限公司首次公开发行股票申请文件反馈意见》，载 http：//www. csrc. gov. cn/pub/newsite/fxjgb/scgkfxfkyj/201610/t20161014_304582. html，2018 年 4 月 15 日最后访问。

我们从上面这段话中，读出了监管层主要关注的问题有两个：

一是你的毛利率比同行业上市公司还高出很多，毛利率变动也和他们不一致，难道你的产品、客户、销售模式比他们厉害？

二是宏观经济这么差，同行业产能过剩、开工不足，结果你的利润还能“逆天而上”，这是为什么？

这是监管层给元利出的一道逻辑题：元利，请从你的产品、客户、销售模式几个方面，来推导出你的业绩为什么这么厉害。

在看这道题目之前，咱们不如先讨论一下监管层是怎么看出疑点的：2013～2015 年，元利的营收为 8.84 亿元、9.82 亿元、7.7 亿元。毛利为 1.17 亿元、1.39 亿元、1.88 亿元，净利为 4516 万元、3071 万元、6531 万元。

▼

单位：万元

项目	2016 年 1～6 月	2015 年度	2014 年度	2013 年度
一、营业收入	43,370.35	77,069.05	98,273.16	88,406.96
二、毛利	14,082.60	18,861.73	13,873.20	11,722.53
高沸点溶剂毛利	6,537.05	10,642.70	9,351.43	8,209.80
脂肪醇毛利	4,909.03	4,945.39	1,577.20	－31.58
增塑剂毛利	2,638.52	2,941.77	2,825.33	2,225.22
苯系列毛利	5.20	317.12	95.33	1,309.12
其他业务毛利	－7.20	14.74	23.91	9.97
三、营业利润	10,101.91	8,752.59	4,116.62	5,223.71
加：营业外收入	89.82	82.54	114.08	170.26
减：营业外支出	2.31	15.78	31.17	72.51
四、利润总额	10,189.42	8,819.36	4,199.53	5,321.47
五、净利润	7,605.85	6,531.73	3,071.64	4,516.62
六、归属于母公司净利润	7,605.85	6,531.73	3,071.64	4,516.62

可以看出，2015 年的营收相比前一年，下降了 21.58%，元利对此解释为：宏观经济环境的影响，苯系列和增塑剂产品下游行业景气度不高，所以营收下降了。嗯，有点道理。但是，为什么 2015 年的营收下降这么多，净利润却突然翻倍了？

而且毛利也不降反增？原来这才是疑点所在，你说行业情况不好，开工率都不高，你还这么厉害，这靠谱吗？

不仅如此，2013～2016 年 6 月，元利综合毛利率分别为 13.26%、14.12%、24.47%和 32.47%，不仅一直在增加，还比同期可比上市公司高。

▼

项目	2016 年 1～6 月	2015 年度	2014 年度	2013 年度
高沸点溶剂毛利率	37.11%	32.43%	22.78%	20.26%
脂肪醇毛利率	44.76%	32.86%	14.59%	-3.95%
增塑剂毛利率	18.13%	11.88%	8.68%	9.13%
苯系列毛利率	7.20%	7.22%	0.74%	5.98%
主营业务毛利率	32.61%	24.47%	14.23%	13.37%
其他业务毛利率	-4.44%	28.13%	2.49%	1.21%
综合毛利率	32.47%	24.47%	14.12%	13.26%

咱们再来看下面的分析。

5

雷区四：毛利和毛利率偏高，有什么问题？

对于上述监管层的反馈，元利干脆在招股书中专门写了一大段来解释，还不忘提醒一下。

▼

项目	2015 年度	2014 年度
平均单位售价（元/吨）	4,242.26	7,133.92
售价较上年变动比例	-40.53%	-
平均单位成本（元/吨）	3,935.86	7,081.18

续表

项目	2015 年度	2014 年度
成本较上年变动比例	-44.42%	-
产品毛利率	7.22%	0.74%
毛利率变动量	6.48%	-
因售价变动影响毛利率变化	-37.61%	-
因成本变动影响毛利率变化	44.09%	-

我们就顺着找了过去，一起来看一下：元利表示，主营业务中的高沸点溶剂、增塑剂和脂肪醇贡献了绝大部分的毛利（90%以上）。而这三个产品的毛利率都不低，且全部在逐年上升，其他产品对毛利和毛利率的贡献也比较低，所以公司综合毛利率比较高。

▼

项目	2016 年 1～6 月	2015 年度	2014 年度	2013 年度
高沸点溶剂毛利率	37.11%	32.43%	22.78%	20.26%
脂肪醇毛利率	44.76%	32.86%	14.59%	-3.95%
增塑剂毛利率	18.13%	11.88%	8.68%	9.13%

至此，第一个问题——毛利率为什么这么高解决了。那第二个问题——净利、毛利逐年逆势上涨的原因是什么？元利也专门作了解释。解释的原因大体有二：

一是原材料转化率提高，单位成本下降；

二是原材料价格下降，且下降幅度很大，如 2015 年，原材料成本出现“断崖式”下跌，比上一年减少了 34%。

▼

单位：万元

主营业务成本构成	2015 年度		2014 年度		2013 年度
	增长金额	增长率	增长金额	增长率	金额
原材料	-24,965.47	-34.06%	5,449.92	8.03%	67,660.26
直接人工	250.84	25.69%	386.49	65.54%	680.61

续表

主营业务成本构成	2015 年度		2014 年度		2013 年度
	增长金额	增长率	增长金额	增长率	金额
制造费用	-226.23	-3.64%	1,205.53	24.06%	5,104.28
出口退税不可抵扣部分	-354.58	-11.91%	556.17	22.96%	2,421.83
合计	-25,295.44	-30.31%	7,598.12	10.02%	75,866.98

两个问题都解决了，为什么被否？请看题干：从你自身的客户、产品、销售模式来证明，但是写了一大篇都是原材料的事，万一原材料价格又蹭蹭涨上去了怎么办？我怎么知道你的产品和运营具有核心竞争力？答案与题目要求不符！

由此看来，对要 IPO 的公司来说，毛利率畸高，一定要给出一个能够服众的理由，而且是“立体式”理由，还不能太单薄。还是那句话，你得从产品、客户、销售模式等多个方面，来论述你厉害的理由。

6

雷区五：环保问题，一定要注意！

监管层提出的最后一个质疑也是非常有代表性的：环保问题。

▼

> 请进一步说明，报告期内环保设施的运行及其环保投入等是否符合法律法规的要求，发行人的环保措施是否有效。近年来，国内外 HDO（注：又名叫 1，6 己二醇）厂家的产能和产量均大幅减少的原因是否涉及环保因素，是否涉及该产品的市场和技术前景。相关信息和风险是否已充分揭示。①

---

① 参见中国证监会网站《山东元利科技股份有限公司首次公开发行股票申请文件反馈意见》，载 http://www.csrc.gov.cn/pub/newsite/fxjgb/scgkfxfkyj/201610/t20161014_304582.html，2018 年 4 月 15 日最后访问。

监管层的反馈，可以总结成两个问题：

1. 元利的环保投入情况、设施运行是否合规？有效吗？

2. 别的 HDO 厂家都减产，环保原因还是技术原因？市场和技术前景的风险元利你披露了吗？

先来看第一个问题，这是化工企业都要注意的问题——环保。元利在招股书中表示自己有严格的环境治理措施，而且全部达标。

▼

环保达标情况

公司自成立以来，始终将环境保护作为工作重心之一，自觉遵守国家及地方环境保护法律和法规，按照生产与环境协调发展的原则，加大污染治理力度，废气、废水、废渣等主要污染物排放均达到国家规定的排放标准，公司按时缴纳排污费，持有昌乐县环境保护局颁发的《排放污染物许可证》（证书编号：鲁环许字临370725 CL－016）。公司于2014 年3 月20 日再次获得《环境管理体系认证证书》，认定公司建立的环境管理体系符合 ISO14001：2004 和 GB/T24001－2004 标准，证书有效期3 年。

潍坊市环境保护局于2015 年1 月13 日对公司近三年的环境保护情况出具证明："经审查，山东元利科技股份有限公司其建设项目环保审批、竣工验收手续齐全。在生产经营过程中产生的废水、废气、噪声等经治理后能够达标排放。自2012 年至今未因环境污染事件受到我局行政处罚。"

2015 年7 月10 日潍坊市昌乐县环境保护局出具证明："山东元利科技股份有限公司其建设项目环保审批、项目竣工验收手续齐全。在生产经营过程中产生的废水、废气、噪声等经治理后能够达标排放，该公司及其子公司潍坊元融泰贸易有限公司，自2015 年1 月1 日至今未因环境污染事件受到我局行政处罚。"

2016 年2 月1 日潍坊市昌乐县环境保护局出具证明："山东元利科技股份有限公司其建设项目环保审批、项目竣工验收手续齐全。在生产经营过程中产生的废水、废气、噪声等经治理后能够达标排放，该公司及其子公司潍坊元融泰贸易有限公司，自2015 年7 月1 日至今未因环境污染事件受到我局行政处罚。"

2016 年7 月1 日潍坊市昌乐县环境保护局出具证明："山东元利科技股份有限

公司其建设项目环保审批、项目竣工验收手续齐全。在生产经营过程中产生的废水、废气、噪声等经治理后能够达标排放，自 2016 年 1 月 1 日至今未因环境污染事件受到我局行政处罚。”

但是监管层仍然抓住这个问题不放，可能还需要元利进一步披露。

再来看第二个问题——HDO 产能产量大幅减少。监管层指出，HDO 近几年产能、产量大幅减少，与元利看法不同。（这个说法，我们也没找到根源，只能等化工行业的专家来解释）

而且，这个减少的原因，监管层也很关心——环保？技术？需求？这点，我们也无从得知。元利并未披露，只是在募投项目的必要性表示 PDO 和 HDO 国际市场需求旺盛，前景十分广阔。

▼

市场需求旺盛，前景广阔

PDO 和 HDO 是对环境无污染的环保型化工原料，因其具有独特的性能——无腐蚀性，被誉为当今“有机合成的新基石”。PDO 和 HDO 用途十分广泛，覆盖 UV 涂料、聚酯、增塑剂、医药、农药、染料等行业，且随着研究的不断深入，下游领域及独特的性能正在被逐渐发掘，未来市场潜力巨大。2013 年，国内 PDO 和 HDO 市场消费量约为 1.8 万吨，预计 2017 年国内 PDO 和 HDO 市场消费量将达到 3.3 万吨/年。由于 PDO 和 HDO 产品价格较高，其消费主要集中在国际市场，国际市场需求旺盛，前景十分广阔。

这个看法，也显示了元利对 HDO 很看好。然而如果这产品真那么好，为什么其他厂家都在减产？只能等元利自己披露了。

第三部分 规范运行

销售方式不合规 + 持续盈利能力 + 内控问题

一、圣华曦[1]

①本文关于圣华曦的数据来源于《重庆圣华曦药业股份有限公司首次公开发行股票招股说明书（申报稿 2017 年 4 月 10 日）》，详见中国证监会网站。

2017年5月2日，圣华曦药业申请主板IPO被否，成为2017年第三家IPO被否决的医药类企业。

从监管层的否决原因来看，主要集中在持续盈利能力存疑、内控制度不完善、销售模式是否存在商业贿赂的风险。

长春普华、圣和药业、圣华曦，这被否的三家IPO企业，基本都为销售过程中的合规性问题所连累，就连做减肥生意的诺特健康也未能逃脱被否的命运。

在IPO加速、医药行业大整改的背景下，野心勃勃的IPO药企们应何去何从？本文我们以圣华曦被否为例，梳理一下IPO药企到底要避开哪些雷区。

1

雷区一：持续盈利能力存疑，税收优惠和政府补助影响利润

监管层否决意见第一条是关于税收优惠和政府补助的。

▼

> 请发行人代表进一步说明报告期内享受的税收优惠和政府补助的具体项目、金额及依据和收款情况，报告期会计利润与所得税费用的调整过程，相关的会计处理是否符合企业会计准则的规定，公司的盈利对税收优惠和政府补助是否存在严重依赖，以及未来是否能够持续享受税收政策优惠，相关风险揭示和披露是否充分。请保荐代表人发表核查意见。①

从监管层的反馈意见来看，IPO 审核被否的原因是怀疑圣华曦是否严重依赖税收优惠和政府补助，从而导致对未来的持续盈利能力存疑。

那么，咱们先来看看圣华曦在税收上都有哪些优惠。经过梳理，圣华曦主要有以下五大税收优惠：

a. 安置残疾人就业的即征即退增值税；

b. 出口退税；

c. 技术转让所得免征增值税；

d. 西部大开发鼓励类产业企业，按 15% 的税率征收企业所得税；

e. 企业所得税加计可扣除一半计入当期损益的研究开发费用；

2014～2016 年，公司享受的税收优惠分别为 2238.27 万元、2622.41 万元和

① 参见中国证监会网站《重庆圣华曦药业股份有限公司首次公开发行股票申请文件反馈意见》，载 http：//www.csrc.gov.cn/pub/newsite/fxjgb/scgkfxfkyj/201704/t20170420_315467.html，2018 年 4 月 15 日最后访问。

3275.95 万元。同期营收为 3.88 亿元、3.91 亿元、4.34 亿元。那么，税收优惠的营收占比为 5.77%、6.7%、7.55%。同时，请大家注意，2014～2016 年的净利润为 5535 万元、1.04 亿元、8556 万元。

也就是说，营收持续增长的情况下，净利润在 2016 年出现了下滑。这一变化，圣华曦并没有分析原因。不过，我们从利润表中来看，2015 年的所得税为 -468.58 万元，而 2016 年所得税为 978.54 万元，前后相差一千多万元，很显然，税收的波动直接影响到了净利润变动。

▼

单位：元

项目	2016 年度	2015 年度	2014 年度
一、营业收入	434, 278, 390. 59	391, 130, 170. 94	388, 124, 523. 77
减：营业成本	159, 439, 914. 90	159, 403, 029. 26	173, 242, 656. 65
营业税金及附加	6, 631, 361. 97	4, 829, 763. 51	4, 622, 133. 76
销售费用	125, 061, 961. 93	97, 095, 507. 99	87, 548, 115. 14
管理费用	83, 736, 983. 15	76, 224, 013. 22	63, 304, 595. 84
财务费用	2, 345, 980. 67	5, 984, 556. 08	8, 711, 359. 78
资产减值损失	1, 996, 312. 20	1, 233, 708. 24	452, 476. 40
加：公允价值变动收益（损失以“－”号填列）	–	–	–
投资收益（损失以“－”号填列）	3, 395, 330. 90	1, 075, 276. 03	1, 704, 012. 79
其中：对联营企业和合营企业的投资收益	1, 516, 122. 38	1, 075, 276. 03	1, 480, 170. 32
二、营业利润（亏损以“－”号填列）	58, 461, 206. 67	47, 434, 868. 67	51, 947, 198. 99
加：营业外收入	38, 125, 792. 82	70, 681, 909. 84	13, 225, 922. 29
减：营业外支出	1, 241, 003. 78	18, 500, 730. 68	1, 823, 400. 00
三、利润总额（亏损总额以“－”号填列）	95, 345, 995. 71	99, 616, 047. 83	63, 349, 721. 28
减：所得税费用	9, 785, 359. 47	–4, 685, 767. 02	7, 997, 779. 72

续表

项目	2016 年度	2015 年度	2014 年度
四、净利润（净亏损以“－”填列）	85,560,636.24	104,301,814.85	55,351,941.56
归属于母公司股东的净利润	85,554,296.66	104,300,026.88	55,340,436.85
少数股东损益	6,339.58	1,787.97	11,504.71
五、其他综合纠益	－	－	－
六、综合收益总额	85,560,636.24	104,301,814.85	55,351,941.56
归属于母公司股东的综合收益总额	85,554,296.66	104,300,026.88	55,340,436.85
归属于少数股东的综合收益总额	6,339.58	1,787.97	11,504.71
七、每股收益			
（一）基本每股收益	1.30	1.58	0.84
（二）稀释每股收益	1.30	1.58	0.84

另外，从政府补助上看，圣华曦主要享受安置残疾人增值税退税（此处可能与税收优惠重叠）、技术研发补贴、就业补贴、扶持资金等。2014～2016 年的政府补助分别为 1315.56 万元、7036.37 万元、3798.78 万元，占营收比重为 3.39%、17.99%、8.75%。

▼

单位：万元

项目	2016 年度	2015 年度	2014 年度
非流动资产处置利得合计	11.08	30.66	5.18
其中：固定资产处置利得	11.08	30.66	5.18
政府补助	3,798.78	7,036.37	1,315.56
其他	2.72	1.17	1.86
合计	3,812.58	7,068.19	1,322.59

可以看出，在2015～2016年，政府补助也出现了较大幅度的波动。其中数额最大的就是2015年的老厂区搬迁的补偿，达到了4785万元。这一细节对2015年利润的影响，圣华曦也未作详细解释。

▼

单位：万元

安置残疾人城镇土地使用税退税	90.91	2015.2.10/2015.3.10	财政部、国家税务总局《关于安置残疾人就业单位城镇土地使用税等政策的通知》（财税〔2010〕121号）
安置残疾人房产税退税	50.87	2015.2.10/2015.3.10	《重庆市人民政府关于铺子 发重庆市房产税实施细则的通知》（渝府发〔2009〕44号）
老厂区搬迁项目	4,785.16	2015.10.20/2016.5.5	重庆市人民政府办公厅发布《关于实施主城区第五批环境污染安全隐患重点企业搬迁工作的通知》（渝办发〔2009〕132号），重庆市南岸区征地办公室《企业拆迁补偿协议》
老厂区搬迁项目	272.90	递延收益分摊	重庆市人民政府办公厅发布《关于实施主城区第五批环境污染安全隐患重点企业搬迁工作的通知》（渝办发〔2009〕132号），重庆市南岸区征地办公室《企业拆迁补偿协议》
新产品扶持资金	289.00	2015.12.28	重庆市财政局《关于2015年财政扶持政策结算事项（第二批）的通知》（渝财税〔2015〕186号）

2

雷区二：内控制度不过关，产品质量和安全问题未充分披露

监管层否决意见的第二条是关于内控制度的怀疑。

▼

> 1. 报告期内和截至目前，发行人关于原材料采购、药品生产、包装、存储、运输、售后服务等方面的产品质量的内控制度是否健全并得到有效执行；
> 2. 发行人产品是否发生过质量问题和/或安全事故，是否受到过有关药品监管部门的处罚及媒体报道、消费者关注等，是否存在因产品质量问题引发的纠纷或诉讼；
> 3. 发行人的生产经营是否符合《中华人民共和国药品管理法》《药品生产质量管理规范》等法律法规的规定。请保荐代表人发表核查意见。①

圣华曦确实公开提示了其在生产过程中的安全生产风险和产品质量风险：

▼

安全生产风险

公司产品包括中间体及原料药等，产品生产过程中涉及高温和化学反应等工艺环节，对操作要求高。公司存在可能因设备及工艺不完善、物品保管及操作不当等发生安全事故的风险。

产口质量风险

药品作为一种特殊商品，直接关系到人的生命及健康，其产品质量尤其重要。药品生产流程长、工艺复杂等特殊性使公司产品质量受较多因素影响。原料采购、产品生产、存储和运输等过程若出现差错，可能使产品发生物理、化学等变化，从而影响产品质量，甚至导致医疗事故。如果未来发生产品质量问题，将对公司生产经营和市场声誉造成不利影响。

而且，圣华曦也强调自己从未发生重大安全和质量事故：

▼

安全生产和环境保护情况

1. 安全生产情况

公司建立了较为完善的安全管理制度体系，主要包括《安全生产教育管理制度》《经常性安全教育》《特种作业人员管理办法》《安全生产检查管理制度》《事

---

① 参见中国证监会网站《重庆圣华曦药业股份有限公司首次公开发行股票申请文件反馈意见》，载 http://www.csrc.gov.cn/pub/newsite/fxjgb/scgkfxfkyj/201704/t20170420_315467.html，2018 年 4 月 15 日最后访问。

故管理规定》《劳动保护用品发放管理制度》《安全技术措施计划管理》《下罐检修安全管理规定》《安全监护管理规定》《现场安全管理规定》《剧毒物品安全管理规定》《重大危险源管理办法》《安全消防工作考核细则》。公司认真贯彻落实“安全第一”的思想，坚持“预防为主”的方针，完善和落实安全生产责任制，强化对一线员工安全教育，加强安全生产管理。

公司实行企业法定代表人是安全第一责任人和“管生产必须同时管安全”的原则，并设立安全环保部专门负责生产安全工作，每年进行不少于两次的集中安全教育。新入职员工必须接受安全教育，考试合格之后才能分派到有关班组。公司严格要求各操作者认真执行各项规章制度，严禁违章操作。公司每周进行安全检查，每月进行安全大检查，对安全隐患制定整改措施。

公司始终将安全生产视为企业管理工作的重点，从源头上杜绝了安全隐患，自成立以来未发生过重大安全事故和处罚情况，且不存在重大安全隐患，符合国家关于安全生产的要求。

2. 生产管理和质量控制优势

公司十分重视产品质量，坚持质量第一的管理原则，按照 GMP 的要求及相关国家标准，制定了更严格的公司质量标准，从供应商选择、原材料检验、产品生产过程检验到成品检验、出厂，每一个环节都严格按照公司质量管理标准规定实施检验，检验合格后方可进入下一环节。目前，公司的主要生产线均已通过了 2010 版 GMP 认证，同时，公司的原料药产品出口韩国、印度、日本等国家，相关产品通过了相关国家的质量认证，主要有美国的 FDA 认证、日本的 PMDA 认证、韩国 MFDS 认证等。报告期内，公司未发生过重大产品质量事故。

可惜，我们在百度上搜索了关于圣华曦相关的新闻，发现媒体曾报道过圣华曦发生过的多起安全事故和环境污染事件。

▼

当地媒体报道，2007 年 9 月 28 日晚间，圣华曦位于南岸区任家湾的工厂六车间发生剧烈爆炸并起火，存满大量甲醛、乙醇等化学剂的车间猛烈燃烧，产生大量有毒烟雾，该次事故一共造成四人受伤，重庆市政府出动了南岸、渝中、江北 300 名消防员参与灭火。

2009 年 3 月 12 日，同样是在圣华曦的任家湾工厂内，由于企业安全意识淡漠，擅自派外部民工进入药厂车间，继而发生氨气泄露，造成一死一伤的安全事故。

2012 年 6 月，重庆市长热线收到市民举报，称“重庆圣华曦药厂每天排放废气污染环境，南岸区腾黄路基本上每天都能闻到某种刺鼻气味，导致周围几万居民都不敢开窗。现在我们已经发现是其每天排放废气污染环境，且这个药厂已经被很多人反应到环境部门等多个部门，但至今仍未有人来处理。我们严重怀疑这种废气会对人的身体造成伤害，现在重庆圣华曦几乎每天都在晚上 23 点就开始排放废气”。

重庆市长黄奇帆立即就此举报给出核查指示，随后重庆环保局调查发现，圣华曦仁家湾厂区制剂车间污染物临时排放许可证已于 2011 年 12 月 14 日到期，高浓度废水和清洗水无处理设施，厂区内废气跑冒滴漏现象严重且原料库房及生产车间有多个危险化学品风险源。（新闻来源：经济观察报）

媒体也报道了其曾卷入打假风波和药品数据不真实的问题：

▼

国家食药监总局（CFDA）颁布“史上最严药物临床试验数据自查令”，重拳打击临床试验数据作假。日前，CFDA 官网连续披露了多家药企药品注册申请违规及主动撤回情况。位于西南地区的重庆圣华曦药业股份有限公司（以下简称圣华曦药业）两次遭到监管层披露。

圣华曦药业成立 17 年来，已发展成为主营业务囊括药物制剂、原料药和医药中间体的研发、生产、销售的医药企业。2017 年 11 月，这家企业在证监会网站披露招股书，谋求未来在深所上市。如今圣华曦药业陷入严打风暴，会否影响 IPO 进程？圣华曦药业重秘力相关人士对《时代周报》记者表示“不清楚”。

《时代周报》记者还发现，圣华曦药业相关涉事药品的合同研究组织为重庆医药工业研究院有限责任公司（以下简称重庆医工院）。据重庆医工院官网介绍，该公司成立于 1950 年，由原重庆医药工业研究院改制而来。圣华曦药业招股书披露，该公司董事长、实际控制人姜维平曾在重庆医工院担任科研人员。

涉嫌造假　陷撤回门

12 月 7 日，国家食品药品监督管理总局（CFDA）官网公布了《关于 14 家企业 13 个药品注册申请不予批准的公告》（2015 年第 260 号）。

据通报，CFDA 对部分已提交自查资料的药品注册申请，进行了临床试验数据现场核查。经核查，圣华曦药业公司申报的来曲唑片（受理号：CYHS1290097）药品注册申请，存在临床试验数据不真实和不完整的问题。

“现在 CFDA 对这块的临床审查数据非常严格，目前正在整顿，重拳打击临术试验数据作假。”国内一家药业销售负责人告诉《时代周报》记者。（新闻来源：时代周报）

这样看来，圣华曦也并没有完全做到 100% 披露其在产品质量、安全生产上存在的瑕疵。

3

雷区三：销售模式合规性存疑

监管层否决意见的第三条问题较多，但主要集中在销售模式是否正规，是否存在商业贿赂等问题。

▼

1. 报告期各期发行人销售费用率高于同行业上市公司平均水平以及销售费用、促销费逐年大幅增长的具体原因和合理性。

2. 报告期各期促销费及学术推广费的具体分项构成，是否在促销和学术推广活动中给予过相关医生、医务人员、医药代表或客户回扣、账外返利、礼品，是否存在承担上述人员或其亲属境内外旅游费用等变相商业贿赂行为。

3. 促销费及学术推广费支出的对手方情况，是否存在直接汇入供应商及无商业往来第三方账户的情形；向个人对手方购买推广服务的方式是否符合相关规定，取得的票据形式、具体内容是否合法合规。

4. 学术推广会议相关组织和支出情况，包括召开频次、召开内容、平均参与人次、费用报销情况等；会议是否实际召开，是否存在重大异常。

5. 传统区域经销模式下将销售奖励费用汇入经销商授权代表账户（个人账户）的原因、合同依据和合规性，该个人账户属经销商单位控制还是私人控制并使用，申报期报销票据的提供方和具体内容，票据内容与销售奖励费用是否一致，报销票据是否真实、合法、合规，是否存在商业贿赂或为商业贿赂提供便利的情形，是否符合税法、《中华人民共和国反不正当竞争法》以及银行结算制度、财务制度等相关规定，是否存在支付方式的法律风险。

6. 结合订单获取方式、流程，补充说明发行人相关财务及内控制度的执行情况及其有效性，发行人相关内部控制制度能否有效防范商业贿赂风险。请保荐代表人说明核查的方法、过程、依据及结论。①

既然针对的是销售环节的疑问，那么我们就先来了解下圣华曦的销售模式。

圣华曦的销售模式分为两种：直销和区域经销。直销模式占比较少，圣华曦直接参与医院招标供货；区域经销模式为主要模式，分为传统区域经销和专业化区域经销。传统区域经销模式下，圣华曦将产品按底价销售给经销商，由其独立销售到医院；专业化区域经销模式下，圣华曦向第三方专业机构采购市场推广服务，向医院推广销售。

▼

比较项目	传统区域经销模式	专业化区域经销模式
流通链条	发行人—经销商—配送商—终端	发行人—配送商—终端
产品推广方式	经销商独立完成对区域市场的专业学术推广活动及终端市场的具体产品推广活动	公司向第三方专业机构采购市场推广服务
定价模式	公司综合考虑生产成本、产品在各地的中标价、市场竞争情况等因素，结合相关政策及外部市场环境的变化，确定对经销商的产品销售价格。在此模式下，产品销售价格相对较低	在此模式下，产品销售价格与终端市场中标价格接近，相对较高
销售毛利率	相对低	高
销售费用	终端销售费用主要由经销商承担，销售费用较低	公司需要承担市场开发及学术推广费等终端销售费用，销售费用较高
回款方式	一般以现款现货或先款后货形式进行销售	多以赊销的形式进行，回款期一般不超过 6 个月

① 参见中国证监会网站《重庆圣华曦药业股份有限公司首次公开发行股票申请文件反馈意见》，载 http://www.csrc.gov.cn/pub/newsite/fxjgb/scgkfxfkyj/201704/t20170420_315467.html，2018 年 4 月 15 日最后访问。

这种商业模式下，圣华曦与经销商的关系密切，销售返利的情况多少都会存在。

但是返利的款项是通过报销形式打入经销商个人账户，那么这个经销商的个人账户是经销商的公司控制还是私人控制，报销金额与返利金额是否一致，是否存在商业贿赂或者为商业贿赂便利的情形。以及作为医药行业，圣华曦在促销费及学术推广费的支出上，费用汇出账户是否具有独立性，会议情况是否属实等问题，圣华曦并未指明。

▼

A. 学术推广费

学术推广费用主要为学术推广过程中产生的会议费、活动策划费、招待费等。

公司学术推广的方式主要包括以下几种：

a. 组织课题研究

公司根据主要产品涉及领域，如抗微生物药物、循环系统药物、治疗精神障碍药物等领域以及未来发展计划，选择研究课题。为指导课题研究，公司聘请相关领域的专家、教授作为课题负责人。通过研究大量理论、临床案例等开展研究工作。

b. 开展学术论坛

针对公司产品所涉领域或公司主打产品，举办或协助举办、赞助年会或高峰论坛。通过前述会议交流，不仅可以促进医务人员与专家的活动交流，增强医务人员对相关疾病的认识，亦可及时获取与会人员对其药品使用情况的反馈信息。通过高峰论坛、学术论坛，公司组织相关领域专家介绍药品特性以及最新的临床研究成果等并就研究结果进行讨论。

c. 开展学术交流会

学术交流会有多种形式，包括产品上市前的交流会，邀请学术领袖指导产品定位、推广方式等，产品上市时的省、市级推广会，重点市场区域医疗专业学术委员会交流会等。通过开展学术交流会，宣传公司产品及最新科研成果，加强相关人员对公司产品的认知。

d. 其他学术推广活动

包括临床病例收集分析，组织相关领域专家在核心期刊发表论文，与大型医院、学校合作共同开展研究工作。

那么，我们接下来看看和上述事宜相关的销售费用科目的构成。

2014~2016 年，圣华曦的销售费用为 0.87 亿元、0.97 亿元、1.25 亿元，销售费率为 22.56%、24.82%、28.80%，高于同行可比上市公司。

▼

公司名称	2016 年度	2015 年度	2014 年度
福安药业	10.81%	16.71%	5.93%
莱美药业	12.62%	10.46%	10.27%
丽珠集团	40.13%	38.39%	39.83%
圣华曦	28.80%	24.82%	22.56%

注：销售费用率=销售费用/营业收入

之所以销售费率这么高，圣华曦表示是因为促销费太高，分别为 3966 万元、5208 万元、7746 万元，2015 年、2016 年分别较前一年度增长 31.32%、48.77%。

▼

单位：万元

项目	2016 年度		2015 年度		2014 年度	
	金额	占比	金额	占比	金额	占比
职工薪酬	1,535.89	12.28%	1,358.73	13.99%	1,084.66	12.39%
折旧摊销	63.85	0.51%	63.75	0.66%	67.48	0.77%
差旅费	2,385.28	19.07%	1,883.18	19.40%	1,472.22	16.82%
促销费	7,745.81	61.94%	5,208.21	53.64%	3,966.11	45.30%
招待费	168.79	1.35%	214.21	2.21%	205.43	2.35%
广告宣传费	29.49	0.24%	45.86	0.47%	151.75	1.73%
运输费	274.57	2.20%	245.33	2.53%	253.51	2.90%
展会费	160.01	1.28%	469.82	4.84%	786.86	8.99%
其他	142.51	1.14%	220.47	2.27%	766.81	8.76%
合计	12,506.20	100.00%	9,709.55	100.00%	8,754.81	100.00%

这个促销费主要包括：市场拓展费用（直销模式下的销售人员报销费用）、推广费用（专业化区域经销模式下的推广费）、销售奖励（对传统区域经销商

的奖励），正好对应我们所说的三种模式，而这也恰恰是监管层六个问题的焦点所在。

▼

单位：万元

项目	2016 年	2015 年	2014 年
销售人员市场拓展费用	1,996.30	1,675.50	1,473.06
其中：学术推广费	854.07	852.58	667.95
专业化区域经销模式下产品推广费	4,553.71	2,455.23	1,377.78
传统区域经销模式下销售奖励	1,195.80	1,077.47	1,115.27
合计	7,745.81	5,208.21	3,966.11

最后，监管层还不忘提醒圣华曦一下（反馈意见第三条第六点）：财务人员和内控制度能识别和防范这些问题吗？如果不能，又怎么防范商业贿赂和销售人员违规报销的行为？

从第三条反馈来看，医药企业存在的销售返利费、学术费、招待费等一切行为，都必须要求规范操作，严格内控，才是医药行业避免雷区的重中之重。

除了本次被否的圣华曦药业，被否的医药还有圣和药业（2017 年 3 月 27 日被否）。被否原因具体如下：

a. 总经理收受供应商药品回扣款，被法院判决；

b. 市场拓展费较高的原因，以及是否存在变相商业贿赂，内控制度是否完善；

c. 产品命名是否规范，是否存在夸大、暗示疗效、误导消费者的风险；

d. 高管、董事离职是否构成重大变化，风险是否披露。

▼

1. 黑龙江省黑河市中级人民法院于 2015 年 9 月 18 日作出的《刘彦铎贪污、单位受贿一案刑事判决书》显示，“上诉人刘彦铎就任华润医药公司（发行人主要客户）总经理期间，在与多个医药公司进行业务往来中，多次收受各药品供应商药品回扣款，具体犯罪事实如下：……3. 2012 年 9 月至 2013 年 5 月，刘彦铎委托马××代表华润医药公司与南京圣和药业有限公司（发行人前身）签订关于‘圣诺安’（奥硝唑氯化钠注射液）药品销售合同，每瓶（0.5g）黑龙江省中标价格 36.26 元，华润医药公司以每瓶32.63元向圣和公司购买‘圣诺安’，中间差价款为华润医药公司配送费。刘彦铎要求圣和公司给华润医药公司返利，圣和公司以支付马××报销费用等名义，从每瓶32.63元中提取21.27元给华润医药公司返利。2013年1至12月，圣和公司根据马××的付款申请及提供的银行账号，分14笔共向华润医药公司王××的爱人张××卡中汇入返利款人民币5,301,924.69元”。请发行人代表进一步说明，针对上述情形发行人是否进行过披露，是否存在被追责的风险。发行人经营过程中是否还存在类似情形。发行人内控存在何种缺失，作出了何种整改措施。发行人防范商业贿赂的内部控制是否有效健全。请保荐代表人发表核查意见，并说明核查过程和方法。

2. 请发行人代表进一步说明，（1）报告期市场拓展费金额较大的原因，以及是否符合商业模式和行业惯例；（2）在营销活动中是否存在给予过相关医生、医务人员、医药代表或客户回扣、账外返利、礼品，是否存在承担上述人员或其亲属境内外旅游费用等变相商业贿赂行为；（3）有关支出是否存在直接汇入自然人或无商业往来第三方账户的情形；（4）自主学术推广会议相关组织和支出情况，包括召开频次、召开内容、平均参与人次、费用报销情况等；（5）针对市场拓展费，发行人是否建立并完善了相关的内控制度，报告期内控制度的执行情况。请保荐代表人发表核查意见，并说明核查过程和方法。

3. 请发行人代表进一步说明发行人主要产品的命名是否符合有关中成药命名规范，是否存在夸大、暗示疗效、误导消费者的风险。请保荐代表人发表核查意见。

4. 请发行人代表进一步说明报告期发行人董事、高级管理人员变化情况及其原因，是否构成重大变化。是否导致经营战略和主营业务发生变化，对经营管理是否产生重大影响。相关的信息和风险是否充分披露。请保荐代表人发表核查意见。

而我们刚刚分析过的诺特健康，作为健康产业一员，也是因为与医疗机构的合作、银行转款账户两个流程中的内控不规范而被否。

总的来说，内控规范+信息披露，医药企业一定要切记。

经销模式不合规 + 信息披露不全

二、丸美生物[1]

①本文关于丸美生物数据来源于《广东丸美生物技术股份有限公司首次公开发行股票招股说明书（申报稿）》，详见中国证监会网站。

“弹弹弹，弹走鱼尾纹。”这样熟悉的广告词，让许多妹子对丸美留下了深刻的印象。

当丸美拟报 IPO 却最终被否时，引来了很多人关注。

关乎丸美被否的原因，我们来抽丝剥茧地分析一下。依据监管层提出的质疑，此次被否主要倒在了经销商模式的真实性、规范性以及产品质量问题未披露上。对于监管层较为重视的“经销模式”，丸美并没有给予足够的重视，在很多经销模式的细节问题上，丸美都以“模糊化”的方式处理了。但是，逃避不是问题，迟早得面对。越是敏感的信息，越是主动披露，才是正解。

1

雷区一：经销模式为什么被监管层揪住不放？

本次被否，监管层对丸美的经销模式提出了很多疑问。

▼

> 请说明：
> 1. 经销的具体模式、对经销的相关内部控制制度及执行情况；
> 2. 经销商模式下，非自营专卖店与自营专卖店数量及销售占比，以及相关信用政策；
> 3. 结合经销协议、进销价格等补充说明相关经销模式披露及风险揭示是否完整准确；
> 4. 北京美妮美雅商贸有限公司（以下简称北京美妮美雅）的销售收入增速远高于其他线上经销商增速的原因及合理性；
> 5. 经销模式下，经销商网点的分布、网点单点销售额等情况对照可比上市公司是否合理；
> 6. 前十大经销商的纳税情况、期末存货情况，对照可比上市公司是否合理；
> 7. 经销模式的具体销售流程和架构，线下经销商是否将产品直接销售给终端用户。①

上述提问较多，无论是经销内控制度、经销协议、经销价格、经销商纳税情况、经销商的规范性，都集中体现了一点：丸美在经销模式的相关细节上披露不全。

既然监管层集中火力发问了丸美的经销模式，那我们就来了解一下丸美的经销模式。丸美的经销模式是：先将产品卖给经销商，经销商再通过化妆品专卖店、美容院、百货店、网店等渠道向下游销售，其中专卖店为主要渠道（营收占比超过50%）。

---

① 参见中国证监会网站《广东丸美生物技术股份有限公司首次公开发行股票申请文件反馈意见》，载 http：//www. csrc. gov. cn/pub/newsite/fxjgb/scgkfxfkyj/201606/t20160630_ 300009. html，2018 年 4 月 15 日最后访问。

▼

单位：万元

类别		2015 年度		2014 年度		2013 年度	
		销售金额	占比（%）	销售金额	占比（%）	销售金额	占比（%）
直营模式	电子商务	9, 008. 27	7. 56	7, 035. 79	6. 54	3, 362. 46	3. 45
	百货专柜及其他	493. 33	0. 41	886. 31	0. 82	1, 122. 92	1. 15
经销模式	美容院	7, 325. 89	6. 15	6, 312. 60	5. 87	6, 354. 76	6. 53
	专卖店	64, 755. 14	54. 37	61, 965. 07	57. 63	62, 902. 83	64. 61
	百货店	20, 571. 90	17. 27	19, 667. 89	18. 29	16, 843. 68	17. 30
	电子商务及其他	16, 942. 82	14. 23	11, 662. 42	10. 85	6, 772. 27	6. 95
合计		119, 097. 35	100. 00	107, 530. 08	100. 00	97, 358. 92	100. 00

截至2015年年底，丸美的线下经销商已达166家，终端网点17278个。这么看起来，似乎经销模式的流程上挑不出什么毛病。但是，监管层认为，丸美对于经销商的细节披露不够完整，本质上是对丸美的经销商管理制度的质疑。

我们查阅了丸美的经销商管理体系，丸美对于经销商的管理制度的描述较为浅显，并且意在强调“与经销商共同成长”。关于如何管理的披露较少，有些细节也是比较模糊。

由于经销商模式的销售网络较为庞杂，尽调存在一定复杂度，也可能存在一些水分，因此监管层一直对于以经销商模式为主的企业的IPO审核较为谨慎。如果不把经销商模式下的各种内控制度、经销数据提供完整，很容易让监管层揪着不放。

但是，具体问题具体分析。日化行业基本上都是以“经销为主”，如拉芳。但为什么丸美被否，拉芳却过会了呢？

我们不妨来对比一下：早前，我们在《拉芳IPO》的文章中，曾经详细地分析过拉芳的经销商模式：拉芳在经销商的管理体系上，划分明确，并采取“营销中心—大区总监—省办经理—区域经理—客户经理”五级管理体系。在销售价格体系、渠道分隔等都有明确的规定，对经销商的返利规则也较为清晰。

相较而言，丸美对经销商体系、终端网点的分布、销售额等问题的披露不够详尽，与同行业相比的合理性也不够充分。

2

雷区二：为何要对经销模式“模糊化处理”，是否有难言之隐？

丸美的招股书对经销模式披露不到位，中介机构也难辞其咎。

▼

> 请保荐代表人说明：
>
> 1. 对新增及报告期内主要经销商的核查程序，核查手段，以及未取得对账单占销售金额的比重，是否采取了其他替代性核查程序；
> 2. 第三方调研机构有关情况，是否具备独立性，对照可比上市公司及经销商毛利率，说明对经销商实现最终销售的核查意见；
> 3. 发行人终端销售网点的核查过程，进一步说明发行人非直营专卖店与经销商的经营模式；
> 4. 对发行人销售模式的合规性进行核查的方法、过程及结论；
> 5. 结合对北京美妮美雅的核查过程，进一步说明北京美妮美雅的库存、销售流向等情况，北京美妮美雅是否与发行人存在关联关系；
> 6. 将发行人经销和直销两种销售模式与传销进行对比分析的具体情况和结论，发行人及其经销商是否涉嫌从事传销和涉嫌违反《禁止传销条例》的相关规定。①

这些问题的实际含义是：中介机构在对丸美的尽调过程中，是否重点核查了经销商的销售真实性、规范性呢？如果有些信息未能详尽核查，是否采用其他手段替代？

上述问题，尚不知中介机构怎么回复的。但是基于一些公开资料显示，似乎业界对于经销的真实性和规范性的核查存在一定的难度。这个难度体现在，经销商的

---

① 参见中国证监会网站《广东丸美生物技术股份有限公司首次公开发行股票申请文件反馈意见》，载 http：//www. csrc. gov. cn/pub/newsite/fxjgb/scgkfxfkyj/201606/t20160630_ 300009. html，2018 年 4 月 15 日最后访问。

销售系统过于庞杂，如果需要调用经销商的销售数据、财务数据、税务情况等敏感信息，可能会有经销商不太愿意配合。

丸美有 166 家经销商，终端网点 17278 个，如果只是补充说明未披露的信息，工作量也不算太多，不过，有些经销商财务、税收并不规范，如果真的要核查销售额、纳税情况，很多经销商可能因此暴露“问题”。

就算抛开这些税务问题不说，经销商与丸美品牌属于商业合作，也不一定有义务披露每个网点的具体销量及库存。不过，对于不易获取的经销商数据，中介机构是否履行了其他可以替代的核查手续，去尽力佐证经销商模式的规范性呢?

3

雷区三：经销商问题“老大难”，疑似关联交易的为什么没披露?

在丸美的前五大客户中，有一个客户可谓“平步青云”——北京美妮美雅。2014 年，北京美妮美雅是丸美的第三大客户，于 2015 年成为第一大客户，年销售额高达 9000 多万元。

▼

年度	序号	客户名称	销售金额（万元）	占主营业收入比例（%）
2015 年度	1	北京美妮美雅商贸有限公司	9, 279. 34	7. 78
	2	武汉伊势丹化妆品有限公司	5, 955. 94	5. 00
	3	郑州宏之达化妆品有限公司	5, 640. 91	4. 74
	4	石家庄博凯商贸有限公司	4, 445. 45	3. 73
	5	杭州新紫阳日化有限公司	4, 080. 39	3. 43
		合计	29, 402. 03	24. 68

续表

年度	序号	客户名称	销售金额（万元）	占主营业收入比例（%）
2014 年度	1	郑州宏之达化妆品有限公司	5, 832. 77	5. 42
	2	武汉伊势丹化妆品有限公司	5, 676. 31	5. 28
	3	北京美妮美雅商贸有限公司	4, 950. 04	4. 6
	4	成都继美贸易有限公司	4, 728. 15	4. 4
	5	石家庄博凯商贸有限公司	3, 576. 10	3. 33
		合计	24, 763. 37	23. 03
2013 年度	1	郑州宏之达化妆品有限公司	5, 426. 91	5. 58
	2	武汉伊势丹化妆品有限公司	5, 408. 86	5. 55
	3	成都市立登堡贸易有限公司	4, 328. 29	4. 45
	4	杭州新紫阳日化有限公司	3, 827. 38	3. 93
	5	石家庄博凯商贸有限公司	3, 566. 84	3. 66
		合计	22, 558. 27	23. 17

我们通过查询后发现，北京美妮美雅成立于2012 年11 月，注册资本100 万元，但是能在不到三年的时间内成为丸美的第一大客户、年销售额近亿元的公司，很引人注意。

成立时间短、交易金额大、成长速度快，大客户如果具备这样的“短大快”的特性，在 IPO 的审核中，就得要多留意了。

4

雷区四：质量问题为何不披露?

报告期内丸美曾经因质量问题受到药监局的处罚，但是丸美并未披露此事。

▼

请发行人说明：

1. 报告期间因产品质量问题受到食品药品监督管理部门的检查及处罚情况，发行人的内控制度是否健全并得到有效执行；

2. 在 2016 年 10 月 14 日提交的《招股说明书（申报稿）》未对国家食品药品监督管理总局后两次《通告》的相关内容进行披露的具体原因，是否符合《首次公开发行股票并在创业板上市管理办法（2016）》相关规定；

3. 生产经营是否符合《化妆品卫生监督条例》《化妆品标识管理规定》等法律、行政法规的相关规定，是否因上述问题被有关部门立案调查，是否符合《首次公开发行股票并在创业板上市管理办法（2016）》的相关规定。①

丸美只是避重就轻地提到了产品生产存在的质量风险，可能会对公司品牌和声誉造成不利影响，进而导致金钱损失、市场份额和业绩下滑。

▼

产品质量问题引起的诉讼和品牌受损风险

公司的产品大部分直接作用于人体皮肤各部位，倘若公司采购的某批次主要原料存在问题或者在生产过程中出现我们并不知悉且意料之外的不良副作用，该等未知的副作用或者质量问题，可能导致消费者对公司的投诉甚至诉讼、或者代价较高的产品退回或者回收，进而对公司的产品品牌及公司声誉造成严重的不利影响，招致金钱的损失和市场份额的减少，从而影响业绩情况。

但是，媒体曾公开报道过丸美的产品曾被药监局勒令停止销售，也曾因虚假宣传被起诉过。

▼

据《中国网》报道，丸美曾因虚假宣传被打假名人王海告上法庭。2008 年，丸美宣称自己是日本企业，事实上丸美产品宣传的日本背景并不符实，甚至在日本市场上买不到，存在欺诈消费者的行为。但是公司在其 2014 年的招股文件中对此事却只字未提。

---

① 参见中国证监会网站《广东丸美生物技术股份有限公司首次公开发行股票申请文件反馈意见》，载 http：//www. csrc. gov. cn/pub/newsite/fxjgb/scgkfxfkyj/201606/t20160630_ 300009. html，2018 年 4 月 15 日最后访问。

据《每日经济新闻》报道，8 月 9 日，国家食药监总局就发布了一则关于 84 批次防晒类化妆品实际检出防晒剂成分与产品批件及标识成分不符情况的通告，将多个知名化妆品品牌推上了风口浪尖。通告显示，近期，总局在全国范围组织开展的化妆品监督抽检中，发现部分防晒类化妆品实际检出防晒剂成分与产品批件及标识成分不符，其中丸美、韩束、韩后、高姿、索芙特等知名品牌产品在列。

其中，丸美的不合格产品为防晒精华隔离乳 SPF18 PA + +，产品批件及标签标识含有防晒剂“丁基甲氧基二苯酰基甲烷”，但抽检单位并没有从该产品中检出所标识的防晒剂，相反，抽检单位在产品中检出了批件及标签未标识的另一种防晒剂“双－乙基己氧苯酚甲氧苯基三嗪”，含量为 0.5%。

对此，丸美 CEO 孙怀庆则表示：“我们现在还在积极确认这个产品是不是我们丸美自己出厂的产品，而不是假冒伪劣产品。因为国家食药监总局在抽查之后，还没有向我们企业做产品的核实，目前我们正在做一些核实和沟通的相关工作。”值得注意的是，丸美目前正在 IPO，拟登陆上证所主板，“春纪”为其旗下的另一品牌。

对于企业来说，被媒体曝光的负面新闻，该披露的还得要披露，免得给监管层留下不好的印象！

在监管层否决丸美 IPO 的意见中，我们还看到了监管层对于丸美销售模式是否涉嫌传销的疑问。而在当时，也有不少新闻报道过丸美早期可能涉嫌“传销”。由于丸美对于直销及经销模式的规范性的披露不够详尽，我们也无法判断它是否有无类似传销的行为。

不过，由于大家容易把传销与直销弄混淆，所以，我们为大家科普一下直销和传销的区别。直销，是厂家省去了所有中间环节，只依靠直销员对顾客进行直接销售。如果顾客对产品满意，可以向公司申请加入直销员。当邀请或介绍了新用户购买了产品以后，直销员可以获取提成。而传销，其实也是多层次直销的一种。但是，传销往往伴随着没有实际的产品或服务，并收取高额的入会费或通过认购商品变相收取会员费等。传销的金字塔式样的组织架构，决定了发展下线越多，上层人员的提成也就越多。

可能有人觉得直销与传销的界限较为模糊，那么，有一个办法可以较为快速地区分，那就是——看看这家公司是否有商务部颁发的直销执照许可证。

▼

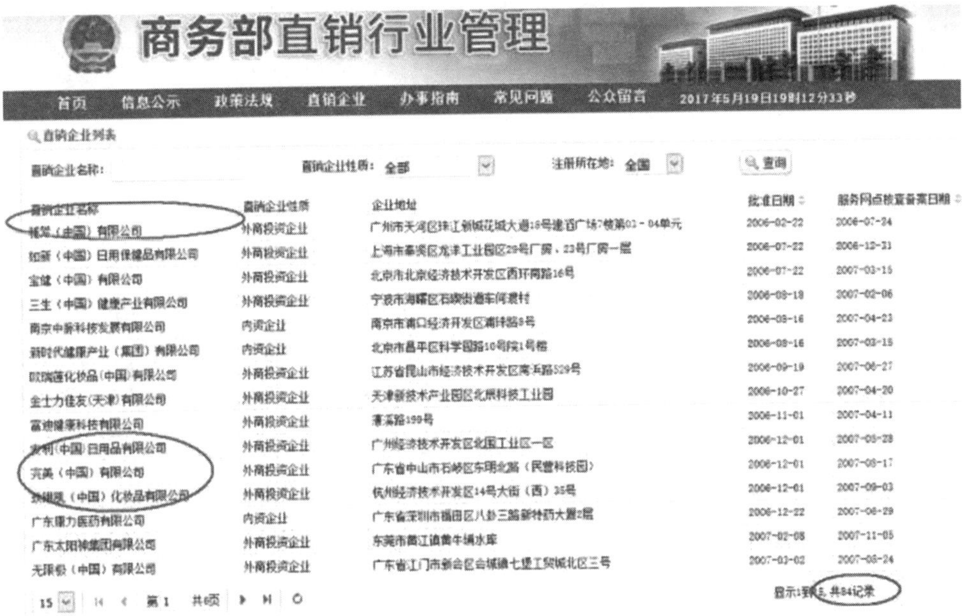

商务部直销行业管理

首页 信息公示 政策法规 直销企业 办事指南 常见问题 公众留言 2017年5月19日19时12分33秒

直销企业列表

直销企业名称： 直销企业性质：全部 注册所在地：全国 查询

直销企业名称	直销企业性质	企业地址	批准日期	服务网点核查备案日期
雅芳（中国）有限公司	外商投资企业	广州市天河区珠江新城花城大道18号建滔广场7楼第01－04单元	2006-02-22	2006-07-24
如新（中国）日用保健品有限公司	外商投资企业	上海市奉贤区龙泽工业园区29号厂房，23号厂房一层	2006-07-22	2006-12-31
宝健（中国）有限公司	外商投资企业	北京市北京经济技术开发区西环南路16号	2006-07-22	2007-03-15
三生（中国）健康产业有限公司	外商投资企业	宁波市海曙区石碶街道车何渡村	2006-08-18	2007-02-06
南京中脉科技发展有限公司	内资企业	南京市浦口经济开发区浦洋路9号	2006-08-16	2007-04-23
新时代健康产业（集团）有限公司	内资企业	北京市昌平区科学园路10号院1号楼	2006-08-16	2007-03-15
欧瑞莲化妆品（中国）有限公司	外商投资企业	江苏省昆山市经济技术开发区高科路529号	2006-09-19	2007-06-27
金士力佳友（天津）有限公司	外商投资企业	天津新技术产业园区北辰科技工业园	2006-10-27	2007-04-20
富迪健康科技有限公司	外商投资企业	香溪路199号	2006-11-01	2007-04-11
安利（中国）日用品有限公司	外商投资企业	广州经济技术开发区北围工业区一区	2006-12-01	2007-05-28
完美（中国）有限公司	外商投资企业	广东省中山市石岐区东明北路（民营科技园）	2006-12-01	2007-08-17
玫琳凯（中国）化妆品有限公司	外商投资企业	杭州经济技术开发区14号大街（西）35号	2006-12-01	2007-09-03
广东康力医药有限公司	内资企业	广东省深圳市福田区八卦三路新特药大厦2层	2006-12-22	2007-06-29
广东太阳神集团有限公司	外商投资企业	东莞市高江镇黄牛埔水库	2007-02-08	2007-11-05
无限极（中国）有限公司	外商投资企业	广东省江门市新会区会城镇七堡工贸城北区三号	2007-03-02	2007-08-24

15 第1 共6页

显示1到15，共84记录

我们从商务部官网查询到，截至目前，共有 84 家企业拥有直销执照许可证，其中包括了大众熟知的雅芳、安利、康宝莱等。

本案写作参考材料如下，特此鸣谢：

［1］《梁朝伟、周迅代言企业“被黑”，不怕黑丸美 IPO 遭否》，载《21 世纪经济报道》，2016 年 11 月 17 日。

［2］《丸美 IPO 被发审委“弹”出局，“完美遮瑕”掩不住申报稿瑕疵》，载《每日经济新闻》，2016 年 11 月 18 日。

［3］《丸美 IPO 折戟，日化企业上市蒙阴影》，载《北京商报》，2016 年 11 月 17 日。

［4］《【科普篇】传销 = 直销？代销 = 经销？三级分销合规?》，搜狐，2016 年 8 月 23 日。

销售方式不合规 + 收款方式不合规

三、诺特健康①

①本文关于诺特健康的数据来源于《浙江诺特健康科技股份有限公司首次公开发行股票并在创业板上市招股说明书（申报稿）》，详见中国证监会网站。

一家做体重管理的公司——诺特健康，被否了。所谓体重管理，其实也就是控制体重。通过为有减肥需求的客户量身定制减肥方案，教之以独门“减重五步法”，并搭配营养干预食品的饮食控制，帮客户实现瘦身梦。

不过，其盈利模式的本质还是做营养干预食品的销售，只不过冠以“减肥瘦身”的美名罢了。

被冠以减肥性质的营养套餐，动辄卖到了上千块！正是靠着这些昂贵的营养套餐，养活了诺特健康。2016 年实现营收 1.2 亿元，净利 4000 万元，毛利率在 60% 以上。这已经远远超过普通食品行业的毛利率了。

那么，问题来了：营养干预食品真的有这么神奇的功效吗？监管层在今日的被否原因中，对诺特健康提出了四大质疑：与医疗机构进行合作是否合法合规？非对公账户的收款是否合规？食品原料是否以次充好？营养顾问人员为何流失严重？

1

定制减肥方案＋营养干预食品，这样的套餐你要不要来一套？

诺特健康（以下简称诺特），是一家为胖子们提供“体重管理服务＋营养干预食品”一体化服务的公司。

诺特倡导非药物干预，帮助用户制订包括饮食、运动、行为、心理在内的多维度的减肥方案，科学饮食，自然减肥。光靠说，有点玄乎。下面就一起来看看诺特是怎么操作的。

诺特的产品包括两部分：减重方案＋营养食品。

诺特独创“减重五步法”，通过一对一的服务和专业知识培训，配合诺特生产的营养食品，教会客户控制体重。减重五步法包括：探寻互信、肥胖评估、干预建议、目标共识、互动支持。

▼

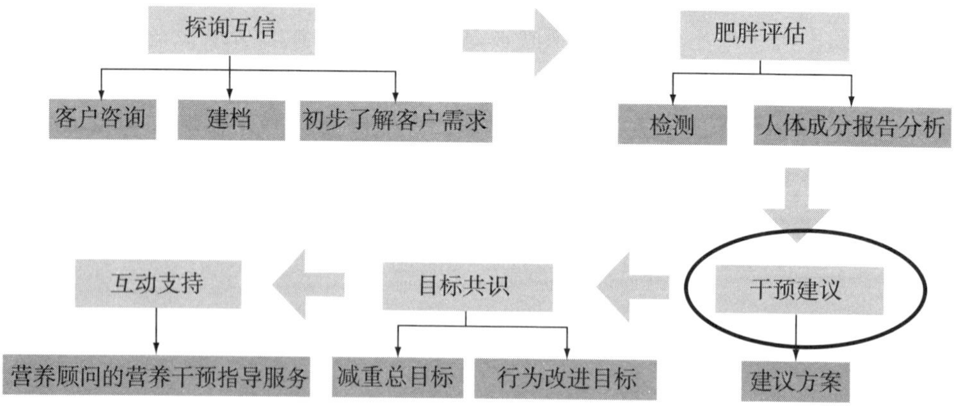

注：有关诺特“减重五步法”完成的服务流程详见本节“一/（四）/1/（1）服务流程”的相关内容。

注意，这五步法中最核心的是干预建议。所谓干预建议，其实就是向用户推荐合理饮食，合理饮食中所涉及的食品即自家销售的营养干预食品。

▼

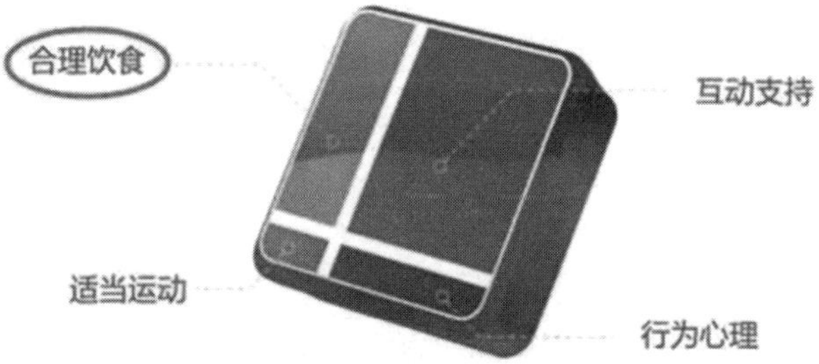

也就是说，诺特给客户出减肥方案，客户就完全听诺特的安排就行。让客户吃胡萝卜，客户就只能吃胡萝卜，别人家的都不管用，必须吃我自家产的胡萝卜。当然，我们只是用胡萝卜打个比方，实际上，诺特提供的“营养干预食品”比我们想象的要高级。

高级在哪里？诺特表示，他们拥有四项发明专利，开发出了低 GI（血糖生成指数）的营养干预食品。包括营养棒（糕点）、固体饮料等。这些营养干预食品很少会单独对外销售，基本上是和定制减肥方案一起搭配套餐销售的。

2

上千块的减肥套餐，你们体验过吗？

诺特的销售模式分为直营连锁、加盟连锁、营养干预食品专供三个模式。其中，直营连锁是最核心的销售模式（营收占比 97%），通过自主或医院、体检中心等渠道开发客户，目前共有 19 家直营门店，合作的医疗机构有爱康国宾、国药控股、深圳市人民医院等。另外，营养干预食品的专供也是主要面向塑形服务的美容机构。

一般，诺特对外销售的套餐分男士、女士两大类，价格在 2000 ~ 4000 元/月不等。

▼

直营连锁的销售收入直接来自“减肥套餐”的销售收入。

加盟连锁的销售收入包括首次加盟签约时公司对加盟店收取的“诺特减重五步法”的培训费用，后期还有来自对加盟店的营养干预食品的销售收入。

除了上述三种销售模式，诺特也开发了线上平台——淘宝、天猫商铺、APP 商城等。

▼

3

雷区一：减肥生意能做多大？

体重管理与药物、节食、仪器等传统减肥手段不同，是由专业人士为客户制订个性化的方案，科学减重，属于健康服务业，也是健康产业中的新兴一员。

健康产业与社会经济发展水平密不可分。当一个国家的人均 GDP 达到 1500 美元至 3000 美元之间时，健康产业就会崛起，体重管理自然也会跟着发展。2016 年我国人均 GDP 达到了 53817 元，已经进入了体重管理服务业的发展机遇期。

在增速上，2006～2015 年的人均 GDP 年复合增长率为 12.91%。城镇居民家庭人均可支配收入也从 2006 年的 11759.50 元增至 2015 年的 31195.00 元，年复合增长率为 11.45%。

▼

国内生产总值及人均国内生产总值

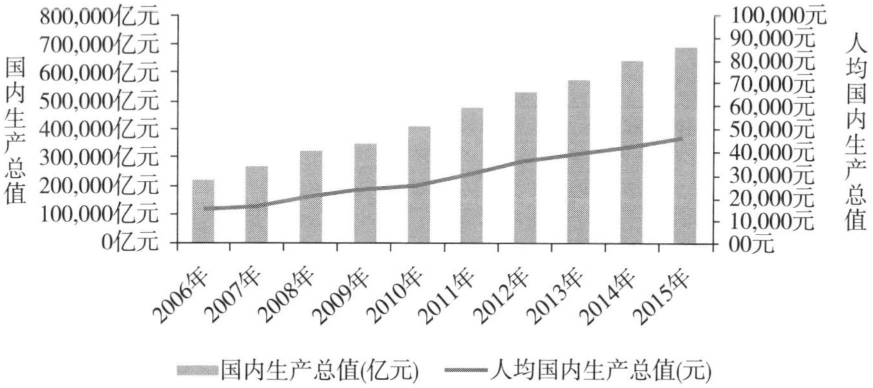

资料来源：中国国家统计局。

目前，我国肥胖、体重超重人数已达 3.25 亿人，减肥产业消费更是以每年 15%～20% 的速度递增，远远超过 GDP 的增长率。

体重管理这个市场现在有多大呢？我们来推算一下：根据美国的一项调查显示，有 51% 的美国人有减肥的意愿，而美国人的肥胖程度大约是中国人的两倍。假设中国约有 25% 的人有减肥意愿，按照中等收入消费水平，有减肥意愿的人人均每年减肥支出 300 元来测算，则整个体重管理市场容量就有 975 亿元。

同时，随着超重、肥胖率的继续上升，以及对于肥胖认知的进一步扩大，国内体重管理需求会进一步提高。按照肥胖率年均增速 6%，人均每年减肥支出 300 元，且以每年 9% 的速度增长，预计中国体重管理市场未来将以年均 15% 的速度增长，预计至 2020 年国内体重管理市场空间将发展到 2000 亿元的规模。

▼

中国体重管理市场预计规模

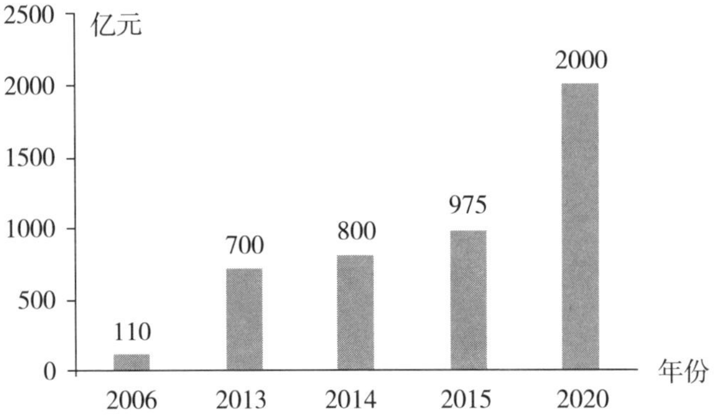

资料来源：中万宏源研究。

这么大一块蛋糕，都有哪些人在分呢？减肥市场这块蛋糕，医院、美容整形医院、美容机构、减肥产品生产企业、健身会所和体重管理服务机构都在抢着吃。

随着大家减肥理念的不断升级，传统的减肥药、吸脂手术等“补救手段”已经受到一些人的抵制。相应地，接受健身房、体重管理等预防手段的人将越来越多。

健身房暂且不说，但是专业的体重管理服务机构目前较少，行业竞争格局尚未固化。目前行业内与诺特直接竞争的对手不多，我们一起来看看：

汤臣倍健：创业板上市公司，主要从事蛋白质、维生素等膳食营养补充剂的生产及销售。2014 年 8 月，汤臣倍健推出移动健康管理品牌“十二篮”，通过产品组合、APP、营养师和可穿戴设备（智能秤和智能手环）打造线上体重管理平台。模式类似诺特的体重管理业务。目前这个业务在其营收中占比较少，还处于发展初期。

上海全谷俪康健康咨询有限公司：其下属的体博士健康管理中心，以专利营养特膳干预为核心业务，主要为肥胖及消瘦人群提供瘦身和增重服务。

WeightWatchers（慧俪轻体）：全球性的健康减重咨询机构，创建于20世纪60年代的纽约。理念是通过智慧饮食和合理运动健康减重，不依靠外力、药物及器械。其也有获得专利的饮食棒点系统。

除这些公司直接与诺特竞争外，体重管理服务行业与传统减肥行业也有一定的替代关系。虽然，该行业的规模预计在2020年达到2000亿元，前景广阔，但是，从诺特被否的原因来看，该行业的经营重点应该放在合作规范性、产品有效性、广告真实性等因素的考量上。

4

雷区二：减肥第一股梦碎为何？

本次IPO被否，我们通过监管层的反馈意见来看，主要有四方面的原因，供大家思考：

一是与医疗机构的合作存在违规嫌疑。我们在上面的文章中就已提到，诺特的直营连锁模式不仅自主开发客户，还通过医院、体检中心等机构合作开发，其中不乏一些大型医院。

▼

期间	序号	客户名称		金额（万元）	占营业收入比例
2016年度	1	济南乐信商贸有限责任公司		282.70	2.26%
	2	爱康健康科技集团有限公司子公司合计		264.36	2.11%
		（1）	上海爱康国宾福康门诊部有限公司	76.69	0.61%
		（2）	上海爱康国宾人人门诊部有限公司	32.63	0.26%
		（3）	上海爱康国宾外之滩门诊部有限公司	33.68	0.27%
		（4）	上海爱康国宾一品门诊部有限公司	47.43	0.38%
		（5）	上海国宾医疗中心有限公司	37.79	0.30%
		（6）	上海望族国宾医疗中心有限公司	36.15	0.29%
	3	深圳市人民医院		144.12	1.15%
	4	深圳市峰腾餐饮管理有限公司		100.70	0.80%
	5	国药控股浙江有限公司		92.71	0.74%
	合计			884.59	7.06%
2015年度	1	爱康健康科技集团有限公司子公司合计		223.14	2.06%
		（1）	上海爱康国宾福康门诊部有限公司	86.18	0.80%
		（2）	上海爱康国宾人人门诊部有限公司	32.74	0.30%
		（3）	上海爱康国宾外之滩门诊部有限公司	14.68	0.14%
		（4）	上海爱康国宾一品门诊部有限公司	40.15	0.37%
		（5）	上海国宾医疗中心有限公司	35.38	0.33%
		（6）	上海望族国宾医疗中心有限公司	14.01	0.13%
	2	济南乐信商贸有限责任公司		175.42	1.62%
	3	四川省人民医院科技开发中心		134.29	1.24%
	4	南京军区南京总医院		104.36	0.97%
	5	昆明医科大学第一附属医院		79.89	0.74%
	合计			717.09	6.63%

续表

期间	序号	客户名称	金额（万元）	占营业收入比例
2014年度	1	北京娇莉芙国际贸易有限公司	176.76	2.01%
	2	南京军区南京总医院	148.01	1.68%
	3	厦门174医院超市	137.79	1.57%
	4	上海美丽田园实业有限公司	128.95	1.47%
	5	中国人民解放军南京军区杭州疗养院直属院	117.58	1.34%
	合计		709.10	8.06%

而监管层则对与医疗机构合作的合法合规性和利益分配方式产生怀疑，照这样看来，不仅诺特IPO被否，上述医院都有点危险。

▼

1. 根据招股说明书披露，发行人与医疗机构渠道合作的业务模式中，由医疗机构相关科室专业人员和发行人营养顾问共同对患者进行健康宣教、提供减重咨询。根据相关合同，发行人的人员与医院健康检查中心及相关科室的人员配合，在就诊人员中筛选目标客户，开展相关项目或干预服务。（1）根据申请文件，公司医疗机构客户的营养科室、药房或附属机构等向发行人采购营养干预食品（含体重管理服务）后提供给终端消费者。发行人向医疗相关机构客户销售体重管理服务套餐的情况下，相关服务由发行人自行开展，发行人给予医疗相关机构销售折扣或结算服务费用。部分合同规定发行人可以使用医院的名称、字号，确保医院每月最低销售收益分成和医院检测费分成等。请发行人代表说明上述安排是否符合《关于印发加强医疗卫生行风建设“九不准”的通知》等相关规定。（2）申请文件中，发行人一方面披露医疗机构相关科室专业人员和发行人营养顾问共同对患者进行健康宣教、提供减重咨询，另一方面又说明不存在占用医疗相关机构的场所提供产品、实施服务的情形。请发行人代表说明上述披露是否存在冲突，是否与合同约定一致；发行人是否在招股说明书中完整披露与医院的合作模式；发行人营养顾问在医疗机构提供服务是否违反有关规定，在前述共同宣教过程中，患者如何对营养顾问和医疗机构的专业人员进行识别。

2. 发行人称其主营业务“体重管理服务不属于医疗行为或医疗活动”。申报材料显示发行人通过医疗机构对客户（患者）进行“健康教育和引导”的方式获取业务，同时给予医疗机构一定的销售折扣，甚至由“医院向个人客户收款，扣除折扣后将剩余款项付给发行人”；发行人安排员工在医疗机构进行业务推广。请保荐代表人说明：（1）发行人在医疗机构进行以盈利为目的的非医疗活动是否合法；（2）医疗机构从事以盈利为目的的非医疗活动是否合法；（3）发行人与医疗机构的业务合作协议是否因违法而无效。

> 3. 根据发行人与部分医疗机构签订的合作协议，约定发行人对个别合作医疗机构有保底的收益分成承诺，请发行人代表说明报告期内，有保底承诺的合作机构家数、涉及的承诺金额、对保底承诺的核算方式。请保荐代表人发表核查意见。①

二是对于收款方式合规性的怀疑。诺特在招股书中提及，收款方式中因为 ATM 不支持对公、节省跨行手续费等，部分业务要求客户汇款到个人银行账户。

▼

在现有银行结算体系下，个人客户银行转账付款的主要方式如下：

类型	优缺点
柜台转账	可直接转入对公账户，跨行转账需支付手续费，营业时间以外无法转账，转款地附近必须有银行营业网点
ATM 机转账	基本不支持对公账户，早期不支持跨行转账，现阶段也只有部分经改造的 ATM 机支持跨行转账，跨行转账需支付手续费，但可 24 小时全天候转账，不受营业时间限制
网银转账、手机转账	支持对公账户转账，无营业时间限制，跨行转账需支付手续费，但操作者需具备一定的互联网相关知识

基于以下原因，报告期内公司存在通过个人银行卡收款的情形：

（1）公司部分个人客户因未开通或不熟练网银、手机转账业务，或付款地附近无开卡银行营业网点，或需在营业网点关闭时间付款等原因，有通过 ATM 机转账付款的需求，但鉴于 ATM 机不支持对公账户转账，公司只能指定个人银行卡收款。这样既可方便客户，提升客户满意度，又能保证款项实时到账，较好地控制回款风险。

（2）由于跨行转账需支付手续费，部分客户的转账银行和公司银行不同，因此要求汇款到公司指定个人银行卡。

（3）根据淘宝网店注册规则，淘宝店铺以个人身份注册，收款账户只能为注册人本人的银行卡账户。

而且诺特还解释此举既可方便客户，提升客户满意度，又能保证款项实时到账，较好地控制回款风险；同时诺特解释其做好了内控措施：

---

① 参见中国证监会网站《浙江诺特健康科技股份有限公司创业板首次公开发行股票申请文件反馈意见》，载 http：//www. csrc. gov. cn/pub/newsite/fxjgb/scgkfxfkyj/201704/t20170405_ 314696. html，2018 年 4 月 15 日最后访问。

▼

④淘宝网店以外个人银行卡代收营业款的规范情况

淘宝网店以外个人银行卡代收营业款的操作规程如下：

A、个人银行卡账户情况

公司曾指定通过郭金梅（公司财务主管）个人银行卡收取除淘宝网店以外的营业款。郭金梅的个人账户包括建设银行、工商银行、农业银行、杭州银行四个银行账户。

B、个人银行卡账户内控操作规程

a. 资金归集流程

淘宝网店以外的营业款归集流程：公司为郭金梅上述个人银行卡账户开通了资金自动归集功能。每日，郭金梅建设银行、工商银行、农业银行三个账户的资金将自动归集至杭州银行账户，再由杭州银行账户统一自动归集至公司在杭州银行的对公账户，由于建设银行、工商银行、农业银行每日有5000元的自动转账限额，公司出纳定期将多余资金转入公司对公账户，郭金梅不参与任何操作。

b. 内控操作规程

针对郭金梅上述个人银行卡账户，公司采取了严格的代收营业款内控操作规程，实行银行卡、网银U盾、密码的分离保管，银行卡的余额及时划入公司银行账户，由财务部门负责核对和登记，并通过银行监管保障资金的结算安全。

同时，公司和郭金梅（包括吴向明）签订了关于个人银行卡的《协议》，就其账户的使用权以及账户内资金的所有权作出了约定，主要条款如下：

账户内的所有资金均属于诺特所有，郭金梅（包括吴向明）放弃所有权利；诺特无须因借用账户而向郭金梅（包括吴向明）支付任何的费用；诺特应妥善保管个人银行账户，不得将该银行账户交给任何第三方保管或使用；因使用账户而产生任何与第三方纠纷或争议且对郭金梅（包括吴向明）造成任何损失的，诺特应全额赔偿；郭金梅（包括吴向明）应将银行账户交给诺特保管，并将该银行账户的所有信息提供给诺特；诺特有需要时，郭金梅（包括吴向明）应配合诺特办理银行相关事宜；协议有效期间，郭金梅（包括吴向明）不得私自对账户进行任何的挂失、冻结或影响账户正常使用的其他行为。

2016年7月29日，公司已将郭金梅用于代收公司款项的银行卡全部注销。至此，公司不存在通过个人银行卡收款的现象。并且，公司于2016年12月开通了支付宝、微信等第三方支付渠道，极大地提高了客户付款的便利性，也将在一定程度上减少现金收款的比例。

但是监管层并不认同，而且对收款数据中 POS 机收款不一致且现金收款不降反升也提出了质疑。

▼

4. 发行人报告期 2014～2016 年度收入主要采用现金、POS 机刷卡、银行转账和个人卡收款模式，其中报告期个人卡收款金额分别为 663.14 万元、596.08 万元、55.71 万元，个人卡持有人吴向明、许丽萍、郭金梅均为发行人董事和高管。发行人报告期内存在“POS 机刷卡”中销售最终客户与实际付款人不一致的情形。请发行人代表：（1）进一步说明报告期现金收款业务不降反升的原因；（2）说明 2016 年度及 2017 年第一季度各种收款的比例及“POS 机刷卡”中销售最终客户与实际付款人不一致的金额。请保荐代表人对发行人现金、POS 机刷卡和个人卡收款业务的内部控制制度是否有效运行发表核查意见。①

在这里提醒要 IPO 的公司，不管多麻烦，能用对公账户就用对公账户！

三是对于进口大豆分离蛋白和国产大豆分离蛋白的领用量分别对应的蛋白粉的产量不一致的质疑，其含义是：有没有以次充好，诺特在进口蛋白粉里添加国产蛋白真是工艺需要吗？还是偷工减料？

▼

5. 请发行人代表说明：报告期内国产和进口大豆分离蛋白生产的套餐销量与各年度国产和进口大豆分离蛋白采购量、领用量相对比例存在差异的原因及合理性；2016 年度进口大豆分离蛋白生产套餐的销量占比较高，但当年国产大豆分离蛋白的领用量占比高于进口大豆分离蛋白的原因。发行人仅仅是出于工艺生产的需要添加了部分国产大豆分离蛋白粉的理由是否充分。②

四是诺特提供的减肥方案主要是营养顾问提供的，但是营养顾问离职率太高，自然会让监管层对这些“营养顾问”的专业性和服务质量产生怀疑。

---

① 参见中国证监会网站《浙江诺特健康科技股份有限公司创业板首次公开发行股票申请文件反馈意见》，载 http://www.csrc.gov.cn/pub/newsite/fxjgb/scgkfxfkyj/201704/t20170405_314696.html，2018 年 4 月 15 日最后访问。

② 参见中国证监会网站《浙江诺特健康科技股份有限公司创业板首次公开发行股票申请文件反馈意见》，载 http://www.csrc.gov.cn/pub/newsite/fxjgb/scgkfxfkyj/201704/t20170405_314696.html，2018 年 4 月 15 日最后访问。

▼

> 6. 根据招股说明书披露，发行人的服务能力主要取决于合格营养顾问的人数，而报告期内发行人营养顾问的离职率居高不下。报告期内离职人数占到当年加权平均营养顾问人数的一半以上。请发行人代表说明："合格营养顾问"的标准，发行人报告期内合格营养顾问的人数及变化情况；离职率高的情况下发行人如何保证营养顾问的服务质量，报告期内营养顾问的高离职率是否对发行人生产经营稳定性构成影响。①

本次上市的诺特属于健康产业的一员，因为体重管理行业的公司较少，所以我们找到了健康产业的另一员——保健品并购案的估值来进行对比：

▼

宣布时间	收购方	标的公司	P/E	EV/EBITDA
2016. 08. 24	澳优乳业股份有限公司（SEHK：1717）	Nutrition Care Pharmaceuticals Pty Ltd	–	33. 1
2016. 08. 04	上实医药科技集团有限公司	Vitaco Holdings Limited（ASX：VIT）	–	15. 7
2016. 02. 01	Balchem Corp.（Nasdag GS：BCPC）	Albion Laboratories. Inc.	–	10. 7
2016. 01. 15	个人投资	圣元国际公司（Nasdag GS：SYUT）	7. 6	9. 5
2015. 10. 23	个人投资	自然美生物科技有限公司（SEHK：157）	13. 4	6. 4
2015. 09. 17	合生元国际控股有限公司	Swisse Wellness Pty Ltd.	20. 2	13. 2
2015. 04. 17	个人投资者	御药堂集团控股有限公司（SEHK：932）	32. 7	21. 2
2015. 02. 02	Alliance Pharmaceuticals Ltd	Macuvision Europe Ltd.	–	12. 8
均值			18. 5	15. 3

（资料来源：长江证券）

---

① 参见中国证监会网站《浙江诺特健康科技股份有限公司创业板首次公开发行股票申请文件反馈意见》，载 http：//www. csrc. gov. cn/pub/newsite/fxjgb/scgkfxfkyj/201704/t20170405_ 314696. html，2018 年 4 月 15 日最后访问。

最后，给大家科普一个小知识——BMI（即身体质量指数体重指数），是世界卫生组织判断超重和肥胖的标准。以【体重】除以【身高的平方】，结果在 25.0 ~ 29.9 为超重，大于或等于 30 为肥胖，小伙伴们赶紧算一算自己有多胖了。

本案写作参考材料如下，特此鸣谢：

[1]《新中基（000972）——收购绿瘦健康、涉足体重管理》，申万宏源，2016 年 1 月 26 日。

采购过程不合规+销售费用过高

四、普元信息[①]

①本文关于普元信息的数据来源于《普元信息技术股份有限公司首次公开发行股票并在创业板上市招股说明书（申报稿）》，详见中国证监会网站。

普元信息排了一年队，终于上会了，没想到，还是被监管层否了！这家做软件服务的公司，综合毛利率连续下滑，5家子公司仅1家盈利，而且采购、增资、销售都有疑点。

从监管层的反馈来看，普元信息主要倒在三大问题上：运营规范有疑点、信息披露不全、财务数据存疑。

采购问题，一直是监管层关注的焦点。本案，采购方存在关联嫌疑、采购额过高、采购价格偏低、采购原因不明，这些普元信息都说不清。作为一家软件企业，销售收入费用偏高，销售中的内控制度不披露，这又被监管层询问有没有商业贿赂问题。

一连串问题摆出来，就算有云计算、大数据这些光环，想成功过会也是难上加难。

关键是，本次普元信息被否，还让我们看到了以前宝兰德和圣华曦黯然的身影。宝兰德也是一家软件公司，因技术服务问题被否；圣华曦是一家医药公司，因销售费用问题被否。三家公司对比起来分析，更能分析清楚监管层的关注焦点。

1

节能管理怎么操作?

普元信息（以下简称普元）主要为客户提供 SOA（一种 IT 系统）、大数据、云计算三个系列的标准软件平台，通过这些平台，客户可以方便快速地对应用、网站、数据进行管理。

除此之外，普元还提供后续升级维护服务。后续升级维护服务，就是标准软件产品的有偿售后。

解决方案服务，是为客户提供软件定制化的开发和技术服务，这是普元的主要业务。所以，普元的收入主要来自“解决方案的服务费”。这个服务费很丰厚。IT 行业很多领域都是采用这类结算模式，可以当作知识点吸收。

它的服务费结算方式很有意思，分为项目计价和人月定量计价两种。

1. 项目计价模式下，普元在项目验收后一次性收取服务费。

2. 人月定量模式下，普元按照给客户提供多少名服务人员、服务了几个月（天）来计算工作量，根据工作量按月或按季度收取服务费。

2

IT 企业的采购、销售模式怎么操作?

除以上知识点外，采购和销售的知识点也可以掌握一下，因为这也是监管层关注的焦点。所有 IPO 企业在解释这两点方面时，都不能马虎。

所以，我们再来了解一下普元的采购和销售是怎么操作的。采购模式：普元的采购，主要是技术服务采购。简单来说，有时接到项目后活太多，人手不够，所以会找外面一些单位委派技术人员来承接不重要的活，这个采购就是技术服务采购。

销售模式：对于政府、事业单位、电信企业、金融企业这样的大中型单位，普元一般通过招投标方式获得项目。对于软件开发商和系统集成商，普元主要通过商业谈判直接销售。这类客户先购买普元的软件，再次开发或集成后再卖给最终用户。

采购和销售，这两大环节中出现的问题成了普元被否的主要原因。

3

雷区一：藕断丝连，这样的采购合规吗？

监管层提出的前两个质疑，都是关于普元的采购：

▼

1. 发行人报告期内主营业务成本中对外采购技术服务占比分别为41.19%、48.76%、50.91%，占比较高；
2. 报告期有8家主要技术服务提供商的主要股东或高管曾在发行人处任职，发行人的上述前员工大部分目前仍直接或间接持有发行人的股份；
3. 请说明持续、大量对外采购技术服务及持续、大量从前员工创办或任高管的公司采购技术服务的必要性、合理性；
4. 结合从前员工任职的公司采购单价低于平均价格的情况，说明定价公允的依据是否充分。①

这一连串的问题问得好尖锐，我们来总结一下疑点到底在哪：

（1）普无的前员工离职后自己开公司，为什么要向他们采购服务，而且是大批量采购？

① 参见中国证监会网站《普元信息技术股份有限公司创业板首次公开发行股票申请文件反馈意见》，载http：//www.csrc.gov.cn/pub/newsite/fxjgb/scgkfxfkyj/201705/t20170515_316697.html，2018年4月15日最后访问。

（2）就算采购不是问题，但是采购价格还偏低，这又是怎么回事？

分析这些问题之前，先看监管层是怎么发现这个问题的。

在上面，咱们提到普元的收入主要来自服务费。但是，在主营业务成本中技术服务采购成本高达 1434 万元、2522 万元、4526 万元，占比为 31.83%、41.19%、48.76%。一个为别人提供服务的公司，自己采购别人的服务竟然都接近成本的一半。这个占比，也挺高的了。

同时，普元购买服务的对象中，包括自己前员工开的公司。这一点，普元在招股书中说，供应商的股东当中没有人持有普元 5% 以上的股份。即便如此，这些采购仍可能涉及关联交易、不规范运行以及价格是否公允，普元对此都未作解释。

4

雷区二：采购模式不搞清楚，别想 IPO！

监管层的第二个质疑仍然是针对普元的采购，但是重点不同了。

▼

> 招股说明书对于发行人采购内容的披露仅限于技术服务采购；此外，申报材料显示，“发行人采用的人月计价技术服务采购模式中，相关技术服务提供人员由发行人直接安排工作，其工作形式、工作时间、工作地点、工作内容等事项由发行人决定”，且发行人的主要技术服务提供商中有多家系发行人前员工作为主要股东创立的企业。
>
> 请保荐代表人说明：
>
> （1）招股说明书关于采购的披露是否准确、完整；
>
> （2）前述人月计价技术服务采购与劳务派遣用工的区别；
>
> （3）相对于直接雇用员工，发行人对外采购技术服务是否具有成本优势。①

监管层提问的重点是：技术采购与劳务派遣有什么不同，是不是成本更低，如

① 参见中国证监会网站《普元信息技术股份有限公司创业板首次公开发行股票申请文件反馈意见》，载 http://www.csrc.gov.cn/pub/newsite/fxjgb/scgkfxfkyj/201705/t20170515_316697.html，2018 年 4 月 15 日最后访问。

果不是，为什么不直接雇人？

先来看技术采购和劳务派遣的区别。在前面的部分咱们提到过，普元的解决方案服务中，有一种“人月定量计价”，这种模式根据人员的数量和工作时长来计算该付多少钱。如果普元也采用这种模式采购技术服务，那么也是按照用工数量、用工时间来支付费用，不过，这和劳务派遣有什么不同呢？

我们先来看一下劳务派遣是什么意思。这个定义中有三个角色：劳务派遣机构（A）、劳动者（B）、用工单位（C）。A 先与 B 签订劳动合同，B 到 C 那里工作，C 最后把钱给 A，由 A 来发工资。

在普元的技术服务采购模式中，它要以自己的用工人数来和客户计费，同时它又要向外部采购服务，那么这种模式是否会和劳务派遣模式相混淆？这其中合同是怎么签订的？

虽然我们知道两种模式其实不太一样，但是，监管层对用工模式还是蛮关心的。普元一定要向监管层要解释详细、解释清楚。

5

雷区三：销售费用这么高，这样正常吗？

普元作为一个软件企业，销售费用却高得离谱，以至于监管层又怀疑了：

▼

> 2014 年至 2016 年发行人销售费用分别为 6235.64 万元、7054.53 万元、9760.50 万元，占营业收入的比重分别为 34.57%、28.50%、30.95%，远高于所列举的同行业可比上市公司的平均水平。请说明费用支付及管理的内部控制制度及执行情况，如何控制销售费用报销的内容合法合规，是否存在商业贿赂。①

① 参见中国证监会网站《普元信息技术股份有限公司创业板首次公开发行股票申请文件反馈意见》，载 http://www.csrc.gov.cn/pub/newsite/fxjgb/scgkfxfkyj/201705/t20170515_316697.html，2018 年 4 月 15 日最后访问。

监管层的疑问，体现在三个方面：

一是销售费用比同行业上市公司比重还高，怎么回事？

二是销售费用的报销内容是否存在商业贿赂嫌疑？

这两个疑问都源于普元畸高的销售费用，我们先来看一下销售费用到底都有哪些。普元表示，包括员工薪酬、交通差旅、办公费、广告费、会务咨询费等，占比最大的是销售人员的薪酬，超过 50%。不过，如果以 2015 年为例，除此之外，交通差旅、办公费、广告费、会务咨询费、技术服务费加起来也不少，占比达到 38%。

▼

单位：万元

项目	2015 年	2014 年	2013 年
工资及社保	4, 158. 52	3, 610. 33	2, 072. 93
交通差旅及办公费	1, 236. 33	1, 346. 10	882. 69
广告、会务咨询费	878. 82	511. 57	302. 11
技术服务费	585. 29	550. 81	427. 59
房租水电费	178. 97	200. 10	143. 02
折旧及摊销	16. 60	16. 74	7. 88
合计	7, 054. 53	6, 235. 64	3, 836. 21

咱们上面也提到，普元主要是参与招投标或是直接谈判拿到项目的，这些销售费用越来越多，都是怎么回事？

普元对这些高额的销售费用解释为：业务扩大，销售人员增多，所以发的工资变多了。同时，下游客户又多，广告打的多了。另外，跟客户签订合同前，要给客户测试、方案认证，所以技术服务费多了。

这些都还好理解，也比较好控制。但是参加推广会议的会务咨询费、办公费这些都是什么内容呢？还得好好解释。如果解释不清，这就回到上面的问题了：如果这些费用的内容不符合规定，那怎么给报销？怎么管理这部分费用？甚至，要是内控措施不健全，甚至可能滋生商业贿赂（其他企业因为这个被枪毙过）。

我们之前研究过的圣华曦和本案有些相似。都是销售费用高、都举办推广会议、都有很多模棱两可的销售费用科目。

所以，报IPO的公司只要销售费用过高，如果自己没有主动证明“清白”，监管层就不会客气了。看来，监管层对商业贿赂和销售合规的关注，已经不仅仅局限于医药、化妆品这类本来就有“潜规则”的行业了，其他行业只要“触犯天条”，就要被否。

除采购和销售外，监管层还对普元的股权转让和员工增资的问题非常“关心”。

▼

> 请发行人代表说明2015年5月实际控制人刘亚东向其他员工转让股权及员工增资的价格是否公允，相关股份支付的会计处理是否符合会计准则的规定。①

从这里我们可以看出，监管层主要从两个角度关注了这个问题：

第一，价格是否公允？

第二，会计处理是否合规？

关于第一个问题，普元在招股书中也提到，2015年的股权转让和员工增资，价格都是按照2014年经审计的每股净资产3元确定的。

▼

2015年5月4日，公司股东刘亚东与袁义、王葱权、王克强、甄强、司建伟、杨玉宝等6名自然人签署《股份转让协议》，将其持有的420万股分别予以转让。这6名受让股份的自然人均为公司现有股东并为公司高级管理人员及核心人员。经股份公司股东大会决议，聂拥军、焦烈焱、周立、杨卫东等公司27名核心员工以货币资金方式对公司进行增资。该27名新增入股的股东均为公司高级管理人员或核心人员，其中11名为原有股东，16名为新增自然人股东。本次增资完成后，公司注册资本从6000万元增加至6678万元 。本次股权转让及增资价格均按照2014年经审计的每股净资产3元确定。

① 参见中国证监会网站《普元信息技术股份有限公司创业板首次公开发行股票申请文件反馈意见》，载http：//www.csrc.gov.cn/pub/newsite/fxjgb/scgkfxfkyj/201705/t20170515 316697.html，2018年4月15日最后访问。

但是这种定价方式的理由及会计处理，我们还没发现相关信息。

看来，公司历史增资情况以及定价是否公允的依据，也是监管层关注的重点。

本案写作参考材料如下，特此鸣谢：

[1]《普元 IPO：综合毛利率连续下滑 5 家子公司仅 1 家盈利》，中国网，2017 年 5 月 16 日。

股权代持 + 贷款受托支付 + 经销商真实性

五、京博农化[1]

①文中关于京博农化的数据来源于《京博农化科技股份有限公司首次公开发行股票招股说明书（申报稿）》，详见中国证监会网站。

▼

2017 年 6 月 1 日，山东京博创业板上市申请被否。

这个做农药的公司，年营收 7.5 亿元、净利润超 5000 万元，曾参与多种产品的国标制定，获得过山东省科技进步奖，产品远销南美、东南亚、非洲，还偶尔能沾个三农的光，然而还是无奈止步 A 股。

本次 IPO，京博农化的独立性、经销商的真实性、收购前后的股权代持问题，成为了三座大山。采用委托支付方式贷款、经销商大幅变动的核查不足、股权代持问题不清，问题虽不多，但个个都颇具代表性。

虽然京博农化自己也披露了部分问题，但并没有进一步解释，这也给后来的企业提了个醒：遇到这些问题可不能回避！

股权代持要注意哪些？贷款方式要注意哪些？经销商模式要注意哪些？这几个问题，值得所有有类似问题的公司思考。

1

京博农化的前世今生

京博农化是个做农药的公司。它成立于 2011 年 5 月，由马韵升等 68 位自然人共同设立，前身是山东京博。

这个山东京博曾经有过多次股权转让，也有股份代持、国有产权变动未评估、出资不实等“历史问题”。所以大股东们决定再成立个京博农化，把山东京博农药相关的经营资产装进来，用京博农化来上市。

▼

自 1996 年 10 月成立以来，山东京博一直从事农药研发、生产和销售业务。从设立至注销（2012 年 12 月），山东京博存续期内发生的股权转让次数较多，历史上股权变化涉及的当事人多且时间间隔较长，由于各种历史遗留原因难以对历次股权变动进行核实，同时山东京博历史上存在过股份代持、国有产权变动未评估和出资不实等问题。因此，通过新设主体（即发行人）收购山东京博农药相关的经营性资产来承继农药业务。

除了山东京博，京博农化为了保持资产的完整性、独立性，并减少关联交易，又从京博控股（大股东马韵升控股的另一家公司）收购了部分生产所需的土地、房屋、包装设备、存货等。

这些资产整合完成后，京博农化成为了一个相对独立的公司（之所以说“相对”，是因为它的独立性后来在监管层的反馈中也被质疑）。它的控股股东、实控人是马韵升。

▼

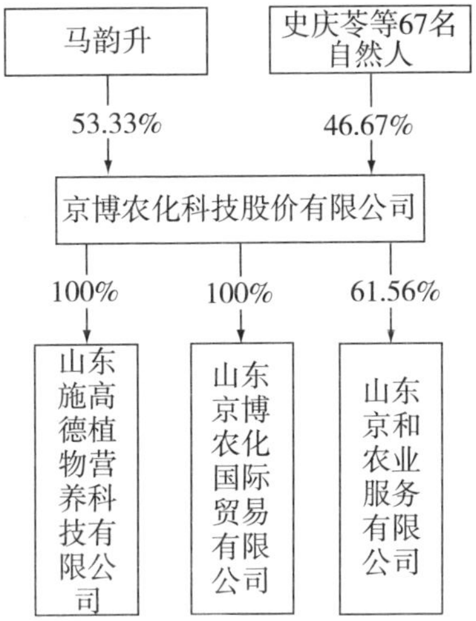

值得注意的是，京博控股和实控人马韵升也有“历史问题”。在监管层的官方通报中，我们看到京博控股操作国通管业的股票时，曾因信息披露问题被监管层作出行政处罚。

▼

近日，中国证监会通报了山东京博控股发展有限公司（以下简称京博控股）违法违规案，京博控股及其时任法定代表人、董事长马韵升被处罚。

2007年7月，京博控股动用约2.7亿元资金，利用自己和17个关联企业以及1个自然人的证券账户，持续买入国通管业流通股股票，至2007年12月18日，最高持股比例达到30.31%。为取得国通管业的控股权，2008年1月，京博控股试图通过场外方式收购国通管业11.89%的非流通股。此收购计划失败后，同年11月，京博控股再次启动场外收购，又动用约3.1亿元资金以高于流通股市价的价格收购了国通管业23.32%的非流通股份。这期间，京博控股陆续减持了流通股股票，整个收购京博控股共计投入资金约5.8亿元。

在整个收购过程中，京博控股控制的19个证券账户持有国通管业流通股股票分别于2007年7月24日、8月3日、8月10日、8月27日、9月24日、12月13日达到国通管业总股本的5%、10%、15%、20%、25%、30%。但京博控股均未按照《中华人民共和国证券法》的规定，履行报告义务、信息披露义务和要约收购义务。

2007 年 12 月 18 日，京博控股持有国通管业流通股比例达到 30.31%，证监会展开稽查后，19 个证券账户开始陆续减持，至 2009 年 4 月 9 日，其持股比例降低至 16.12%。在减持期间，京博控股又多次触犯《中华人民共和国证券法》规定的持股比例每减少 5% 需履行报告和公告的义务，但仍没有向证监会、交易所书面报告并予以公告。

与此同时，京博控股还两次虚假披露持股信息误导投资者。2008 年 7 月 11 日，京博控股披露其前一交易日持股比例达国通管业已发行股份的 5%，持股数量为 5,251,343 股，而其当日实际持股比例高达 23.92%，实际持股数量高达 25,120,262 股；2008 年 9 月 25 日，京博控股披露其前一交易日持股比例为 10.03%，持股数量为 10,536,361 股，而其当日实际持股比例高达 26.48%，实际持股数量高达 27,812,654 股（这也许是本次监管层如此关注股份代持问题的导火索之一）。

不过，京博农化仍然带着这些“历史遗留问题”开始了上市之路。

2

股权代持是什么?

本次京博农化被否，与它的前身——山东京博的股权代持问题有很大关系。在分析具体原因之前，我们再来简单解释一下什么是股权代持，它可能引起哪些问题?

股权代持又叫委托持股、隐名出资，是指实际出资人（隐名股东）与他人（名义股东）约定，用他人名义替实际出资人持有股权，履行义务。股权代持在实际操作中可以分为两种：

一是以他人名义投资。名义股东就办个手续，挂个名，之后的事（参与管理、领取股利分红等）都由隐名股东亲自完成，其他股东也知道这个隐名股东是谁，同意他这样操作。

二是委托他人投资。名义股东参与管理、行使权利，但是他和隐名股东背地里有协议，没有自己的独立意志，只是个“傀儡”，其他股东也不知道这是个“假股东”。如果这个协议没有侵害其他人的利益，它就是有效的，即最高人民法院认可委托代持的存在。

这样看来，股权代持也不是非法的事，但是它也并不完全合法，存在着以下几个风险：

1. 股权代持协议的法律效力被否定；

2. 名义股东恶意侵害隐名股东权益；

3. 隐名股东难以确立股东身份、无法向公司主张权益；

4. 显名股东的债权人针对显名股东股权强制执行。

而本次京博农化恰恰无法证明如何防范这些风险，被监管层狠狠质疑了一番。

3

雷区一：为什么抓住股权问题?

本次监管层发出的第一个质疑就是关于收购山东京博时的股权代持问题：

▼

> 根据申请文件，发行人主要经营资产来源于山东京博，而山东京博历史上存在股权代持超过 200 人。请发行人代表说明：发行人前身收购山东京博相关经营性资产和业务时，发行人和山东京博的股权结构是否有重大差异，山东京博有无不同意上述资产转让的中小股东，其利益如何保证，是否存在争议和潜在争议，发行人目前的股权结构是否存在代持安排。①

从本次反馈看，监管层主要对京博农化收购山东京博这事提出了三个问题：

1. 收购山东京博时，与山东京博的股权结构是否有重大差异？

① 参见中国证监会网站《京博农化科技股份有限公司创业板首次公开发行股票申请文件反馈意见》，载 http：//www. csrc. gov. cn/pub/newsite/fxjgb/scgkfxfkyj/201612/t20161227_ 308493. html，2018 年 4 月 15 日最后访问。

2. 收购山东京博的时候，其中小股东都同意吗，有没有争议？又是怎么保障他们中小股东利益的呢？

3. 现在，京博农化的股权结构有没有代持情况？

在具体看这三个问题前，我们先来看看山东京博被收购时是怎么安排的。首先，2011 年 7 月 6 日，山东京博召开股东会，同意转让农药相关资产。之后，2011 年 7 月 14 日，京博农化召开临时股东大会，统一收购山东京博的上述资产。

▼

（2）履行的法定程序

① 2011 年 7 月 6 日，山东京博召开股东会，作出决议同意转让农药相关的经营性资产。

② 2011 年 7 月 8 日，山东京博就资产转让事宜在《滨州日报》上发布《债权债务转移公告》，编制债权人清单，发送《债务转移通知》。

③ 2011 年 7 月 14 日，京博农化召开 2011 年临时股东大会，作出决议同意收购山东京博农药相关的经营性资产。

④ 2011 年 8 月 1 日，京博农化与山东京博签订《资产转让协议》。

这一来一去，收购就完成了，但是这里面的股权和利益安排、有哪些股东参与等，京博农化都没有披露。而且我们也在“看点一”里看到，京博农化的股东只有 68 位自然人，那之前披露的股权代持的人都到哪去了？这 68 人中还有没有代持的情况？这些，京博农化都未说清。所以，监管层问的这三个“小问题”的答案，也就无从得知了。

既然京博农化主动披露“前身”有代持问题，那不如就彻底解释清楚，可惜京博农化并没有这么做。

通过这个事情，我们知道了，股权代持是监管层关注的一个重点，一旦碰上这个问题，一定要把历史问题彻底剖析清楚，不留死角。

4

雷区二：为什么要采用受托支付?

监管层还没搞清京博农化的股权代持问题，又看到它的关联方资金往来中也存在疑点：

▼

> 自2013年1月1日以来，银行向发行人发放贷款后，按借款合同约定受托将款项支付给京博控股、甘肃诺客达等关联企业，上述企业在收到银行付款后及时将该款项转至发行人银行账户。请发行人代表从借款利率、贷款抵押、担保条件等进一步说明采用受托支付方式的必要性、相关整改及落实情况。请保荐代表人就上述事项是否违规及对发行人独立性的影响发表核查意见。①

这次又是贷款上出现问题了，我们可以看出话里有话：

（1）为什么要采用受托支付方式？是利息更低？还是抵押担保需要？

（2）这样做影响公司的独立性吗？现在还这么操作吗？

在看这两个问题前，我们先来看看受托支付是什么。

受托支付，就是公司有业务资金需要后向银行借款，银行一看公司提供的贷款用途、支付对象、商务合同等材料没问题，就把钱转给公司的支付对象。虽然这个钱是经过公司账户转的，但是公司并无权使用，这样既可以减小公司挪用资金的风险，又能避免资金闲置支付过多利息。这是实贷实付原则的体现。

不过，京博农化可不是这么做的。根据它自己的披露，从2013年以来，京博农化贷到款后，银行把钱转给了京博控股、甘肃诺客达等企业，这些企业再把钱转回来。

---

① 参见中国证监会网站《京博农化科技股份有限公司创业板首次公开发行股票申请文件反馈意见》，载 http://www.csrc.gov.cn/pub/newsite/fxjgb/scgkfxfkyj/201612/t20161227_308493.html，2018年4月15日最后访问。

▼

自 2013 年 1 月 1 日以来，银行向发行人发放贷款后，按借款合同约定受托将款项支付给京博控股、甘肃诺客达等关联企业，上述企业在收到银行付款后及时将该款项转至发行人银行账户。上述贷款情况如下：

单位：万元

关联方名称	2015 年 1 ~ 7 月	2014 年	2013 年
京博控股	15,500.00	20,500.00	18,000.00
甘肃诺客达	–	–	3,000.00
合计	15,500.00	20,500.00	21,000.00
大连博易石油化工有限公司	–	4,000.00	–
湖北丰杯生物科技有限公司	2,000.00	–	–
合计	2,000.00	4,000.00	–

这么做是不是利息、担保抵押条件更低？为什么要这样做？京博农化并没有解释。

而且，这么做合不合规暂时不说，监管层直接问了独立性。这就好像你去银行贷款，银行同意了，但是把钱转给了你哥哥，再让你哥哥给你。在外人看来，这个家里你说话没分量啊！哪天哥哥不开心了，你又要依赖谁？

不过，现在京博农化还是不是这样，它也没解释。

5

雷区三：又是经销商，这次问题出在哪？

之前我们分析过的案例中，经销商问题是个“常客”，这次京博农化也碰上了。

▼

根据申请文件，发行人一般在全国各地开发和扶持经销商，经销商大多为个体工商户。2014 年度，经销商减少了 1000 个左右。

1. 2014 年度经销商客户真实性核查比例大大低于前后年度，请保荐代表人解释原因，并说明该核查比例是否足够；

> 2. 请保荐代表人说明：对广东盛世国丰农业发展有限公司承接发行人在广东省（除湛江、茂名及阳江行政区域）694家小规模经销商的核查情况。①

这个问题是监管层在申请文件中发现的，主要是对保代的核查产生了怀疑：

（1）保代为什么在2014年突然减少对经销商真实性的核查？

（2）盛世国丰承接小经销商的情况核查了吗？

这两个问题实际是问经销商的真实性。

我们先来看一组数据。2013～2015年，京博农化经销模式收入为2.19亿元、2.32亿元、2.65亿元，占主营收入比重为29.18%、29.12%、35.35%。

▼

单位：万元

项目	2016年1～6月		2015年		2014年		2013年	
	金额		比例		金额		比例	
国内销售	38,202.37	74.85%	58,540.65	78.01%	53,614.21	67.16%	54,640.48	72.65%
直销模式	18,692.24	36.62%	25,046.79	33.38%	24,372.40	30.53%	26,815.03	35.65%
经销模式	17,060.22	33.43%	26,527.64	35.35%	23,246.63	29.12%	21,950.16	29.18%
通过贸易商间接出口	2,449.91	4.80%	7,007.59	9.34%	5,887.02	7.37%	5,758.26	7.66%
国外销售（自营出口）	12,837.11	25.15%	16,457.59	21.93%	26,321.23	32.97%	20,692.26	27.51%
合计	51,039.48	100.00%	75,039.61	100.00%	79,827.29	100.00%	75,215.70	100.00%

但是，京博农化的申请文件显示，2014年的经销商数量减少了1000个，但是其经销收入还是增长的。这就有点蹊跷了，要知道就算2015年年底京博农化的经销商才1200多个，2014年直接减少了1000个，真没造成什么影响吗？

▼

（3）具备较强的市场营销能力

公司通过技术营销、服务营销，大力拓展重点客户和重点区域，对营销人员进

① 参见中国证监会网站《京博农化科技股份有限公司创业板首次公开发行股票申请文件反馈意见》，载 http：//www.csrc.gov.cn/pub/newsite/fxjgb/scgkfxfkyj/201612/t20161227_308493.html，2018年4月15日最后访问。

行全方位要素考核，提高营销人员的积极性，目前公司拥有一支 300 人左右的敢打敢拼、服务周到、口碑良好的营销队伍。经过多年发展，公司已拥有遍布全国主要地区的 1200 多个经销商，初步建立起了覆盖全国重点区域的营销网络，能进一步促进公司产品销售。公司长期坚持产品品牌战略，依靠稳定的产品质量、良好的药效以及周到的营销服务，公司产品在广大经销商和用户心中拥有较高的认知度和品牌美誉度，有利于促进公司制剂产品的推广和销售。

此外，盛世丰国也在 2014 年 1 月取得了京博农化农药制剂的独家经销权，这个真实性也需要核查。

▼

（二）产品分销协议

2014 年 1 月，京博农化与广东盛世国丰农业发展有限公司签订《产品分销协议》，约定由广东盛世国丰农业发展有限公司在广东省（除茂名、湛江、阳江地区）独家经销京博农化生产的农药制剂，首期独家经销期限为 2014 年 1 月 1 日至 2020 年 12 月 31 日。

然而，保代偏偏对这一年的经销商降低核查比例，也没有说明对盛世丰国的核查情况，监管层对此也产生了怀疑。

在经销商问题上，真实性与合规性一直是重中之重。尤其是这种农药产品，批发商、零售商多如牛毛，如何管理他们、如何确认这些渠道的真实性，成了一个重要问题。

股权代持在很多企业都存在，但是这个问题在 IPO 时应该更加注意。我们查询了相关资料，发现监管层对拟上市企业的股权代持问题，主要是关注以下几点：

（1）拟上市公司存在代持的原因，是否存在违反或规避当时有关法律、法规和规范性文件的情形；

（2）证明代持关系是否真实存在的相关协议或证明文件；

（3）代持双方是否存在与其他第三方之间的争议，是否会造成公司股权及控制权的不稳定；

（4）在解除持股过程中的纳税问题，如零对价转让公司股权是否存在税收缴纳风险；

（5）代持关系的解除是否存在纠纷或潜在纠纷，如果存在工会持股、职工持股会的情况，工会、职工持股会的设立和解除代持过程中是否存在纠纷或潜在纠纷。

明白了这几点，存在股权代持的拟上市公司就可以有针对性地披露、解释这些问题了。

本案写作参考材料如下，特此鸣谢：

［1］国浩律师事务所：《以律师视角透视公司 IPO 筹备中的委托持股、模拟持股、员工集资问题的认定和解决》，2014 年 7 月 15 日。

［2］《股权代持的法律风险及其防范措施》，载《投资与合作》，2014 年 10 月 13 日。

控股权代持 + 大股东出资来源有问题 + 会计处理不合规

六、百合医疗①

①本文关于百合医疗的数据来源于《广东百合医疗科技股份有限公司首次公开发行股票并在创业板上市招股说明书（申报稿2016年4月28日）》，详见中国证监会网站。

▼

2017 年 1 月 13 日，百合医疗 IPO 被否，成为又一家止步 A 股的医疗类的公司。

这家公司，曾因“总资产仅为 2.5 亿元却募资超过 5 亿元”，让自己处于风口浪尖。而且，这家公司的股东名单里有家基金叫“和谐成长基金”。这家基金，曾是“妖股王”暴风科技的股东，靠暴风科技套现 10 亿元，而它的背后，正是 IDG。

没想到啊，这次“操刀”百合医疗，却摔了个跟头。

总结其被否原因，主要是规范性和财务数据存疑。例如，大股东将控股权委托表哥代持、出资来源的真实性存疑、长期待摊费用也出现异常……几个问题一出现，搞得百合医疗 IPO 流产了。

本次百合医疗被否，也给大家提了个醒：股权代持、出资来源这些问题，自己不主动披露，又或者解释不清的话，被否的概率会很大。

1

雷区一：控股权都搞代持?

股权代持问题我们没少见，但是控股权代持，就有点意思了，搞得监管层也很疑惑：

▼

> 1. 请发行人代表说明：发行人 1999 年设立时，黄凯表兄马立勋代黄凯持有发行人控股权的具体原因及其合理性；黄凯是否存在当时不适合担任发行人股东的情形；（优塾注：百合医疗存在实际控制人的股权代持情况）
>
> 黄凯自发行人设立至 2010 年期间长期未在发行人处任职且未参与发行人业务经营，而认定黄凯为发行人实际控制人的合理性。①

看完监管层的反馈意见，我们发现几大问题：

1. 黄凯是谁？马立勋又是谁？

2. 黄凯为什么让大表哥代持股份呢？黄凯到底有没有能力做股东？

3. 黄凯都那么久不在百合医疗任职了，还能做实际控制人吗？

在具体看这三个问题之前，我们先来看一下百合医疗是做什么的。百合医疗是做一次性使用医用耗材的，主要产品集中在静脉输液耗材、血液净化耗材、护创敷料耗材三大领域。

① 参见中国证监会网站《广东百合医疗科技股份有限公司创业板首次公开发行股票申请文件反馈意见》，载 http：//www. csrc. gov. cn/pub/newsite/fxjgb/scgkfxfkyj/201606/t20160617_ 298980. html，2018 年 4 月 15 日最后访问。

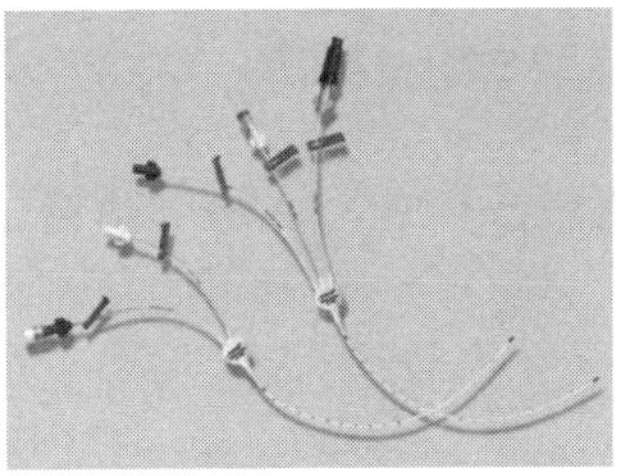

中心静脉导管

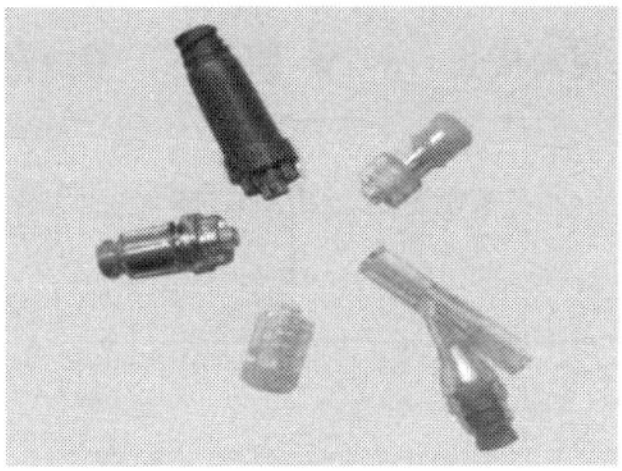

输液接头

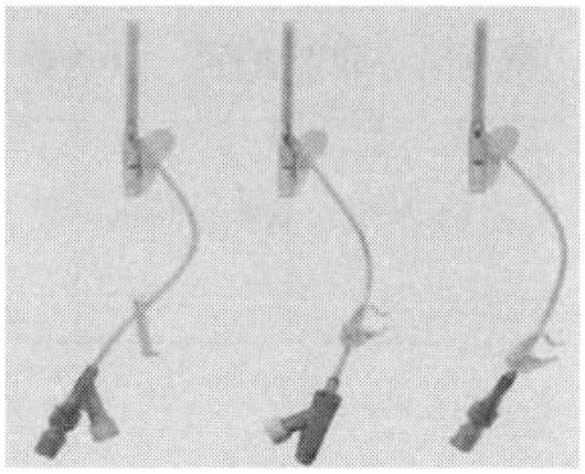

留置针

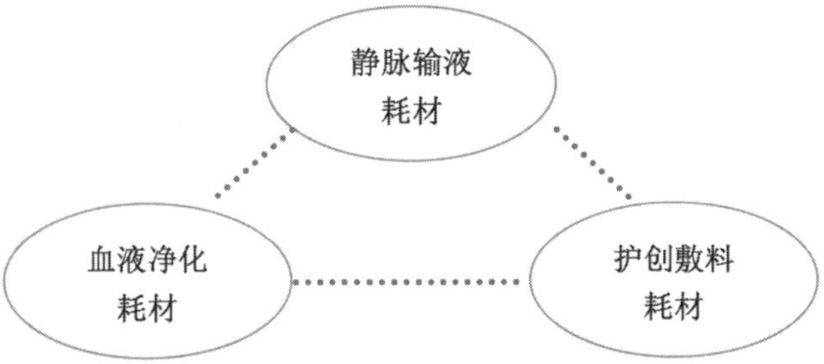

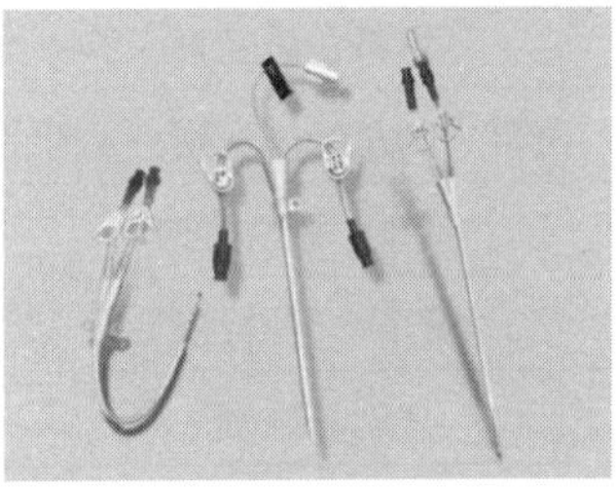

血液透析导管

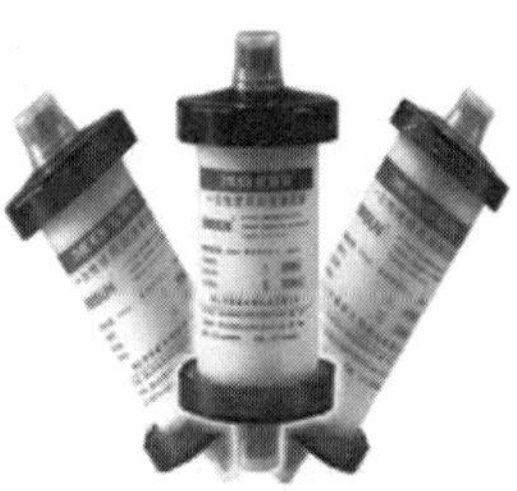

血液灌流器

海藻酸盐伤口敷料

它的前身是成立于1999年的百合有限。2013年，百合有限的全体9位股东，作为发起人，成立了百合医疗。

那黄凯是谁？马立勋又是谁？跟这有什么关系？黄凯是百合医疗的控股股东、实际控制人，持股比例为55.11%，百合医疗的董事、总经理。马立勋与黄凯是表兄弟，是百合医疗的董事、常务副总经理，持股比例为1.8%。

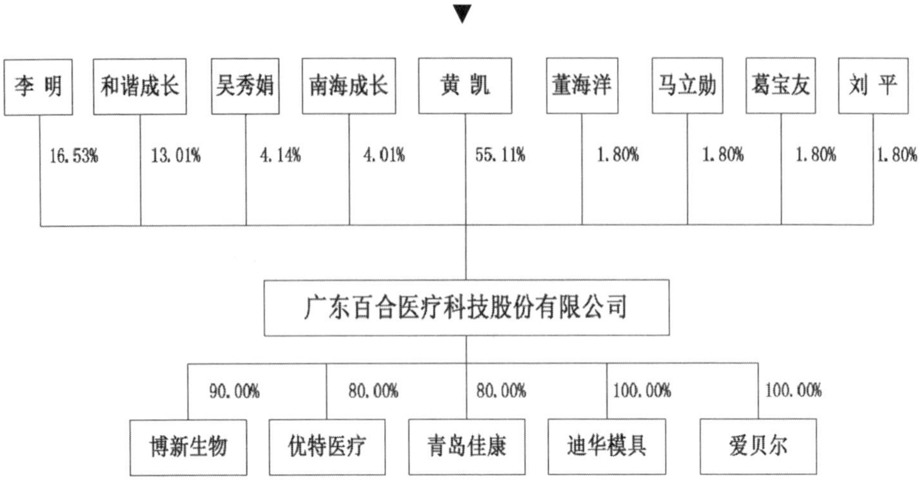

序号	股东名称	持股数量（万股）	持股比例（%）	在公司任职情况
1	黄　凯	4,959.52	55.11	董事长
2	李　明	1,487.86	16.53	董事、总经理
3	吴秀娟	372.26	4.14	董事、副总经理、财务总监
4	董海洋	162.31	1.80	董事、副总经理
5	马立勋	162.31	1.80	董事、副总经理
6	葛宝友	162.31	1.80	副总经理
7	刘　平	162.31	1.80	–

从百合医疗披露的信息中我们可以看出，黄凯持有控股权，是百合医疗的老大。

但是，监管层却在反馈意见中提问黄凯：你的公司成立时，怎么是你代表哥持有控股股份？你难道不是实控人吗？监管层还问：根据我们掌握的消息，公司成立后，你多年不在公司上班，你真的对公司了解吗？你真的履行了实控人该履行的职责吗？

这些问题，百合医疗并没有在招股书中有任何提及，所以到底是怎么回事，我们也不得而知。

不过，如果你发散思维，应该能想象出，这背后藏着一个很有意思的秘密。原本按照招股说明书披露的信息，黄凯是控制人，是本案中绝对的主角，而马立勋则是配角，仅持有百合医疗1.8%的股份。

而监管层不知从哪里得来的消息，挖掘出幕后惊天秘密：其实主角的表哥，马立勋才应该是真正的主角。

这背后的信息虽然披露得不全，但按照现在掌握的蛛丝马迹，这背后的故事，绝对是很精彩的。

整个招股说明书，并未披露代持的细节，而在这种情况下，监管层却掌握了代持的种种细节，并抓住这一点细问。请朋友们开动脑筋仔细思考下，这背后的关键信息是从哪里得来的？会是谁提供的关键信息？

2

雷区二：实控人出资来源合法吗？

控股权代持还没搞清楚，监管层又盯上了大股东的资金来源：

▼

> 2. 请发行人代表说明：
>
> 黄凯向发行人的累积出资（包括历次出资、增资及股权受让）的资金，以及向发行人提供借款的资金（以下简称上述资金）的具体来源，是否合法合规。反馈意见显示，黄凯上述资金大部分来自华晨经贸、益安贸易、宏路贸易三企业。
>
> 3. 请发行人代表说明：
>
> 三企业 2013～2015 年实现的营业收入及净利润很低，而此前累计实现的营业收入及利润总额很高的具体原因及其合理性、真实性；华晨经贸、益安贸易的盈利水平较好而停止营业准备注销的具体原因及其合理性、真实性；宏路贸易的收入水平及盈利水平大幅下滑的具体原因及其合理性、真实性；请发行人代表结合上述情况，说明黄凯上述资金大部分来自三企业的真实合法性。①

---

① 参见中国证监会网站《广东百合医疗科技股份有限公司创业板首次公开发行股票申请文件反馈意见》，载 http://www.csrc.gov.cn/pub/newsite/fxjgb/scgkfxfkyj/201606/t20160617_298980.html，2018 年 4 月 15 日最后访问。

可见监管层的反馈意见主要集中在以下几大问题上：

1. 黄凯出资所用的钱是从哪来的，合法合规吗？

2. 三家公司营业收入变动幅度那么大，为什么？

3. 盈利能力那么好的公司，怎么突然注销了？

4. 还有一家公司营业收入突然下滑，又是为什么？

关于黄凯出资的这个钱，我们只能从反馈意见得知，黄凯的资金来源于华晨经贸、益安贸易、宏路贸易三家公司。黄凯分别持有益安贸易、宏路物业 45%、50% 的股权。益安贸易、宏路物业分别持有华晨经贸 50% 的股权。

▼

7	益安贸易	本公司控股股东、实际控制人黄凯持有 45% 的股权，该公司目前正在办理注销手续
8	宏路物业	本公司控股股东、实际控制人黄凯持有 50% 的股权，该公司目前正在办理注销手续
9	神甲养殖	本公司控股股东、实际控制人黄凯持有 90% 的股权，其母亲戴伟健持有 10% 的股权并担任该公司经理，黄凯担任执行董事
10	环湖市场	本公司控股股东、实际控制人黄凯持有 25% 的股权，并担任该公司执行董事、经理
11	天彩塑料	本公司控股股东、实际控制人黄凯和佛山市华晨经贸有限公司分别持有其 85%、15% 的股权，黄凯担任该公司执行董事、经理
12	翎博新材料	天彩塑料持有其 50% 的股权，并由本公司控股股东、实际控制人黄凯担任该公司董事长
13	华晨经贸	益安贸易、宏路物业分别持有其 50% 的股权，并由本公司控股股东、实际控制人黄凯担任该公司总经理、副董事长，该公司目前正在办理注销手续

而黄凯如何通过这三家公司获得资金，我们也不得而知，但是，从百合医疗的披露来看，这三家公司都显示为正在注销。这就比较蹊跷了，因为从监管层的反馈意见看，这三家公司有两家都盈利很好，为什么要注销？而另外一家公司营收和利润大幅下滑，原因也难解释。

要知道，百合医疗的注册资本是 9000 万元，黄凯作为大股东，他大部分的资金都是从这三家公司获得的，那么之前这三家公司的盈利能力应该非常不错。而近几年的盈利能力却大幅下滑，甚至注销。

这些问题，并没有披露，整个事情的逻辑也很让人疑惑不解。

从这个问题我们可以看出，历史问题也不能轻视，监管层的心思是缜密的，想不披露，或者披露不清楚，都是不行的。

3

雷区三：厂房改造、车间装修的会计处理合规吗？

除上述股权代持、出资来源等问题外，百合医疗的财务数据中也出现疑点，表现在长期待摊费用越来越高。

▼

> 4. 发行人报告期内长期待摊费用截至2016年6月30日为3,363.32万元，其中各类厂房改造支出、车间装修费等合计1,786.29万元。请发行人代表进一步说明：
> （1）该等支出的性质；
> （2）摊销年限及其确定依据；
> （3）归集和列报是否符合《企业会计准则》的规定。
> 请保荐代表人发表核查意见。①

监管层提出的第三个问题，是在百合医疗的财务数据上——长期待摊费用有疑点：

（1）这两项费用到底属于什么科目？

（2）百合医疗是怎么确定摊销年限的，有什么理由？

（3）这些支出的归集、列报合规吗？

在具体看这些问题前，咱们先简单了解一下长期待摊费用是什么。长期待摊费用，是指企业已经发生，应由本期和以后各期负担的分摊期限在一年以上的各项费用。照这样看，企业如果发生长期待摊费用，需要在以后各期进行摊销，也就是

---

① 参见中国证监会网站《广东百合医疗科技股份有限公司创业板首次公开发行股票申请文件反馈意见》，载 http://www.csrc.gov.cn/pub/newsite/fxjgb/scgkfxfkyj/201606/t20160617_298980.html，2018年4月15日最后访问。

说，如果没有新的待摊支出，这个数额是越来越少的。

不过，百合医疗的长期待摊费用却一直很高，而且越来越多。2013 ~ 2015 年，百合医疗的长期待摊费用为 1649 万元、3038 万元、3155 万元，占非流动资产比例为 11.8%、18.5%、17.53%。

▼

单位：万元

项目	2015 年年末		2014 年年末		2013 年年末	
	金额	比例	金额	比例	金额	比例
固定资产	11,876.20	65.98%	11,462.36	69.79%	10,622.23	75.98%
在建工程	1,355.82	7.53%	301.37	1.83%	291.03	2.08%
无形资产	715.88	3.98%	735.83	4.48%	755.77	5.41%
长期待摊费用	3,155.77	17.53%	3,038.95	18.50%	1,649.16	11.80%
递延所得税资产	236.20	1.31%	452.92	2.76%	529.28	3.79%
其他非流动资产	658.66	3.66%	433.42	2.64%	132.04	0.94%
合计	17,998.53	100.00%	16,424.84	100.00%	13,979.52	100.00%

这个长期待摊费用不仅没有减少，反倒逐年增加，尤其是 2014 年，比上一年翻了一番，到底是什么原因？百合医疗对此解释为：这个长期待摊费用，主要是厂房改造支出、模具和挡土墙围墙项目。

▼

单位：万元

项目	金额	比例
厂区改造工程	1,772.88	56.18%
模具	1,382.89	43.82%
合计	3,155.77	100.00%

不过，这也说不过去吧，怎么年年改造厂房，还没事搞模具？这些钱都是怎么摊销的？怎么还越来越多？

我们在百合医疗的披露中看到，它仅对摊销方法和摊销年限的确定原则简单介绍了一下。

▼

1. 摊销方法

长期待摊费用在受益期内平均摊销。

2. 摊销年限

预付经营租入固定资产的租金，按租赁合同规定的期限平均摊销。

经营租赁方式租入的固定资产改良支出，按剩余租赁期与租赁资产尚可使用年限两者中较短的期限平均摊销。

但是，对这3000多万元的长期待摊费用，如何摊销、摊销几年、每年摊销多少，并没有进行说明，这些支出为什么要计入长期待摊费用，也没有详细说明。

至此，监管层所提出的问题，百合医疗都没有说清，这个财务疑点，也自然成了被否的原因之一。

此外，我们从招股说明书中也可以看到，2016年报送的招股说明书，行业数据竟然全都是2012年之前的，这么“漫不经心”，也难怪被否。

本案写作参考材料如下，特此鸣谢：

[1]《百合医疗IPO：招股书编制粗糙拿“陈旧”数据说事儿》，载《21世纪经济报道》，2016年8月11日。

[2] 苏慧：《百合医疗递交IPO申请获IDG青睐》，载《投资时报》，2016年10月28日。

大股东拆借资金 + 与大客户关联交易嫌疑

七、双环电子[1]

①本文关于双环电子的数据来源于《蚌埠市双环电子集团股份有限公司首次公开发行股票并在创业板上市招股说明书（申报稿 2017 年 5 月 5 日）》，详见中国证监会网站。

▼

2017年5月18日，双环电子厉害了，大股东拿公司资金还债、买车、供女儿留学……

昨天，这家公司刚刚被否！新鲜出炉的被否原因，总结来看，体现了监管层对公司实控人的资金拆借、内控制度是否有效，以及是否存在关联交易的关注。

这家公司的大股东也着实“坦诚”，在对监管层的反馈意见中，表示了拆借公司资金的用途是私用，还了自己的借款、出了女儿的留学费用、还去买了车，顺便还了欠亲戚的钱。一个实控人做成这样的境界，也是颇令人感叹的。

这是IPO被否几大原因中典型的“规范运作”问题。

这个案例，在很大程度上反映出了公司内控制度有效性的缺失、管理存在缺陷、经营不够规范，等等。话说，作为“一家之主”，实控人应当做出表率，起到好的示范作用才是。

这家公司踩到了哪些红线？监管层又间接为我们传达了哪些实控人关注的点呢？咱们一起往下看。

1

雷区一：关联方拆借资金，怎么回事？

从本次监管层的否决意见看，否决原因集中在实控人对双环电子的资金拆借上。

▼

> 根据申报材料，报告期内发行人与顺达电子资金拆借持续发生，主要用于控股股东及其他少数股东、无关联第三方的个人需求。
>
> 2013 年 5 月后，控股股东李福喜从顺达电子拆借的来源于发行人的资金约 700 万元（含通过穆海滨拆借的 300 万元），主要用于偿还其个人的部分银行借款约 550 万元、女儿留学款（后期）约 100 万元、个人购买车辆款及所欠亲戚款项约 50 万元。
>
> 李福喜作为最后一名还款人于 2015 年 12 月 4 日将资金归还顺达电子，顺达电子于 2016 年 2 月末清理资金占用完毕，于 3 月末结清资金占用费。借款人刘原平至今尚有 350 万元未偿还给顺达电子（发行人管理团队持股）。
>
> （1）请说明李福喜还款的资金来源及证据；
>
> （2）请说明顺达电子在李福喜还款后三个月后归还资金的原因；
>
> （3）请说明发行人拆借资金时是否履行了合法的内部程序；
>
> （4）发行人的章程及其他相关制度规定："公司与关联人发生的金额在 3000 万元以上，且占公司最近一期经审计净资产绝对值 5% 以上的关联交易由股东大会批准""300 万元以上，3000 万元以下且占公司最近一期经审计净资产绝对值 2% 以上的关联交易由董事会批准"，低于前述标准的关联交易"由公司经营班子批准"。
>
> 请保荐代表人结合发行人的经营业绩、资金规模说明前述制度是否足以防止控股股东等关联方占用发行人资金，并就发行人内控制度的有效性发表核查意见。①

双环电子怎么玩资金拆借？要搞清楚这个问题，我们先来看看双环电子的股权结构，梳理一下其关联方有哪些。

---

① 参见中国证监会网站《蚌埠市双环电子集团股份有限公司创业板首次公开发行股票申请文件反馈意见》，载 http://www.csrc.gov.cn/pub/newsite/fxjgb/scgkfxfkyj/201705/t20170508_316358.html，2018 年 4 月 15 日最后访问。

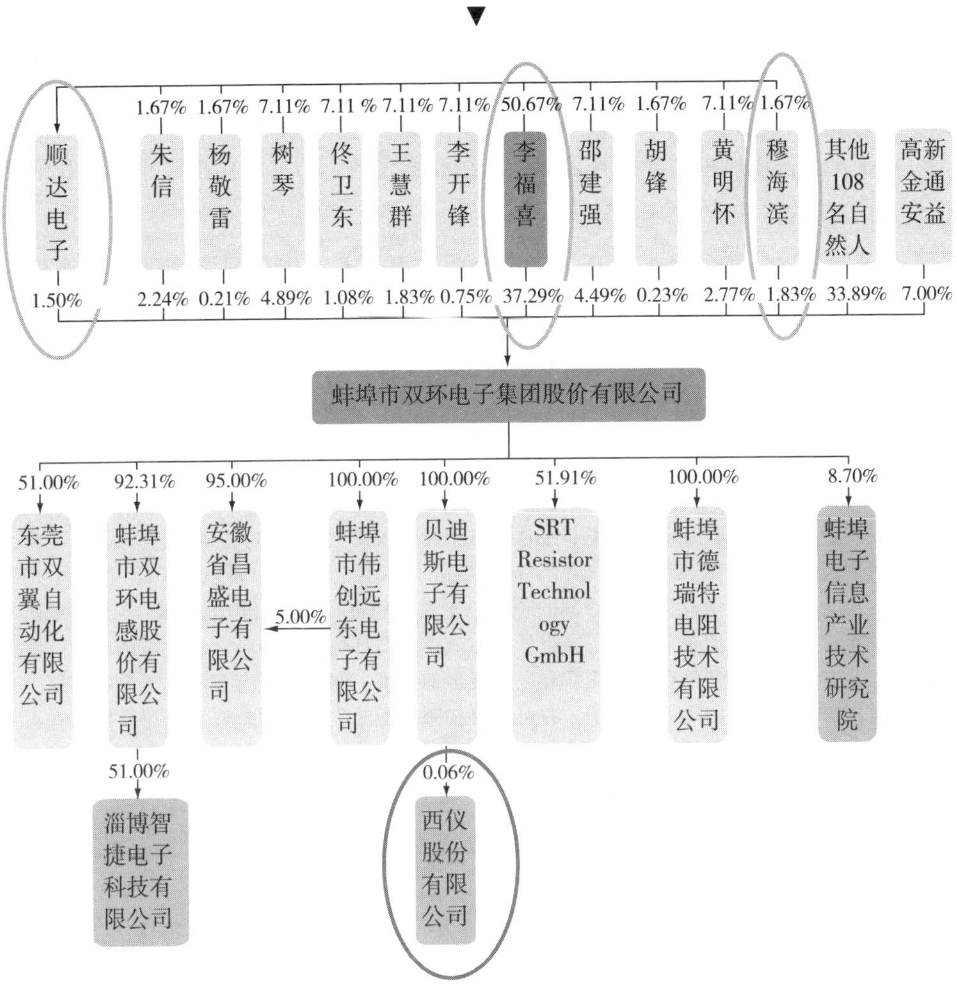

本文主角有三个：大股东李福喜，小股东 A 顺达电子，小股东 B 穆海滨。

三个主角，有非常显著的关联关系。三个人操盘的公司，就是本次拟 IPO 公司：双环电子。

2014 年，双环电子的“其他应收款”科目中，关联方往来资金高达 1365 万元，占整个其他应收款比例为 80.79%。2015 年，关联往来金额为 232 万元，占比 43.67%，到了 2016 年，关联方往来资金为 0。也就是说，在上报 IPO 之前三年，存在关联方往来资金，且逐年下降。

监管层很疑惑：有钱不好好投主业，给关联方干什么去了？对此，双环电子解释为，这笔关联方往来款项，是公司把钱借给了顺达电子，然后，实控人李福喜又向顺达电子借钱，用于偿还个人欠款、女儿留学款和个人买车（见监管层否决意见第一条）。

对于资金占用这事，李福喜表示，已经清偿完毕，还专门作出了承诺，我们转化成大白话就是：

就这么一次！我已经把钱还上了！今后我再也不占用公司资金了，如果再占用，就扣我的现金红利来偿还。我还会用个人所持公司的股份作为担保，不随意转让，除非是为了偿还占用资金所需要进行的股权转让之用。

▼

> 截至 2016 年 2 月末，发行人已清理上述资金拆借，并于 2016 年 3 月 25 日结清相应资金占用费，此后关联方未再发生非经营性占用发行人资金的情形。保荐机构认为，发行人报告期发生的偶发性关联交易履行了法定程序且未损害发行人利益。2016 年 4 月 10 日，公司实际控制人李福喜及其控制的顺达电子就避免资金占用出具了承诺："本人承诺本人及本人控制的其他企业未来不会以任何方式占用双环电子的资金。若此承诺出具后发生本人及本人控制的其他企业占用双环电子资金的情形，双环电子有权要求本人在限期内将所占用资金及利息归还双环电子，并可直接扣减分配给本人的现金红利，用以偿还本人及本人控制的其他企业所占用的资金；同时，本人持有的双环电子股份不得转让（但因偿还所占用资金需要转让股份的除外），直至本人及本人控制的其他企业将所占用资金偿还完毕。"

2

雷区二：拆借资金之后，如何偿还？

本以为钱还上了，还给了承诺，大家就能和和气气地上市。但是，监管层还是喜欢打破砂锅问到底：你这笔偿还的资金从哪里来？有什么证据可以证明？为什么你 2015 年 12 月已经还款给顺达电子，但顺达电子 2016 年 3 月末才结清资金占用费呢？你资金拆借的流程符合内控要求吗？

四个问题，这么一甩，我们就知道监管层还是很重视内控制度对于关联方往来的管理问题的。

首先，我们来看流程是否合规。我们查阅了双环电子的公司章程，公司章程规定：公司与关联人发生的金额在3000万元以上，且占公司最近一期经审计净资产绝对值5%以上的关联交易由股东大会批准”“300万元以上，3000万元以下且占公司最近一期经审计净资产绝对值2%以上的关联交易由董事会批准”；低于前述标准的关联交易“由公司经营班子批准”。那么，李福喜找顺达电子拆借了400万元，找穆海滨拆借了300万元，总共700万元。按照章程，需要通过董事会批准。

事实上，李福喜的拆借过程是否通过了董事会批准？或者说，即使通过了董事会的批准，那么如何保证内控制度是独立、公正、有效的呢？

至于资金来源、是否有证据、资金占用费是否延期结清，我们不得而知。

但是，无论通没通过董事会批准，反正，咱们的大股东是顺利拿到钱了。

3

雷区三：是否与大客户存在关联交易？

除了资金占用问题，监管层还怀疑双环电子与客户之间是否存在关联交易行为。

▼

> 发行人报告期内第一大客户惠州长瑞相关网站长期介绍自己为发行人子公司驻广东地区办事处。
>
> 请发行人代表说明对此事是否及何时知晓，是否默许惠州长瑞为子公司办事处，说明惠州长瑞与发行人第二大经销商惠州固信股东、实际控制人、员工、客户等之间的关系，惠州长瑞于2013年11月3日成立，快速成为发行人第一大客户的原因及合理性，惠州长瑞今年一季度回款较慢、惠州固信今年一季度没有回款的原因及合理性。请保荐代表人说明核查过程及结论。①

---

① 参见中国证监会网站《蚌埠市双环电子集团股份有限公司创业板首次公开发行股票申请文件反馈意见》，载 http：//www. csrc. gov. cn/pub/newsite/fxjgb/scgkfxfkyj/201705/t20170508_ 316358. html，2018年4月15日最后访问。

来感受下这个奇葩的关系。惠州长瑞于 2013 年 11 月 3 日成立，2016 年成为双环电子第一大客户，这客户的本事真是厉害。然后，我们从中国黄页查询惠州长瑞的相关工商信息后发现：惠州长瑞，自称安徽昌盛电子驻广东办事处。而这个昌盛电子就是双环电子全资子公司。如果这条属实，那么惠州长瑞就是双环电子的关联方啊。

如果发行人知道这事，那就涉嫌隐瞒关联交易；如果不知道，也得解释清楚里面的问题。

更重要的是，双环电子对于这个第一大客户的应收账款很多，2016 年年末，除军工单位外，惠州长瑞以 268 万元的应收账款高居榜首。双环电子对此解释为：对军工类客户延迟付款、对优质客户延长信用期限。或许，“优质客户”指的就是惠州长瑞吧。

与同行业相比，双环电子的应收账款周转率在 2.5 ~3.31 之间，明显低于行业平均水平，且周转率还在逐年下降。

▼

公司简称	2016 年度	2015 年度	2014 年度
风华高科	3.28	2.81	4.92
顺络电子	2.87	2.86	3.20
法拉电子	3.78	3.88	4.10
北方华创	2.74	1.52	1.77
平均值	3.17	2.77	3.50
本公司	2.59	2.65	3.31

注：数据来源于 wind 资讯及上市公司公告。

惠州长瑞，成立时间短、关联身份惹争议、又快速成为第一大客户，并且对双环电子回款慢等问题，让人实在难以信服。

就算双方是正常的业务关系，对于第一大客户自称是自己的办事处这事，没有及时发现纠正或者默许这种行为，都反映了双环电子内控上的疏忽。

除了上述两点之外，监管层还对双环电子的“过去”产生了兴趣。

▼

根据申报材料，在2013年以前，由于受机制、体制、资金、发行人治理及其带来的决策效率等因素之制约，发行人未能充分发挥技术水平、产品种类、产品品质、客户资源、管理团队等方面的优势，发展较为缓慢。发行人业务规模与行业地位、核心竞争力之间存在较大的差距。

请发行人代表详细说明发展较慢的原因，招股说明书披露的内容与申请文件“发行人业务规模与行业地位、核心竞争力之间存在较大的差距”的描述是否一致。请保荐代表人发表核查意见。

双环电子在申报材料中曾表示，在2013年以前，由于体制、资金、决策效率等，公司发展缓慢，所以业务规模、行业地位、核心竞争力都不足。但是又在招股说明书中表示，双环电子管理层经验丰富、团队稳定，产品在市场上有较强的竞争力。

▼

(5) 管理能力优势

公司实际经营管理由李福喜总经理和他的管理层团队负责。公司的管理层均在电阻器行业内工作多年，具有丰富的行业和管理经验。

公司从股份合作制时期就实行全员持股制度，公司管理层和核心技术人员均持有公司股份，保证了公司管理层团队和技术团队的稳定性，这对以技术为核心竞争力的公司至关重要。

公司的管理层对电阻器行业有深刻理解，重视技术开发和市场拓展，公司核心产品在市场上具有较强的竞争力。

前后两种说法不一致，这是为什么？从申报材料到招股说明书披露更新的这段时间，就刷新了对自己的认知了吗？

综上来看，无论是资金拆借，还是客户管理，抑或是申报材料的严谨性，多种问题汇集，暴露出双环电子内控不足、管理不规范的问题。

因此，拟上市的股东、管理层在本案的启示上，应该更注重经营过程中的合规性、内控的有效性。

国有股权转让不合规 + 向大股东出借合同贷款 + 多开票据融资

八、欧维姆[1]

①本文关于欧维姆的数据来源于《柳州欧维姆机械股份有限公司首次公开发行股票并在创业板上市招股说明书（申报稿）》，详见中国证监会网站。

▼

2017 年 1 月，一家做工程机械产品的公司——欧维姆，止步创业板。这个案例是今年的一个经典 IPO 被否案例。

这家公司，名字听起来很时尚，外行人肯定不知道，它其实是个不折不扣的国企。京沪高铁、三峡工程、FAST 望远镜，这些工程，它都有参与。但是，它还是因为规范性和主体资格的问题，无情地被监管层否决。

股权转让规范存疑、内控能力存疑、对于公司多开票据、过高的销售费用也有疑点，出了这些问题，即便是国资，咱们资本市场监管层也会“铁面无私”。

这些问题，也给所有国资、工程类公司提了个醒：在申报 IPO 过程中，要注意规范性和内控制度。

1

背景不凡的工科男

欧维姆，是做预应力产品的。

所谓预应力，简单来说，就是在一些工程（大桥、铁路等）上，加装特定的设备或零件，防止这些工程因为巨大外力而损坏。比如，斜拉索桥上的缆索，就是预应力产品的一种。

▼

铜陵长江大桥（斜拉索桥）

柳州双拥大桥（悬索桥）

南宁大桥（拱桥）

上海南浦大桥（斜拉索桥）

西陵长江大桥（悬索桥）

钦江双线特大桥（拱桥）

再举些例子，港珠澳大桥、京沪高铁、三峡工程、FAST 望远镜、东方明珠等著名工程，都有欧维姆产品的影子。这些工程，可不是一般人能做的，可见，这个搞工程的肯定非等闲之辈。

除因为自身的技术过硬外，它的背景也很亮眼，我们一起看一下这个厉害的公司有什么背景。欧维姆的前身是欧维姆有限公司，这个“前身”成立于 2002 年 10 月，是柳州工控（资产出资）与华强集团控股的景丰投资（现金出资）共同设立的。

▼

股东名称	出资额（万元）	出资比例
柳州工控	6,054.19	67.27%
景丰投资	2,945.81	32.73%
合计	9,000	100%

2003 年 12 月，欧维姆有限公司变更为欧维姆机械股份有限公司（今天的主角欧维姆），此时柳州工控已“退居二线”，大股东变为景丰投资。

▼

股东名称/姓名	持股数（万股）	持股比例
景丰投资	6,000	66.67%
柳州工控	1,640	18.22%
翁鸣	540	6.00%
同济桥梁	340	3.78%
陈谦	180	2.00%
王柳平	180	2.00%
东大现代	120	1.33%
合计	9,000	100%

截至欧维姆更新招股说明书时（2017 年 1 月 6 日），它的控股股东为柳工集团。

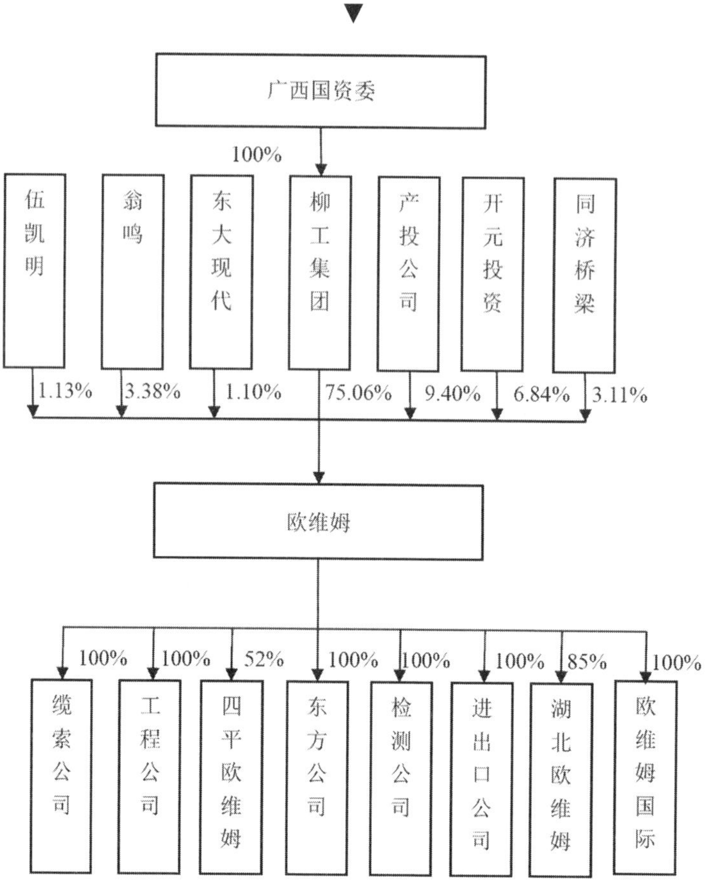

这当中发生了什么，欧维姆并未披露，不过，欧维姆背后的这些大佬们，却与本次欧维姆被否有莫大的关系。

2

雷区一：国有股权转让合规吗？

本次欧维姆被否，一个重要的原因就是股权转让出现疑点，监管层更是直接指明了这个问题。

▼

根据申请文件，2002 年 12 月，柳州市工业控股公司（国有）将发行人前身股权转让给景丰投资。2003 年 3 月，经景丰投资控股股东华强集团（本次转让时企业性质为国有）同意：景丰投资将所持欧维姆有限 540 万元出资以 84 万元的价格，转让给时任欧维姆有限董事长；将所持欧维姆有限 180 万元出资以 28 万元的价格转让给时任副董事长；将所持欧维姆有限 180 万元出资以 28 万元的价格转让给时任总经理。上述转让未经相关国有资产管理部门确认。2014 年，上述总经理配偶将上述受让的欧维姆合计 180 万股以 810 万元价格转让给柳工集团。请保荐代表人对上述转让的合规性、合理性发表明确结论性意见。①

从监管层的反馈意见中我们可以看出，监管层对欧维姆和前身——欧维姆有限公司的多次股权转让，提出了质疑。

由于招股说明书并未披露欧维姆有限公司成立后的股权转让情况，我们只能从监管层的表述中寻找这个问题的蛛丝马迹。

其中，柳州工控、华强集团为国有企业，景丰投资为华强集团控股的投资公司。

根据《中华人民共和国企业国有资产法》的规定，国家出资企业，包括国有独资企业、国有资本控股公司、国有资本参股公司。这些企业，想进行资产转让，会受到严格的限制。也就是说，如果上面三位要转让股权，需要经国有资产监督管理机构确认和批准。

不过，景丰投资将手中持有的欧维姆有限公司的股权，以不到出资额 1/6 的价格，分别转让给了欧维姆有限公司的董事长、副董事长、总经理。这些转让，并未得到国有资产管理部门的确认。

很显然，这么“廉价”的转让，是有不合规的嫌疑的。不过，欧维姆并没有在招股说明书里披露这些信息，也没有作出详细解释。

从这我们可以看出，涉及国有资产的股权转让，一定要注意合规性，不仅需要取得相关部门的批准，价格确定、价款支付、信息披露等，都是需要重点注意的问题。

---

① 参见中国证监会网站《柳州欧维姆机械股份有限公司创业板首次公开发行股票申请文件反馈意见》，载 http://www.csrc.gov.cn/pub/newsite/fxjgb/scgkfxfkyj/201701/t20170111_309287.html，2018 年 4 月 15 日最后访问。

3

雷区二：大股东为何用别人的合同贷款？

前股东的股权转让出了问题，现股东又在贷款问题上引来监管层的怀疑：

▼

> 柳工集团为了获取银行短期流动贷款，借用欧维姆及其下属子公司的采购、销售等业务合同，与银行签订贷款合同，向银行申请贷款。发行人报告期 2013～2015 年为柳工集团贷款的金额为 82000 万元、40000 万元、10000 万元。
>
> 请保荐代表人结合上述事项说明对发行人资金、账户、合同管理、贷款、关联交易、法律风险等相关事项的内控制度及执行情况的核查过程及结论。①

从监管层的质疑看，大股东柳工集团利用欧维姆贷款这事，出现了不小的疑点。这也导致监管层质疑欧维姆在资金、账户、合同管理等各个方面的内控能力。

对于这个问题，咱们把欧维姆的解释按大白话表述一下：欧维姆大股东柳工集团，那可是国资独资的大公司，有个日常资金流动需求很正常。但是吧，银行又要求严格，每次贷款都要采购合同、订单合同等，柳工集团偏偏又是投资管理公司，自己没有这些合同，感觉我的经营情况比较好，才拿了我的合同去贷款。不过，这笔钱都是柳工集团用的，本金和利息也都是柳工集团还的，之前也都没有预期情况。而且，自 2015 年 5 月以来，咱们就再也没这么做了。所以，之前出现过这个情况，对我的经营和独立性并不会产生影响。

这个解释说完了，监管层表示并不信服，毕竟，光是 2013 年，柳工集团就利用欧维姆拿到了 8.2 亿元的贷款。虽然之后在减少，但是欧维姆自己也披露：就算 IPO 成功，柳工集团仍持有 54.27% 的股份，难保柳工集团不会再利用控股股东地

① 参见中国证监会网站《柳州欧维姆机械股份有限公司创业板首次公开发行股票申请文件反馈意见》，载 http://www.csrc.gov.cn/pub/newsite/fxjgb/scgkfxfkyj/201701/t20170111_309287.html，2018 年 4 月 15 日最后访问。

位这么做。

这下监管层就更加担心了，质疑欧维姆在资金、合同管理、关联交易等一系列问题上的内控能力，这个问题，只能让欧维姆自己来证明了。

4 雷区三：票据融资有风险吗？

大股东的事还没处理好，欧维姆对控股子公司又玩出了新花样，招来监管层的质疑。

▼

> 发行申请文件还披露，报告期内，子公司缆索公司的缆索体系产品均通过母公司向外销售，母公司向缆索公司开具票据作为货款支付方式。发行人存在多开银行（商业）承兑汇票，而后通过银行贴现获得融资的情形，多开票据比例比较高。请发行人代表说明发行人母公司向缆索公司多开的票据是否具有真实交易背景。①

从上述表述看，监管层主要问了一个问题：你的子公司缆索公司产品都是通过你销售的，你给开票据，但是有时会多开拿去向银行融资，你这票据开得真实吗？

在分析这个问题前，我们不如先看看票据贴现是怎么操作的。票据贴现融资，就是指持有票据的人，把票据转让给银行，银行扣除票据到期前的利息后，直接把钱支付给“卖票”的人。等到票据到期了，银行再去“收债”。

这么做的好处，一是可以减少企业资金占用，二是融资难度远低于直接贷款，三是无须担保，四是利率较低。但是，好归好，也不能随便操作啊。

从监管层的反馈意见中我们可以看出，缆索公司通过欧维姆向外销售缆索体系产品，欧维姆则向缆索公司开具承兑汇票支付货款。这就涉及关联交易了，不过，

---

① 参见中国证监会网站《柳州欧维姆机械股份有限公司创业板首次公开发行股票申请文件反馈意见》，载 http：//www. csrc. gov. cn/pub/newsite/fxjgb/scgkfxfkyj/201701/t20170111_ 309287. html，2018 年 4 月 15 日最后访问。

监管层的重点不在这里，而是多开票据，然后利用这些票据再到银行贴现融资。具体怎么操作，我们就不得而知了。

不过，这多开的票据，对应的是什么产品？还是仅仅是多开？这才是关键。我们查询了相关的资料，发现如果存在虚开票据向银行融资的情况，会有以下风险：民事责任风险——票据一旦开具就有效力，不管有没有真实交易背景，持票人都有权要求付款；刑事风险——如果对银行造成重大损失，公安机关还会立案追诉。

这样看来，如果欧维姆这部分多开的票据没有真实交易背景，那以后不排除会出现重大风险的可能。况且，上面也说了，大股东都能拿着自己的合同贷到款，为什么欧维姆还要绕这么一圈，再冒险用票据融资呢？

此外，欧维姆除与大股东和子公司有不寻常的玩法外，在会计处理、销售费用上也出现了疑点。

▼

1. 报告期内，发行人在其他应收款中反映的备用金余额分别为 1,056.25 万元、3,383.49 万元、2,679.36 万元、3,603.80 万元，申报材料披露：期末备用金主要系工程公司及东方公司减隔震业务拓展过程中发生的员工借支、工程施工项目借款和业务费借款。请发行人代表说明：

（1）截至 2016 年年末，备用金主要借款人、在发行人处任职情况及其借款数额；

（2）发行人关于备用金借支、用途、审批、报销、归还的内部控制流程。

请保荐代表人说明对发行人备用金内部控制和核算情况的核查过程和核查结论。

2. 根据申请文件，发行人报告期内销售费用率大大高于同行业上市公司，其中业务费用占销售费用的比例在 27% ~38% 之间。

请发行人代表说明：

（1）向相关咨询类公司支付业务费的比例，报告期每年接受业务费的咨询类公司数量；

（2）柳州市浩荣劳务服务有限公司作为一家建筑劳务分包企业、柳州微风科技服务有限公司作为一家 2016 年新设的互联网咨询相关企业，发行人向其采购技术咨询服务的具体内容及合理性。

请保荐代表人说明对业务费真实性及合法合规性的核查过程及结论。①

① 参见中国证监会网站《柳州欧维姆机械股份有限公司创业板首次公开发行股票申请文件反馈意见》，载 http://www.csrc.gov.cn/pub/newsite/fxjgb/scgkfxfkyj/201701/t20170111_309287.html，2018 年 4 月 15 日最后访问。

逆天的备用金、高额的销售费用，关键是这钱花在谁身上了、他们够不够格花，欧维姆也都没给出令人信服的解释，这些问题并没有详细披露。其中的细节，我们只能等待它以后详细披露了。

最后，我们也祝愿欧维姆能早日说明这些问题，在下次的 IPO 之路上避免再踩到这些雷区。

项目未履行招投标+资质不足违规承接项目

九、巅峰智业[1]

①本文关于巅峰智业的数据来源于《北京巅峰智业旅游文化创意股份有限公司首次公开发行股票并在创业板上市招股说明书（申报稿2016年3月29日）》，详见中国证监会网站。

▼

巅峰智业，专做旅游规划设计的公司，2016 年 11 月，创业板 IPO 被否。这也是一个经典的被否案例。

这家公司，两亿多元的年营收几乎是该领域第二名到第九名的营收总和。该公司 15 周年庆典上，世界旅游组织荣誉秘书长、中国旅游研究院院长、港中旅、华侨城、新华联、同程、途家等公司高管均是座上客。

本次被否，多少有点出乎业界意料，而它被否的原因只有一个——规范性。项目未履行招投标程序、收入确认存在疑点、资质与承做项目不符，这些问题，个个都是死穴。

而且，作为行业内的翘楚，本次 IPO 被否，也折射出业内普遍存在的不少问题，还引出了一个值得讨论的话题——资质悖论。这些问题，不仅仅是在设计公司，在建筑公司、主题公园、园区运营等靠项目、靠资质、靠许可吃饭的企业，都是一个不可忽略的“灰色地带”。

本次巅峰智业被否，也给所有项目类公司提了个醒：招投标和资质问题，可真不是监管层说说就算了的。

1

巅峰智业是做什么的?

巅峰智业，核心业务是旅游规划设计。这个规划设计业务，分为两块——规划类业务和设计类业务。看到这，想必很多小伙伴不明白了：这不是一回事吗？怎么还要区分开呢？

其实，规划是设计的上游业务，规划业务指导是设计业务的开展，而设计是规划完成后的具体安排。简单来说，规划解决“做什么”，而设计解决“怎么做”。

所以，两者的产品也不同，前者主要是要出具偏宏观的规划方案、效果图等；后者则要出具偏细节的设计施工图、工程概算等。

巅峰智业以规划类业务为主，设计类业务为辅。此外，它还积极向下游延伸，为景区提供运营管理服务，想以此形成“规划—设计—运营”的全产业链服务能力。

▼

<table>
<tr><th colspan="2">业务分类</th><th>服务项目</th><th>服务内容</th></tr>
<tr><td rowspan="10">上游
旅游规划设计业务
中游</td><td rowspan="7">规划类业务</td><td rowspan="3">旅游发展规划</td><td>全国旅游发展规划</td></tr>
<tr><td>跨省域旅游发展规划</td></tr>
<tr><td>地方旅游发展规划</td></tr>
<tr><td rowspan="2">旅游区规划</td><td>传统旅游景区规划</td></tr>
<tr><td>旅游综合体规划</td></tr>
<tr><td rowspan="2">专项旅游规划</td><td>旅游资源保护与开发利用规划</td></tr>
<tr><td>其他专项旅游规划</td></tr>
<tr><td rowspan="3">设计类业务</td><td colspan="2">旅游景观设计</td></tr>
<tr><td colspan="2">旅游建筑设计</td></tr>
<tr><td colspan="2">旅游 VI 设计</td></tr>
<tr><td colspan="2">下游 景区运营管理业务</td><td colspan="2">受托派驻人员参与旅游景区的开发、经营和管理</td></tr>
</table>

总结一下，巅峰智业就是个搞景区设计的公司，向客户交付规划设计文件、提供设计服务，并根据服务进度分阶段收取服务费。同时，顺带帮着景区运营一下，收取管理费。这些服务，都是以项目为单位提供的。

巅峰智业一般通过招投标或直接接受委托的方式获取项目，而本次被否，恰恰是因为它踩了这个招投标的雷。

2

雷区一：招投标是怎么操作的？

招投标的雷，可不是只有巅峰智业踩过，很多公司在获取项目时都存在这种问题，我们先来看看招投标是怎么操作的。

招投标，分公开和邀请两种形式。公开招标又称竞争性招标，是指招标人发布招标公告（报刊、网络等），邀请不特定对象前来投标，再从中选择合适的合作方。邀请招标，也称有限竞争招标，招标人不发布公告，自行选择供应商、承包商，向他们发出邀请，再从中选择中标者。

不过，《中华人民共和国招标投标法》也规定了，如果采用邀请招标方式，必须向三个以上具备承担项目的能力、并且资信良好的特定对象发出投标邀请书。

那到底哪些项目需要走招投标程序呢？我们查阅了《中华人民共和国招标投标法》，发现有相应规定：在中华人民共和国境内进行下列工程建设项目，包括项目的勘察、设计、施工、监理以及与工程建设有关的重要设备、材料等的采购，必须进行招标：

（一）大型基础设施、公用事业等关系社会公共利益、公众安全的项目；

（二）全部或者部分使用国有资金投资或者国家融资的项目；

（三）使用国际组织或者外国政府贷款、援助资金的项目。

简单来说，与社会公众、国家资金、国际资金有关的项目，它的各个环节都需要招标。

那要是该招标的没招标呢？法律也有相应规定：必须进行招标的项目而不招标的，将必须进行招标的项目化整为零，或者以其他任何方式规避招标的，责令限期改正，可以处项目合同金额千分之五以上千分之十以下的罚款；对全部或者部分使用国有资金的项目，可以暂停项目执行或者暂停资金拨付；对单位直接负责的主管人员和其他直接责任人员依法给予处分。

简单来说，也就是该招标的没招标，除责令改正外，还可能有罚款、暂停项目、处分责任人等处罚。可见，国内对招投标的限制还是很严格的，然而，我们的主角——巅峰智业还是碰了红线。

3

雷区二：未完成项目出了什么问题？

本次监管层的第一个疑问，就是针对巅峰智业的未完成项目——创建国际旅游名城系列规划提出来的。

▼

> 2015 年度，发行人确认对景德镇市旅游发展委员会创建国际旅游名城系列规划收入 452.83 万元（相应成本 91.36 万元），该合同于 2015 年 12 月 21 日签订，合同总价 600 万元，约定发行人工作时间为 250 个工作日，并在合同中对工作进度有详细的约定，请发行人代表说明：
>
> （1）该项目是否履行了招投标程序以及实际的招投标情况；
>
> （2）发行人确认上述收入时，该项目所处的阶段和节点，工程完工比例及其外部证据；
>
> （3）截至目前，该项目的进展情况及款项收回情况。①

① 参见中国证监会网站《北京巅峰智业旅游文化创意股份有限公司创业板首次公开发行股票申请文件反馈意见》，载 http://www.csrc.gov.cn/pub/newsite/fxjgb/scgkfxfkyj/201604/t20160406_295449.html，2018 年 4 月 15 日最后访问。

从监管层的疑问，我们可以看出三个问题：

（1）你这个项目有没有走招投标程序？

（2）你这个项目确认收入时，项目完成进度如何？证据在哪？

（3）你这个项目的款项收回多少了？

实际上，监管层提出这三个问题，也是从大客户名单中发现的疑点。截至2015年年底，巅峰智业的第二大客户为景德镇市旅游发展委员会，而且属于当期新增客户，巅峰智业确认的收入是452.83万元。

▼

单位：万元

序号	客户名称	是否当期新增	金额	占营业收入比例
2015年度				
1	北京吉狮互动网络营销技术有限公司	否	635.09	2.90%
2	景德镇市旅游发展委员会	是	452.83	2.07%
3	重庆市涪陵交通旅游建设投资（集团）有限公司	否	390.08	1.78%
4	玉林交通旅游投资集团有限公司	是	379.62	1.73%
5	重庆市黔江区旅游事业管理局	是	353.78	1.62%
6	秀山县西街文化旅游开发有限公司	否	347.17	1.58%
7	吉林省集安旅游发展集团有限责任公司	否	314.75	1.44%
8	南宁市旅游发展委员会	否	311.33	1.42%
9	四川省旅游局	否	301.41	1.38%
10	淮安市里运河文化长廊规划建设管理办公室	是	256.60	1.17%
合计			3,742.66	17.09%

而这个项目是当年12月21日才取得的，总价值600万元，约定工时是250个工作日。这才过去十天，就已经确认了大部分的收入，速度也太快了吧？这引起了监管层的注意。

既然是这一类项目，那按照《中华人民共和国招标投标法》，是要走招投标程序的，到底巅峰智业是不是通过投标取得的项目？这点我们并不清楚。

而且，上面我们提到，巅峰智业是根据服务进度分阶段收取服务费的，既然

250 个工作日的工作，10 天就能确认大半收入了，那实际做了多少工作呢？证据在哪里？这个问题，也需要巅峰智业来解释。

最后，监管层还不忘关心这个项目的款项回收情况，我们从应收账款前五名客户中可以看到，景德镇市旅游发展委员会名列第四，2015 年年底有 200 万元的应收账款。

▼

单位：万元

序号	客户名称	是否当年新增	金额	占比
2015 年 12 月 31 日				
1	呼和浩特市赛罕区住房和城乡建设局	否	525.00	4.34%
2	玉林交通旅游投资集团有限公司	是	251.50	2.08%
3	承德市尚亚葡萄产业有限公司	否	202.70	1.68%
4	景德镇市旅游发展委员会	是	200.00	1.65%
5	兰州正和房地产开发有限公司	否	194.00	1.61%
合计			1,373.20	11.36%

那确认了 452.83 万元的收入，剩下的 252.83 万元有没有收回来？这 200 多万元什么时候收回来，也是个问题。

这又是一个从大客户名单中发现问题的案例，小伙伴们以后在大客户上一定要多加小心，不能出问题啊。

4

雷区三：竞标补偿是什么？

除在未完成项目上，巅峰智业的收入确认出了问题外，在其他业务收入中，也有一些疑点。

▼

> 2013 年到 2016 年 1～6 月，公司其他业务收入中包括竞标补偿收入分别为 338.19 万元、184.91 万元、310.42 万元和 76.40 万元，无相应成本对应。请发行人代表说明竞标补偿收入确认的依据、补偿的标准。①

从监管层的反馈意见中我们可以看出，监管层主要是对巅峰智业在竞争补偿上的确认方式和具体补偿标准，产生了质疑。

这个竞争补偿，巅峰智业并未详细披露，只是提及这个补偿，是项目未中标时取得的。

不过，根据监管层的反馈，这部分的收入虽然不多，2013～2015 年，占营收比例分别为 1.6%、0.7%、1.4%，但是奇怪的是，这部分的收入并没有对应的成本，难道是天上掉下来的？这部分的收入确认，又有什么依据呢？到底招标单位是怎么补偿的？这些问题，巅峰智业也没有披露。

对于年营收 2 亿元以上的巅峰智业来说，这两三百万元的收入竟然成了被否原因之一，可见，数额虽小，但不要不明不白啊！

5

雷区四：资质问题又出了什么问题？

招投标的疑点还没解释清楚，巅峰智业的资质问题又出问题了。

---

① 参见中国证监会网站《北京巅峰智业旅游文化创意股份有限公司创业板首次公开发行股票申请文件反馈意见》，载 http://www.csrc.gov.cn/pub/newsite/fxjgb/scgkfxfkyj/201604/t20160406_295449.html，2018 年 4 月 15 日最后访问。

▼

> 发行人具有北京市规划委员会颁发的乙级《工程设计资质证书》。招股说明书披露，发行人存在超越资质与内蒙古三家单位签署小黑河、敕勒川公园、呼市成吉思汗大街（扎达盖河至乌素图沟）设计服务合同；2013 年度，发行人又与江西中岭旅游投资有限公司、青海塔尔寺旅游资源开发有限公司签署了超越资质的设计服务合同。请发行人代表：
>
> （1）说明从事的工程设计业务是否应遵守《中华人民共和国建筑法》《建设工程质量管理条例》《建筑业企业资质管理规定》《建设工程勘察设计管理条例》等法律法规的规定；
>
> （2）说明上述项目的招标文件中是否有对资质等级的明确要求；
>
> （3）进一步说明内蒙古小黑河景观项目调减收入的原因；
>
> （4）说明 2015 年与玉林交通集团有限公司签署的 3180 万元合同时的招投标及发行人的资质情况。①

从监管层的这一连串疑问中，我们可以看出问题出在以下四点：

（1）巅峰智业超越资质与客户签订合同，符合相关法律的规定吗？

（2）巅峰智业这些项目的招标文件中对资质有要求吗？

（3）为什么把内蒙古小黑河这个项目调减了收入？

（4）巅峰智业与玉林交通集团有限公司的这个项目走招投标程序了吗？当时有这个资质吗？

在一一分析这些问题前，我们先来看看巅峰智业有哪些资质。作为搞设计的公司，巅峰智业目前拥有国家旅游局、北京市规划委员会、住建部等多个部门颁发的资质证书。

▼

证书名称	核定范围	级别	颁发单位
旅游规划设计资质证书	—	甲级	国家旅游局
工程设计资质证书	风景园林工程设计	乙级	北京市规划委员会
	建筑行业（建筑工程）	乙级	北京市规划委员会

① 参见中国证监会网站《北京巅峰智业旅游文化创意股份有限公司创业板首次公开发行股票申请文件反馈意见》，载 http：//www. csrc. gov. cn/pub/newsite/fxjgb/scgkfxfkyj/201604/t20160406_ 295449. html，2018 年 4 月 15 日最后访问。

续表

证书名称	核定范围	级别	颁发单位
城乡规划编制资质证书	1. 镇、20万现状人口以下城市总体规划的编制；2. 镇、登记注册所在地城市和100万现状人口以下城市相关专项规划的编制；3. 详细规划的编制；4. 乡、村庄规划的编制；5. 建设工程项目规划选址的可行性研究	甲级	住建部
土地规划机构等级证书	业务范围不受限	乙级	北京土地学会
工程咨询丙级资质	建筑：规划咨询、编制项目建议书、编制可行性研究报告、项目申请报告、资金申请报告、工程设计 *（带 * 部分，以国务院有关主管部门颁发的资质证书为准）市政公用工程（市政交通）：规划咨询、编制项目建议书、编制项目可行性研究报告、项目申请报告、资金申请报告	丙级	国家发展和改革委员会

其中，北京市规划委员会颁发的“风景园林工程设计专项乙级资质”成了关键，有这个资质，可承担2000万元以下的风景园林工程项目的设计。不过，小黑河、敕勒川公园、呼市成吉思汗大街三个项目，投资都超过2000万元，显然，按理，巅峰智业是没有资质承接这些项目的。

巅峰智业在这个问题上也有专门的解释，简单来说就是：我知道这些项目本来是不能承接的，但是呼和浩特园林管理局、城建部等单位都认可我的规划设计能力。而且，他们也出具了证明，表示之前就知道我资质不够，但是不会与我产生法律纠纷，也不会处罚我。这意思，其实是“周瑜打黄盖——一个愿打一个愿挨”。

▼

2014年6月，呼和浩特市园林管理局、呼和浩特市回民区住房和城乡建设局、呼和浩特市赛罕区住房和城乡建设局分别出具《证明》，证明自2011年1月1日起至今，发行人在承做上述项目过程中，未发生重大违法违规行为，也未发生因违反相关法律法规而受到处罚的情形。

2015年7月16日，内蒙古呼和浩特市赛罕区住房和城乡建设局出具《证明》，证明其在与发行人签署《内蒙古小黑河景观方案、扩初、施工图设计服务合同》时知晓发行人拥有风景园林工程设计专项乙级资质的情况，因资质问题与发行人不存在可预见的法律纠纷，也不会因资质问题对发行人进行行政处罚。

呼和浩特的相关单位全都出来帮我说话了。这要还不够，大股东再给个承诺：一是以后少做这些资质不够的事，二是出了问题全部由大股东承担。

▼

关于资质问题的承诺

就本公司及下属子公司可能超越资质从事相关设计业务、签订相关设计合同的情况，公司控股股东、实际控制人束盈承诺：

“（一）发行人及其子公司将加强完善公司相关业务资质管理，并严格依照相关法律法规规定，根据公司相关业务资质标准承揽、签订相关设计服务合同；（二）若因发行人及其子公司超越资质从事相关设计业务受到主管机关行政处罚或与合同相对方因相关设计合同的履行产生任何诉讼、仲裁、索赔或其他任何法律纠纷，本人将承担由此产生的所有经济损失、费用及承担任何相应的法律责任。”

然而，监管层仍旧怀疑这是违规行为，还询问这些项目的招标文件有没有资质要求，要是有的话，那不是明知故犯吗？

此外，监管层还不忘“补刀”：你自己说了，你只能接2000万元以下的项目，那你跟玉林交通集团签的这3180万元“天价大单”又是什么？这个你又有资质了吗？为什么不主动披露？

▼

单位：万元

序号	签署日期	合同对方名称	合同名称（内容）	合同金额
10	2014年9月	江西省三百山旅游实业有限公司	三百山风景区创建国家AAAAA景区专项规划、景观设计及全程咨询服务、创建国家级旅游度假区概念性规划及重要节点修建性详细设计合同书	555.00
11	2014年9月	吉林省集安旅游发展集团有限责任公司	吉林省集安市旅游景区综合运营合同及补充协议	482.00

续表

序号	签署日期	合同对方名称	合同名称（内容）	合同金额
12	2015年7月	古北岳森林公园旅游开发有限公司	古北岳国家级森林公园旅游开发项目全程咨询服务	835.00
13	2015年7月	贵州晴隆史迪威二十四道拐文化旅游有限公司	贵州晴隆史迪威二十四道拐景区综合运营管理服务合同	840.00
14	2015年9月	江西西海千岛文化产业有限公司	庐山西海女神岛、彩虹岛、鳄鱼岛、猴岛景区委托运营管理合同	780.00
15	2015年10月	荆州市文化旅游投资有限公司	湖北荆州楚王车马阵景区综合运营管理合同	780.00
16	2015年11月	五指山黎峒文化主题公园有限公司	海南五指山黎峒文化园综合运营管理合同	540.00
17	2015年11月	玉林交通旅游投资集团有限公司	容县真武阁—绣江湖景区及广西都峤山文化生态旅游风景区旅游规划设计合同	3,180.00
	2016年2月	玉林交通旅游投资集团有限公司	玉北容生态旅游景观带旅游系列规划设计	1,050.66
18	2015年12月	洛阳中赫水上乐园有限公司	洛阳中赫水上乐园综合运营管理合同	1,200.00

这个问题，也需要巅峰智业来解释。最后，监管层还不忘批评保代：你为什么不好好核查？

▼

请保荐代表人：

（1）针对超越资质签署合同事项，说明是否访谈过资质管理部门；

（2）对招股说明书中是否准确披露了上述五份超越资质签署的合同及可能产生的法律后果发表核查意见；

（3）结合发行人超越资质及参与应进行公开招标而未进行公开招标这两类事项，对发行人合同签订及执行的内控措施是否能够保证其生产经营活动符合法律法规的规定发表核查意见。①

① 参见中国证监会网站《北京巅峰智业旅游文化创意股份有限公司创业板首次公开发行股票申请文件反馈意见》，载 http://www.csrc.gov.cn/pub/newsite/fxjgb/scgkfxfkyj/201604/t20160406_295449.html，2018年4月15日最后访问。

总结来说，对于资质甚至其他很多问题，如果明显与法律规定不符，就算有再多背景强硬的“大佬”支持，也无济于事。监管层还是很雷厉风行的。

这一点，做项目类的公司一定要注意，不能碰的红线坚决不碰，不要有“灰色地带”。

招投标的问题，是巅峰智业 IPO 之路上的死穴，比如，在申报材料里巅峰智业自己也坦白了，不过没有说明原因。

▼

根据申报材料，发行人报告期内规划类、设计类业务合同中应进行公开招标而未进行公开招标的数量分别为 124 项、9 项。发行人报告期在承接业务过程中应履行招投标程序而未履行，涉及的金额和比例较高。

（1）请发行人代表说明未履行招投标程序的原因及其风险；

（2）请保荐代表人对发行人承接业务过程中应履行招投标程序而未履行的合规性发表意见。①

由此看来，巅峰智业有疑点的项目还不少，我们查询了相关资料，发现法律上对类似问题也有规定：《最高人民法院关于审理建设工程施工合同纠纷案件适用法律问题的解释》第一条规定：“建设工程施工合同具有下列情形之一的，应当根据合同法第五十二条第（五）项的规定，认定无效……”其中就包括“建设工程必须进行招标而未招标或中标无效的”。

可见，如若工程项目属于必须招标投的项目，在未经过招投标的情况下，施工企业与发包人签订的施工合同无效。

虽然巅峰智业并未参与施工，只是设计。但是这么多的项目未履行招投标程序，以后的司法解释会不会将这个问题扩大到设计、采购等更大范围？这也是一个风险。

最后，我们也祝愿巅峰智业能早日解决这些问题，在下次 IPO 之路上一帆风顺。

① 参见中国证监会网站《北京巅峰智业旅游文化创意股份有限公司创业板首次公开发行股票申请文件反馈意见》，载 http://www.csrc.gov.cn/pub/newsite/fxjgb/scgkfxfkyj/201604/t20160406_295449.html，2018 年 4 月 15 日最后访问。

本案写作参考材料如下，特此鸣谢：

［1］《63 大疑问下巅峰智业 IPO 失败背后行业思考》，台海网，2016 年 11 月 28 日。

［2］陈军杰：《承接应该招标而未公开招标项目的风险与防范》，新浪博客，2015 年 9 月 14 日。

会计差错调整不合规 + 未继续取得高新技术认证

十、金枪新材[1]

①本文关于金枪新材的数据来源于《苏州金枪新材料股份有限公司首次公开发行股票并在创业板上市招股说明书（申报稿）》，详见中国证监会网站。

▼

金枪新材，一个做胶水的公司，2017年3月20日被否，成为一个因会计差错被否的典型案例。

这个公司，年营收过亿、净利润超2500万元，却因为区区几十万元的会计差错调整，无情被否。

本次金枪新材中枪，主要是因为会计核算的规范性。更无辜的是，它还因为高新技术认证被质疑了一番。

两次会计差错调整、收购的会计处理存疑、股权支付的会计处理也没搞清楚，还失去了高新技术认证。

这些问题，不过只有一两百万元的差别，带来的影响却是不可小觑的，可见，会计调整问题虽小，却个个扎心啊。

金枪新材被否，虽然看似是一个挺独特的案例，却给所有企业上了一课：会计差错，没有小事！

1

企业合并是什么?

企业合并，是指将两个或多个单独的企业合并形成一个主体。它分为同一控制下合并和非同一控制下合并。

同一控制下的企业合并，实质上是同一集团下企业财产与资源的重新分配。而非同一控制下的企业合并，合并双方并无直接关系。这个非同一控制下的合并，又分为两种——非同一控制下吸收合并和非同一控制下控股合并。

吸收合并是指，在合并完成后，合并方（下称买方）取得被合并方（下称卖方）的资产、负债，注销卖方法人资格，所有业务由买方运营。控股合并是指，买方只取得卖方的控制权，能主导卖方的经营并从中获益，卖方仍是独立法人，能继续经营。二者的根本区别在于合并后卖方是否被注销。

合并完成后，买方对卖方的可辨认净资产按公允价值计量。

如果合并所花成本大于可辨认净资产公允价值，则把这部分的差额计入商誉；如果小于，则差额作为当期损益计入利润表。

值得注意的是，想构成企业合并，也得满足两个条件：

一是，取得对另一方或它的某个业务的控制权；二是，所合并的企业必须构成业务。

第一个条件咱们好理解，花钱买到控股权就行了。

第二个条件——必须构成业务，是什么意思呢?

首先咱们需要明白什么是业务。

业务就是企业内部生产经营或资产负债的组合，这个组合具有投入、加工处理和产出能力，它的成本费用或产生的收入能独立计算。

也就是说，如果这个企业没法生产产品了，那它就没有业务了，收购它也不能称为合并了。

本次金枪新材（以下简称金枪）收购迪马，就在这里“套路”了一把。

2

收购迪马算是合并吗?

本次金枪被否，和它收购迪马的方式有很大关系。

▼

> 金枪对发行人收购苏州迪马100%的股权时，未作非同一控制企业合并处理，而是按购买资产处理，并对商誉等按会计差错作了追溯调整。
>
> 请说明：
>
> （1）报告期发生以上会计差错并调整的原因，与会计核算相关的内部控制是否健全有效；
>
> （2）采取股权方式而非资产购买方式收购苏州迪马的原因及合理性，不同方式对发行人经营业绩的影响；
>
> （3）收购苏州迪马100%股权是否构成非同一控制下合并，其会计处理是否符合企业会计准则的规定。①

从监管层的反馈意见来看，我们可以总结出三个问题：

（1）为什么要用股权方式购买苏州迪马，而不用资产购买方式呢？这个收购方式会不会影响业绩？

（2）收购苏州迪马有没有构成非同一控制下合并？会计处理合规吗？

（3）为什么要进行会计差错调整？会计核算规范吗？

在分析监管层的问题之前，我们先来介绍一下这次收购的背景。

金枪，是一家以胶水为主营业务的公司。

---

① 参见中国证监会网站《苏州金枪新材料股份有限公司创业板首次公开发行股票申请文件反馈意见》，载 http：//www. csrc. gov. cn/pub/newsite/fxjgb/scgkfxfkyj/201703/t20170314_ 313577. html，2018 年 4 月 15 日最后访问。

苏州迪马，是一家以药材为主营业务的公司，由于没做好，因亏本而停产。

八竿子打不着的两家，之所以能走到一起，是因为金枪看中了迪马拥有的土地使用权和十一座建筑。

所以金枪就找到迪马商量：迪马剥离所有和土地房屋无关的资产负债，裁员所有还没走的员工，最后就剩那块地和那几栋房子。然后金枪再花 2600 万元，买来迪马 100% 的股权，完成资产转让。

迪马还真听从金枪的建议，卖给金枪后，也不从事药材经营了。金枪花钱改造厂房、购买设备，把迪马改成经营胶水业务的公司，连名字都改成了“迪马新材”。

看到这，好像也没什么了不起的，但是，监管层问了：

金枪公司看中迪马公司的房产和土地资源，为什么不直接购买，却要迂回收购呢？

这么问也有道理，为什么就想要人家的地和房，还非得搞得这么复杂，来个股权收购，这么玩，对业绩有没有影响？金枪对此没有解释。

而关于第二个问题，非同一控制下合并，金枪倒是有所解释。

咱们刚才提到，企业收购，要想构成合并，必须满足两个条件：控股权 + 有业务。

收购迪马 100% 的股权，肯定是控股权了。

不过，金枪说，迪马卖过来时，员工都被裁员了，所以不具备生产能力，也就没业务了，当然不构成合并，更别提非同一控制下合并。

这个逻辑是重点，大家要重点琢磨一下。金枪的这个逻辑和解释，抓的点在于“没有员工，不具备生产能力，所以不构成合并”——老实说，我们看到这个，感觉还是很有水平的。

不过，监管层显然对这种说法表示不服，仍认为这种会计处理方式有待商榷，毕竟，金枪可是买了人家 100% 股权的。

这还不算，金枪还非得找到前面的账，把收购迪马时的商誉也给调减了，多出来的钱加到了在建工程和无形资产上。

▼

苏州迪马剩余资产主要为房屋、土地，比重占收购日苏州迪马资产总额的

97.67%，苏州迪马员工已全部清理完毕，因此截至收购日，苏州迪马的资产、负债组合不具备投入、加工处理、产出能力，不形成业务，发行人收购苏州迪马应当以购买日苏州迪马各项可辨认资产、负债的公允价值为基础，将其纳入公司合并报表，不确认商誉。本期采用追溯重述法调增2015年年末在建工程86.71万元，调增2015年末无形资产80.04万元，调减2015年年末商誉166.75万元。

当时是把收购价高于净资产的部分记在商誉上了，如今把这部分调减，放到其他科目上。

虽然数额不大，只有166万元，但是这么进行会计差错调整，规范性也肯定被质疑了。

IPO之前收购别的公司，也是重要雷区，处理不好，分分钟被拖垮。

3

雷区一：股权支付怎么会有会计差错？

收购迪马发生会计差错还不够，股权支付又出现会计差错。

▼

> 招股说明书披露，报告期发行人对实际控制人曹建强将其持有的出资额9.6万元转让给高管龚彦未做股份支付会计处理，之后做了会计差错追溯调整。
>
> 请说明：（1）报告期发生以上会计差错并调整的原因，与会计核算相关的内部控制是否健全有效；①

这又是一个会计差错调整引起的规范性问题，我们先来看看这个股权支付是怎么回事。

事情还得从金枪的身世说起。

---

① 参见中国证监会网站《苏州金枪新材料股份有限公司创业板首次公开发行股票申请文件反馈意见》，载 http://www.csrc.gov.cn/pub/newsite/fxjgb/scgkfxfkyj/201703/t20170314_313577.html，2018年4月15日最后访问。

金枪，是苏州市胶粘剂厂有限公司整体变更设立的股份有限公司。

这次股改，发生在 2014 年 10 月，同时引进的新股东有黄忆军、笙泽投资等，转让价格为 12.16 元/注册资本。

而在 2014 年 8 月，实际控制人曹建强将自己持有的 9.6 万元出资额转让给龚彦（财务总监、董秘）。转让价格是 7.29 元/注册资本，转让金额为 70 万元。

也就是说，曹建强把自己手里的出资额以更低的价格转让出去了。

而金枪后来又对这次转让进行了会计差错调整，金枪认为这次转让股权是为了换取职工提供服务，所以按照《企业会计准则第 11 号——股份支付》，应该以公允价值计量。

公允价值肯定就是新股东进入价格 12.16 元了，这样算下来，按照 7.29 元算就少了 46.73 万元，所以要调整。

怎么调？把这 46.73 万元调增在 2014 年的管理费用上，因此利润总额和净利润少了 46.73 万元。

▼

本年度发现，2014 年 8 月，发行人实际控制人曹建强将其持有的出资额 9.60 万元转让给龚彦（龚彦于 2014 年 10 月起正式担任公司财务总监、董事会秘书），转让价格为 7.29 元/注册资本，转让金额为 70 万元，同次增加的股东黄忆军、笙泽投资、玛利洁贝、德同银科均为外部人士或机构，确定转让价格为 12.16 元/注册资本。根据《企业会计准则第 11 号——股份支付》的规定，用以换取职工提供服务的以权益结算的股份支付，以授予职工权益工具在授予日的公允价值计量，本次股份支付的公允价值为 12.16 元/注册资本，公允价值与龚彦受让股权价格 7.29 元/注册资本之间的差额共计 46.73 万元，本期采用追溯重述法予以调整。该股份支付发生在发行人股改前，影响股改前未分配利润，股改后原未分配利润全部转入资本公积，因此该差错更正对 2014 年年末资产负债表无影响，对 2014 年度利润表影响为调增 2014 年度管理费用 46.73 万元，调减 2014 年度利润总额 46.73 万元，调减 2014 年度净利润 46.73 万元。该追溯重述调整对 2015 年度财务报告无影响。

46.73 万元，确实不算多，但是为什么要这么调？到底有什么依据？转让之前大股东知道后来的公允价格吗？这些问题，金枪都没有披露，我们也无法得知答案。

不过，这事再次提醒了我们，会计上出了问题，不管金额多少，都不是小事。

4

雷区二：高新技术认证出了什么问题？

除了会计差错，金枪的高新技术认证也出了问题，让监管层很“关心”。

▼

> 发行人报告期内核心技术产品收入占营业收入的比例分别为 77.85%、73.74% 和 68.68%，发行人 2016 年没能继续获得高新技术认证。请发行人代表：
>
> （1）说明报告期内核心技术产品收入占营业收入的比例逐年下降的原因和未来发展趋势；
>
> （2）说明 2013 年 12 月 3 日发行人获得了《高新技术企业证书》，而 2016 年没有继续取得的原因；
>
> （3）结合高新技术认证条件说明以前获得的高新技术企业税收减免是否存在补征的风险；
>
> （4）结合发行人产品技术含量说明发行人产品毛利率远高于同行业可比上市公司的原因与合理性。①

因为高新技术认证被否，之前见到的不多。一起来看看监管层问了哪些问题：

（1）为什么你的核心技术产品营收占比越来越低？你以后准备怎么办？

（2）为什么你 2013 年获得高新技术认证，2016 年却没拿到？

（3）你之前有税收减免，现在没有高新技术认证了，不会要补征吧？

（4）为什么你毛利率比同行高这么多？

---

① 参见中国证监会网站《苏州金枪新材料股份有限公司创业板首次公开发行股票申请文件反馈意见》，载 http：//www.csrc.gov.cn/pub/newsite/fxjgb/scgkfxfkyj/201703/t20170314_313577.html，2018 年 4 月 15 日最后访问。

咱们先来看看核心产品怎么了。金枪做的胶水，可不是我们平时用的双面胶，而是获得过各种专利的专用胶。

不过，2014～2016 年，这些核心技术产品营收占比却从 77.85% 一路下滑到 68.68%。

▼

单位：万元

序号	项目	2016 年度	2015 年度	2014 年度
1	橡胶型特殊塑料胶粘剂	3,662.21	3,805.71	3,491.84
2	橡胶型阻燃、耐热用盾构胶粘剂	469.20	570.38	819.76
3	改性水基胶粘剂	1,214.36	1,637.01	2,254.84
4	工具用增韧环氧胶粘剂	915.64	775.41	611.44
5	改性、无溶剂聚氨酯胶粘剂	865.53	687.54	311.11
合计		7,126.94	7,475.39	7,488.99
合计占营业收入比例		68.68%	73.74%	77.85%

金枪只披露了这个数据，却没有解释任何原因，所以，监管层也比较疑惑。

更为致命的是，作为一个靠技术吃饭的“胶水大亨”，金枪在 2016 年却没有取得高新技术认证，这个问题，金枪虽然也主动披露了，但是没有解释原因。

▼

迪马新材适用的主要税种及税率如下：

税种	计税依据	适用税率
增值税	应税收入	17%
企业所得税	应纳税所得额	25%
城市维护建设税	应缴纳流转税额	7%
教育费附加	应缴纳流转税额	5%

（二）目前主要的税收优惠政策情况

2013 年 12 月 3 日，股份公司取得江苏省科学技术厅、江苏省财政厅、江苏省国家税务局、江苏省地方税务局核发的 GR201332001190 号的《高新技术企业证书》。根据《中华人民共和国企业所得税法》第四章第二十八条第二款：“国家需要重点扶持的高新技术企业，减按15%的税率征收企业所得税”的规定，股份公司自2013年度起至2015年度的所得税按照15%所得税税率计征。2016年度发行人未取得高新技术企业证书，所得税按照25%所得税税率计征。

但是这个问题带来的影响却是显而易见的，如果没有高新技术认证，那么企业所得税率直接从15%上升到了25%，因此，金枪的企业所得税也从2015年的517万元猛涨到2016年的831万元。

▼

单位：万元

项目	2016年度	2015年度	2014年度
当期所得税费用	831.57	517.79	408.33
递延所得税费用	-38.66	-14.84	-39.34
小计	792.91	502.95	368.99

增长了300多万元，也不是太恐怖，不过监管层又有问题了：高新技术没有被认证，以前优惠的那些不会还要回去吧？

我们查询了相关资料，根据《高新技术企业认定管理办法》的规定：不再符合减税、免税条件的，应当依法履行纳税义务；未依法纳税的，主管税务机关应当予以追缴。

同时，主管税务机关在执行税收优惠政策过程中，发现企业不具备高新技术企业资格的，应提请认定机构复核。复核期间，可暂停企业享受减免税优惠。

根据目前的《高新技术企业认定管理办法》，现在只有对高新技术认证失效后的规定，是否会补征之前的税后优惠，我们暂时还没找到相关的说法。

最后，对于毛利率的问题，先来看一组数据：

2014~2016年，金枪的毛利率为40.47%、47.43%、47.69%，远高于同行平均33%左右的毛利率。

▼

同行业上市公司	2016 年度	2015 年度	2014 年度
康达新材	–	34.35%	32.77%
高盟新材	–	33.49%	28.30%
硅宝科技	–	32.89%	32.62%
回天新材	–	32.84%	35.76%
同行业上市公司平均	–	33.39%	32.36%
发行人	47.69%	47.43%	40.47%

金枪对此有两个解释的理由：一是产品成本低，二是业务结构不同。不过，监管层不太相信：既然核心产品营收占比下降，高新技术认证也未被授予，这毛利率，也不是技术优势带来的。

这个高新技术的认证，最终还是会影响持续盈利能力，所以看似只是一个“噱头”，作用却不小，对拟上市和已上市公司来说，都是一个值得注意的问题。

本次金枪 IPO 翻车，有一个原因就是非同一控制下合并的疑点，之所以监管层这么关注，金枪又极力避免，是因为这个“冷门”的问题实际是个重要的雷区。

我们查询了相关资料，发现这个企业监管层早有“想法”。

先来看看监管层在非同一控制下合并关注的事项：

▼

非同一控制下合并在处理时重点关注的事项：

①关注实施非同一控制下合并的原因和必要性；

②关注收购对象的历史沿革、主营业务和财务状况等信息；

③关注相关指标是否超过规定的标准从而需要运行一段时间，计算指标时可以扣除两公司关联交易金额；

④非同一控制下收购是否履行了必要的程序；

⑤有关合并的会计处理是否符合会计准则的规定；

⑥由于非同一控制下合并之后需要合并报表，因此合并日也就是合并报表时点的确定问题也是一个技术问题，需要给出详细的理由。

如果在 IPO 之前发生了非同一控制下合并，那么监管层在时间上也会有限制。①

① 参见中国证监会网站《苏州金枪新材料股份有限公司创业板首次公开发行股票申请文件反馈意见》，载 http://www.csrc.gov.cn/pub/newsite/fxjgb/scgkfxfkyj/201703/t20170314_313577.html，2018 年 4 月 15 日最后访问。

▼

根据有关发行审核政策，非同一控制下的合并在运行时间上的要求是：

（1）发行人收购非同一控制下相同、相似产品或者同一产业链的上下游的企业或资产：

①三个测试指标任何一个超过100%，运营36个月；

②三个测试指标在50%～100%之间，运营24个月；

③三个测试指标在20%～50%之间，运营1个会计年度；

④三个测试指标均小于20%，不受影响。

（2）发行人收购非同一控制下非相关行业企业或资产，证监会担心发行人捆绑上市后续管理困难：

①三个测试指标任何一个超过50%，运营36个月；

②三个测试指标在20%～50%之间，运营24个月；

③三个测试指标小于20%，不受影响。①

值得注意的是，由于《首次公开发行股票并在创业板上市管理办法（2016）》已经规定企业应当经营一种主营业务，因而上述第二套标准并不适用于创业板。

本案写作参考材料如下，特此鸣谢：

[1] 投行小兵：《非同一控制下企业合并解决之道》，2011年7月16日。

① 参见中国证监会网站《苏州金枪新材料股份有限公司创业板首次公开发行股票申请文件反馈意见》，载 http：//www. csrc. gov. cn/pub/newsite/fxjgb/scgkfxfkyj/201703/t20170314_ 313577. html，2018年4月15日最后访问。

个人账户收付款 + 多项财务数据异常 + 食品安全疑点 + 大股东曾减持未披露

十一、仲景食品[①]

①本文关于仲景食品的数据来源于《仲景大厨房股份有限公司首次公开发行股票并在创业板上市招股说明书（申报稿 2017 年 4 月 14 日）》，详见中国证监会网站。

▼

2017 年 6 月 21 日，仲景食品创业板被否。当天同时上会三家，只有一家通过，对创业板来说，上会真的不容易。

仲景就是中枪的那二分之一。

这个公司，就凭着一瓶香菇酱、一瓶花椒油，都能做到 4.7 亿元营收、7600 万元净利，堪比香菇界的“老干妈”。

问题是，“老菇妈”还是因为规范性和财务数据的问题被否了。

用个人账户代收款、向个体供应户采购，没解释怎么内控；

营收净利变动不一致、其间费用忽高忽低、存货成本对不上、毛利率持续增长，也没解释原因；

缺少生产许可证、大股东曾减持不披露，又成了疑点。

存在这么多漏洞，仲景想通过也不容易。

仲景被否，也给很多经销模式的公司敲响了警钟：千万不要用个人账户代收款，这地方绝对是一个巨大的雷区。

1

用个人账户收款合规吗?

仲景大厨房，是做调味品的，产品有香菇酱和香辛食品配料（花椒油、辣椒粉、孜然粉等）两类。

鉴于大家都是热衷美食的人，我们权且亲切地叫它大厨房吧。

这次大厨房 IPO 中枪，有一个重要原因就是用个人账户收款。我们不妨先看一下个人账户收款的问题。

首先，只要是与生活贴近的行业，都容易出现这类问题，如农业、畜牧业、餐饮业、零售批发业。

这些行业终端大多是“小卖部”，多以经销模式（批发商）销售，客户比较分散，IPO 时容易因收款问题中招。

既然如此，那为什么不用对公账户呢?

因为银行对公业务有时间限制，银行下午五点下班，周末还不办公，因此不能指望批发商只在工作日去银行汇款。这么说来，用个人账户或是个人代收也情有可原。

用个人账户收款，违背法条，监管层审核时更不能接受。

来看下法条怎么说:

比如，《中华人民共和国公司法》第一百七十一条规定：“公司除法定的会计账簿外，不得另立会计账簿。对公司资产，不得以任何个人名义开立账户存储。”

再比如，《首次公开发行股票并上市管理办法》第三十条规定：“发行人会计基础工作规范，财务报表的编制符合企业会计准则和相关会计制度的规定，在所有重大方面公允地反映了发行人的财务状况、经营成果和现金流量，并由注册会计师出具了无保留意见的审计报告。”

很显然，不管有什么理由，用个人账户收款都是不合规的，而且这种方式，对收入真实性、收入确认时间、税收交纳、资金安全等都有影响。

2

踩红线了怎么办？

具体哪些行为属于个人账户代收呢？我们从之前出现过的案例，总结了以下几种常见方式：

（1）公司以自然人银行账户代收销货款，且占销售收入比例较高；

（2）公司财务经理代公司与经销商就非常用规格的产品收付款；

（3）公司实际控制人代收各直营门店收入；

（4）公司部分客户将货款直接存入实际控制人个人账户；

（5）公司以销售经理个人账户专用于货款结算。

如果有上面这些行为，那铁定触及红线了，保险起见，需要清理。

具体清理的方法也多种多样，如下面：

（1）要求经销商在工作日汇款到公司账户，同时提示客户合理预计产品需求，在工作日提前汇款到公司账户；

（2）目前，国内个人账户对公司账户转账，在非工作时间仅能够查询到转账记录；当客户提供个人网上银行转账记录后，视同客户已经付款，为客户安排发货；

（3）公司与开户银行协商，开通银行账户通存业务；

（4）通过第三方网上支付平台收款；（如×宝、×信）

（5）在公司经营现场接受客户缴款；（注意：是在公司内）

（6）银行为公司开通速汇通业务，在指定的银行系统内公司账户可在非工作日接受客户汇款。

一般而言，在申报前一年需要彻底清理完毕，如果报告期内个人代收的金额占比逐年降低，那就更有保障了。

可惜的是，大厨房并没有及时清理，反而以这个问题触碰底线。

3

雷区一：采购和收款内控合规吗?

搞懂了用个人账户收款的问题，我们来看看大厨房是怎么触碰底线的。

▼

> 招股说明书披露，报告期发行人存在向个人采购、现金支付以及销售回款经过个人账户的情形。
>
> 发行人的基本账户中国工商银行西峡县支行账户与发行人员工孙晨的个人账户之间的收款频繁且金额较大，除此之外报告期还有部分其他业务人员代收销售款的情况发生。
>
> 请发行人代表说明：报告期发行人向个人供应商采购农产品的金额较大，如何保证采购付款环节相关内部控制制度健全且有效运行；
>
> 孙晨及其他业务人员账户收款认定为发行人销售收款的真实性，是否存在调节企业收入的情况，发行人与销售收款循环相关内控制度是否健全并有效运行，以个人账户收款是否符合相关法律法规的规定。
>
> 报告期内，第三方付款金额占当期营业收入比例分别为12.09%、16.57%、14.43%，发行人代表从企业商业模式的角度，解释说明接受第三方支付的必要性，说明是否制定了相应的内部控制流程，如有，请说明关键控制点的设计及执行情况，并说明这些关键控制点防范了哪些风险。①

监管层的话里意思是：

（1）你有这么多原材料是通过个人采购的，怎么能保证采购、付款环节是合规的?

（2）你用孙晨和其他业务员的个人账户代收，这当中的内控制度健全吗？会用他们的账户调节收入吗?

---

① 参见中国证监会网站《仲景大厨房股份有限公司创业板首次公开发行股票申请文件反馈意见》，载 http://www.csrc.gov.cn/pub/newsite/fxjgb/scgkfxfkyj/201704/t20170418_315347.html，2018 年 4 月 15 日最后访问。

（3）我们来探讨一下商业模式，有必要通过第三方支付吗？有对应的内控制度吗？

我们来分别看看大厨房采购和销售上的问题。

在采购上，大厨房生产的香菇酱、花椒油等产品（二者营收各占一半），原材料主要是香菇、花椒。

每到收获的季节，大厨房就开始采购了，其中，香菇、辣椒等原料，通过个体供应户采购较多，花椒则主要从贸易商手里采购。

2014～2016 年，大厨房通过个人采购金额约为 4837 万元、4589 万元、3025 万元，占采购总额比重为 21.61%、17.99%、10.32%。

▼

单位：万元

项目	2016 年	2015 年	2014 年
个人采购	3,025.44	4,589.01	4,837.88
采购总额	29,318.40	25,495.14	22,391.92
个人占比	10.32%	18.00%	21.61%

注：不含税，以上个人供应商不包含通过其控制的公司或关联方向发行人销售的金额。

10% 的占比，也不算太高，而且这个数字还不断降低，好像也不是很严重。

不过，监管层关心的是，对这些个体户，怎么付款？有没有相应的内控制度？

毕竟，去农户家买香菇，他们可不会给开发票，如何确认采购金额？如何保证采购价格是真实的？这些内控制度，大厨房并没有披露。

这还不是很难，更为关键的是，大厨房还出现了利用个人账户代收款的问题。

那大厨房又是怎么操作的呢？我们先来看它的销售模式。

大厨房的香菇酱，主要是通过超市、小卖部、农贸市场销售的，所以采用经销模式，先款后货。

而花椒油、辣椒粉等，主要是卖给食品厂和餐饮企业，所以采用直销，一般根据客户信誉程度采取款到发货、货到付款、按期结账不同的结算方式。

问题是，在销售过程中，大厨房竟然经常通过员工的个人账户代收货款，我们前面提到过，利用个人账户收款，肯定是不合规的，之前的诺特健康就触碰了法律底线。

大厨房也这么做，内控制度如何，我们也不知道。

此外，大厨房还存在第三方付款的情形，这个金额占当期营业收入的比例分别为 12.09%、16.57%、14.43%。

我们在前面分析三锋股份时就提到，一般第三方付款营收占比超过 10% 就会引起注意了，大厨房这销售模式，也没什么特殊的地方，但这 14% 的第三方付款，到底是何原因，它并未披露。

不过，这次监管层倒是给提了个醒：向监管层报告内控流程，尤其是关键控制点的设计及执行情况，并说明这些关键控制点防范了哪些风险。

这个重点，值得存在内控问题的企业认真借鉴。

4

雷区二：财务数据出现哪些问题？

这收款方式有问题，财务数据也有相应的不同问题出现。

▼

> 报告期内发行人的营业收入分别为 3.87 亿元、4.39 亿元、4.77 亿元，净利润为 7083 万元、5718 万元、7592 万元，存货分别为 1.22 亿元、1.62 亿元、2.29 亿元。
>
> (1) 请说明报告期净利润与营业收入变动不同步的原因及其合理性。
>
> (2) 发行人存货 2016 年较 2015 年增长 42%，同期营业成本增长为 12%。请说明报告期存货余额金额较大且逐年增长的原因及其合理性。
>
> (3) 发行人报告期内香菇食品的毛利率分别为 43.65%、50.83%、53.19%。请说明香菇食品毛利率逐年提升的原因及其合理性。
>
> (4) 请说明申报期内销售费用和管理费用 2015 年度增加、2016 年度下降的原因，2017 年度销售费用和管理费用预计变动情况。①

① 参见中国证监会网站《仲景大厨房股份有限公司创业板首次公开发行股票申请文件反馈意见》，载 http://www.csrc.gov.cn/pub/newsite/fxjgb/scgkfxfkyj/201704/t20170418_315347.html，2018 年 4 月 15 日最后访问。

从监管层的问题中，我们可以看到四个问题：

（1）向监管层报告净利润和营收为什么变动不同步？

（2）为什么公司存货这么多，而且越来越多？

（3）为什么公司香菇酱的毛利率越来越高？

（4）为什么公司销售费用和管理费用忽高忽低？公司今年准备高还是低呢？

我们一起来看看大厨房如何解释。

对于第一个问题，2014～2016 年，大厨房的营收约为 3.87 亿元、4.39 亿元、4.77 亿元，净利润约为 7083 万元、5718 万元、7592 万元。

▼

单位：元

项目	2016 年	2015 年	2014 年
营业收入	476, 845, 590. 50	438, 510, 759. 51	387, 345, 864. 70
营业成本	262, 576, 075. 53	234, 708, 419. 53	209, 560, 138. 00
营业利润	78, 994, 347. 03	60, 029, 287. 58	78, 396, 528. 64
利润总额	87, 714, 497. 03	65, 175, 993. 12	81, 943, 973. 50
净利润	75, 923, 230. 45	57, 181, 016. 75	70, 833, 167. 82
归属于母公司所有者的净利润	75, 872, 063. 11	57, 816, 259. 40	70, 833, 167. 82

疑点出在 2015 年，2015 年营收增加，净利却大幅减少，什么情况？香菇涨钱了吗？

再来看营业成本，2014～2016 年，大厨房的主营业务成本约为 2.09 亿元、2.34 亿元、3.62 亿元，其中 2015 年的成本与营收基本同比例变动，没有出现大幅波动。

▼

单位：万元

项目	2016 年		2015 年		2014 年	
	金额	比例	金额	比例	金额	比例
主营业务成本	26, 187. 33	99. 73%	23, 395. 47	99. 68%	20, 946. 54	99. 95%
其他业务成本	70. 27	0. 27%	75. 37	0. 32%	9. 48	0. 05%
合计	26, 257. 60	100%	23, 470. 84	100%	20, 956. 02	100%

那问题很可能出在其间费用上，难怪监管层会提第四个问题——销售费用和管理费用。

2014～2016 年，大厨房的其间费用约为 9786 万元、1.41 亿元、1.26 亿元。其中 2015 年的销售、管理、财务费用全增。

▼

单位：万元

项目	2016 年		2015 年		2014 年	
	金额	占营业收入	比例	金额	占营业收入	比例
销售费用	7,304.42	15.32%	8,248.55	18.81%	5,742.37	14.82%
管理费用	4,521.27	9.48%	4,824.71	11.00%	3,478.47	8.98%
财务费用	818.69	1.72%	1,011.83	2.31%	565.10	1.46%
合计	12,644.38	26.52%	14,085.09	32.12%	9,785.94	25.26%

大厨房解释为，销售费用增加，是因为开拓市场、扩散销售队伍；管理费用增加，是因为研发费用和职工薪酬增加；财务费用增加，是因为购买原材料增加了银行短期借款。

问题都赶在 2015 年，监管层也看不明白，让大厨房“预测”一下今年是高还是低，难道又要开拓市场、加大研发了吗？

看样子，对于忽高忽低的数据，不仅要解释哪里有变动，具体原因也得讲清楚啊，不然无法保证以后不会再发生这个情况。

关于存货和毛利率，下面接着说。

5

雷区三：存货和毛利率双双突破新高

对于存货问题，我们先来看一组数据。

2014~2016年，大厨房的存货约为1.22亿元、1.62亿元、2.29亿元，占流动资产比重为67.95%、59.11%和70.02%。

▼

单位：万元

项目	2016年12月31日		2015年12月31日		2014年12月31日	
	金额	比例	金额	比例	金额	比例
原材料	10,401.26	45.40%	7,163.78	44.32%	5,995.52	49.06%
半成品	11,361.31	49.60%	8,110.50	50.18%	4,794.55	39.23%
库存商品	801.52	3.50%	612.75	3.80%	1,110.01	9.08%
周转材料	344.11	1.50%	275.27	1.70%	321.30	2.63%
合计	22,908.20	100%	16,162.30	100%	12,221.38	100%

对于营收4.77亿的大厨房来说，2.29亿的存货是高了点。

这还不是重点，监管层疑惑：为什么存货增长这么快？

大厨房回应道：存货增加与销量上升和产能扩大是匹配的。

▼

2014年年末、2015年年末和2016年年末，公司存货分别为12221.39万元、16162.30万元和22908.20万元，占同期流动资产比重分别为67.95%、59.11%和70.02%。报告期内，公司存货金额逐年增加，与公司销量上升及扩大产能情况相匹配。

问题是，2016年，成本只增长了12%，存货却增长了42%，存货增长的速度，和成本对不上。

大厨房并没有解释这个原因。

在毛利率上，大厨房对香菇酱毛利率连续增长的解释为：原材料香菇的价格不断下降，而香菇酱没有降价。

又是一个原材料价格下降提升毛利率的例子（之前我们研究的好几个案例都是这么解释的），不过，监管层对这种解释一般不太认可，万一农民不再种香菇，那涨钱就需要降低香菇酱的毛利率。

所以，这个解释，并不太理想。偏高的毛利率和增速，应该是建立在技术或经营模式的优势上，而非依赖原材料。

值得关注的是，存货的持续增长和毛利率的持续增长，本身也是一个相悖的现象。存货持续增长代表货物不畅销，才会造成存货；而毛利率持续增长表明货物被下游认可，才会毛利提高（仲景对毛利率提高的解释是"原材料降价导致毛利增长"）。

但无论什么原因，高毛利和高存货并存，需要有更让监管层信服的解释。

除了上面的问题，大厨房还存在食品安全和大股东的疑点。

▼

1. 招股说明书披露，2016 年 3 月 22 日至 3 月 24 日，发行人的控股股东宛西控股与上市公司西泵股份持股 5% 以上的股东孙耀忠先生作为一致行动人，累计减持西泵股份 880 万股，占西泵股份总股本的 7.91%。

但宛西控股和孙耀忠先生在减持西泵股份比例达到 5% 时，没有履行报告和信息披露义务。请发行人代表说明发生上述情形的原因；是否构成重大违法违规行为；是否有其他处罚风险。请保荐代表人发表核查意见。

2. 申请文件显示，发行人的主要产品为香菇食品和香辛食品配料，需要采购的物料包括香菇原料、香辛料原料和工业产品，发行人已获得的生产许可证不包括食品添加剂生产许可证。申请文件称，香辛食品配料为香辛料调味品，具有"风味物质数据化、产品浓度高，风味与天然风味基本一致，无有害残留、安全卫生"的特点。

报告期内各年，香辛食品配料的销售收入分别为 17610.63 万元、20248.84 万元、24445.13 万元。《中华人民共和国食品安全法》规定"食品添加剂，指为改善食品品质和色、香、味以及为防腐、保鲜和加工工艺的需要而加入食品中的人工合成或者天然物质，包括营养强化剂"。

就发行人在没有取得食品添加剂生产许可证的情况下生产前述香辛食品配料一事，请保荐代表人说明发行人是否违反了《中华人民共和国食品安全法》。①

这两个问题，也都体现了大厨房运营上的不规范。

食品安全作为公众敏感点，应该一再小心。做食品的要上市，安全问题不能忘。

而大股东也存在问题，在别的公司减持未做披露，又想带着大厨房上市，监管层能放任这种问题吗？

本案写作参考材料如下，特此鸣谢：

[1]《IPO 终止审查原因之——个人账户收款》，载《企业上市》，2016 年 6 月。

① 参见中国证监会网站《仲景大厨房股份有限公司创业板首次公开发行股票申请文件反馈意见》，载 http://www.csrc.gov.cn/pub/newsite/fxjgb/scgkfxfkyj/201704/t20170418_315347.html，2018 年 4 月 15 日最后访问。

学术推广与商业贿赂疑点＋药品质量问题＋核心产品被纳入监控目录＋经销商数量波动＋股权转让不合规

十二、润弘制药[①]

①本文关于润弘制药的数据来源于《河南润弘制药股份有限公司首次公开发行股票招股说明书（申报稿）》，详见中国证监会网站。

2017 年 6 月 23 日，润弘制药，主板 IPO 被否。

这家医药公司，年营收过 5.4 亿元、净利润 1.4 亿元，毛利率超过 55%，继承了医药行业一贯的“暴利”血统。

然而，它还是因为规范性、持盈能力的疑点，被否了。

质量问题接二连三、核心产品被“重点监控”，这些问题，润弘只字未提；

学术推广疑点多多、经销商一年换一茬、股权转让不明不白，润弘提了也无法解释。

这么多问题需要解释，还怎么继续 IPO 操作?

润弘医药被否，是一个 100% 经典的医药被否案例，相信大多数药企都能从它身上看到自己的影子。

药品质量、销售模式、学术推广，里面藏着无数看不见的地雷，还有监管层“逢药必提”的商业贿赂。

这就和出口型公司的销售真实性、合规性一样，明明前面有很多公司倒在了这些坑里，后面的公司却还前赴后继、乐此不疲。

1

药品生产采购销售都有什么要求？

润弘制药，是个经营药品的公司，做药自然少不了相关部门规定的条例，我们来看一下药业公司要关注哪些条例。

在生产上，我国对药品生产和药品经营实行许可证制度。

药品生产企业必须取得《药品生产许可证》《药品注册批件》，并通过 GMP 认证；

药品经营企业必须取得《药品经营许可证》，并通过 GSP 认证。

什么是 GMP 和 GSP？

GMP，Good Manufacturing Practice 的缩写，中文名“药品生产质量管理规范”，药品生产企业必备认证。这个认证对药品生产企业的设备、生产、质检都有严格要求，以保证质量。我们可以简单理解为医药行业的 ISO9001。

GSP，Good Supply Practice 的缩写，中文名“药品经营质量管理规范”，药品经营企业必备认证。

这个认证对药品的采购、储存、销售、售后整个流通环节进行严格约束，以保证用户拿到手的是合格产品。

只有有了这两个认证，医药厂商才能算是“入门级”合格，好在润弘取得了这两项认证。

在采购上，国家也有严格规定。比如，药品包装材料，必须从国家药监局批准的企业采购；再比如，中药类应按质量标准采购；或者，进口的原料必须取得国家药监局批准相关文件，以及口岸所在地药监部门的检验报告等。

在销售上，政府对医药企业的大客户——医疗机构也有明确规定。医疗结构的药品采购，分为公开招标、邀请招标和直接采购等方式。

招标模式下，采购主要由政府主导，实行集中采购制度，以省为单位组织药品集中招标，县及县以上医疗机构必须参加。

2015 年 2 月，国务院发布了指导意见，药品采购开始从政府主导转向医疗机构主导，药价也相应地从政府定价转向市场化定价。

润弘对这些医疗机构的销售，采用招投标和直接挂网两种方式。其中，它的主打产品长春西汀注射液采用招标方式，其余产品挂网销售。

值得一提的是，国家近几年还积极推行“两票制”。

“两票制”，是指药品从药厂卖到经销商开一次发票，经销商卖到医院再开一次发票。这两票，代替了之前的七票、八票，原则上要求同一种药品在一个地区只能有 1 ~2 个一级经销商，不允许有二级经销商，这样可以减少层层盘剥、规范销售、降低药价。

这些条条框框，一旦有一些变动，都可能对医药企业产生不小的影响。

2

润弘制药的采购销售是怎么操作的?

润弘制药，主要经营心脑血管药物，而且是小容量注射剂。

它的核心产品是长春西汀注射液，这个药，是治疗心脑血管病的，如脑梗塞后遗症、脑出血后遗症、脑动脉硬化症等。而且这个药，润弘做的还不错，在同行中销售额排名第四。

▼

排名	品牌	品名	厂家	2015 年销售额（亿元）	2015 年增长率	2015 年市场份额
1	申捷	单唾液酸四己糖神经节苷脂钠	齐鲁制药有限公司	46.81	18.68%	10.62%

续表

排名	品牌	品名	厂家	2015 年销售额（亿元）	2015 年增长率	2015 年市场份额
2	奥德金	小牛血清去蛋白	锦州奥鸿药业有限责任公司	30.62	7.54%	6.95%
3	克林澳/安捷利	马来酸桂哌齐特	北京四环制药有限公司	29.86	-1.96%	6.77%
4	润坦	长春西汀	河南润弘制药股份有限公司	24.43	13.44%	5.54%
5	欧迪美	脑苷肌肽	吉林四环制药有限公司	24.21	18.76%	5.49%
6	倍清星	奥拉西坦	广东世信药业有限公司	21.00	15.88%	4.77%
7	源之久	曲克芦丁脑蛋白水解物	北京四环制药有限公司	15.76	36.54%	3.58%
8	欧兰同	奥拉西坦	哈尔滨三联药业股份有限公司	14.24	13.66%	3.23%
其他品牌合计				233.77	13.96%	53.05%

我们一起看一下这个长春西汀注射液是怎么做出来的。

在采购上，长春西汀注射液的关键原料为长春西汀，这个原材料，润弘主要是向瑞士 Linnea. SA 指定的具有 GSP 资质的国内代理商采购。

在生产上，润弘采取以销定产的模式，并根据 GMP 规则以及自己的质量管理制度来管控质量。

在销售上，润弘采取买断的经销模式。具体分为专业化学术推广、终端控销和渠道分销三种方式。

其中，核心产品——长春西汀注射液（处方药），采取专业化学术推广模式。OTC（非处方药）及一些特色处方药，采取终端控销模式。而剩下的普通药品，则采取渠道分销模式。

本次润弘被否，就因为这个长春西汀注射液多处不合格，咱们来重点看看核心产品是怎么销售的。

专业化学术推广，是处方药常见的销售方式，说白了，就是通过学术会议、论坛、培训等活动，向医生介绍这种药好处多，从而销售药品。

润弘的具体操作方法是：先在区域设置业务经理，由业务经理选择并管理经销商，为经销商提供药品相关资料。

然后，经销商再组织学术会议、论坛、培训等活动，承担这些活动费用，并向医疗机构、医生等销售药品。业绩达标的经销商可以优先续约，并享受销售激励政策。

而本次，润弘医药就被所谓的学术推广所迷惑了，下面会仔细说。

3

雷区一：学术推广

医药制造行业，质量问题是个隐患，但是遇到了销售问题，那真是小巫见大巫。

▼

> 请发行人代表进一步说明：
>
> （1）发行人与经销商合同或协议中对专业化学术推广活动的责、权、利条款约定及其执行情况，“两票制”的推行对发行人经销模式的影响；
>
> （2）发行人实施销售激励与专业化学术推广之间的关系；
>
> （3）发行人如何掌控经销商学术推广活动及向终端客户的产品销售价格，经销商在学术推广发行人产品中是否存在商业贿赂情形。①

又是学术推广问题，我们看看这次监管层问了什么：

（1）公司和经销商对于学术推广模式下的权责利是如何划分的，两票制对公司经销模式有影响吗？

① 参见中国证监会网站《河南润弘制药股份有限公司首次公开发行股票申请文件反馈意见》，载 http：//www.csrc.gov.cn/pub/newsite/fxjgb/scgkfxfkyj/201703/t20170331_314465.html，2018 年 4 月 15 日最后访问。

（2）公司做销售激励，和公司学术推广有什么关系？

（3）公司怎么管控学术推广模式下的最终销售价格？有没有商业贿赂？

咱们一起看看这三个问题。

我们之前提到，润弘主要是经销模式，尤其是顶梁柱长春西汀注射液，是用学术推广模式销售的。这个学术推广，就是通过活动向医生、领导等销售药品。

不过，“学术”推广，本身就不易管理，毕竟大多医药制造企业都是这么操作的，医生去参加哪个“学术推广”就得掂量掂量了。而且，怎么个“推广”法，具体举办了哪些“学术”活动，为什么医生和领导们就必须买你的药，这个也不易说清。

在之前被否的圣华曦的案例中，监管层就明确要求圣华曦说明学术推广的具体内容。

本次，监管层又要求润弘说明经销商模式下学术推广的权责利划分问题，这又有解释不清的事。

可见，一提到学术推广模式，那可得拿出白纸黑字来解释清楚了，解释不清，监管层就只能“宁可错杀一千，不能放过一个”。

而且，润弘的学术推广还稍有不同——它是找经销商去“推广学术”的，现在两票制开始推广，经销商越来越少、越来越集中，以后这种经销模式还能持续吗？润弘也没解释明白。

此外，润弘的销售激励到底是怎么激励的，和学术推广有什么关系，润弘也没说明白。

最后，还是老主顾——商业贿赂，上面的问题说不清，监管层自然会想到这一点，最终的销售价格也需要润弘来印证，这个难关不好渡过。

再提醒所有的医药企业：学术推广，被这个名义迷惑的公司已经不是一家两家，监管层问到学术推广，就一定会问到商业贿赂，问到商业贿赂，那就一定会埋个伏笔问更难的问题。

所以，做药的公司，要是没有千寸之舌自证清白，那还是认真销售，没事就别做“学术”了。

4

雷区二：药品质量出什么问题了？

做药可是人命关天的事，润弘制药在药品质量上，却出了问题。

▼

> 发行人因产品质量问题两次被行政处罚和 15 次被有关监管部门查处和曝光，其中有 5 次涉及发行人主导产品长春西汀注射液。请发行人代表进一步说明：
>
> （1）发行人关于原材料采购、药品生产、包装、运输等方面的产品质量内控制度是否健全并得到有效执行，发行人相关内控制度是否存在重大缺陷；
>
> （2）发行人在其历次提交的《招股说明书（申报稿）》等申请材料中均未对其产品 15 次被有关药品监管部门查处和曝光为劣药事项进行披露的具体原因；发行人相关信息披露是否准确、完整，相关风险揭示是否充分；发行人有关信息披露的内控制度是否健全并得到有效执行；
>
> （3）发行人的生产经营是否符合《中华人民共和国药品管理法》《药品生产质量管理规范》等法律法规的规定。请保荐代表人对前述事项说明核查方法、程序、依据和结论。①

从监管层的反馈看，我们可以看到三个问题：

（1）公司采购、生产等环节内控健全吗？有没有缺陷？

（2）公司为什么对其被处罚 15 次这事没提过一个字？

（3）公司生产经营符合相关法律规定吗？

要搞清楚监管层为什么问这三个问题，我们得先从润弘制药的质量问题谈起。

根据润弘制药的披露，它的生产完全按照 GMP 要求进行，有一整套严格的质量内控标准，而且“为公众服务，为生命负责”。

---

① 参见中国证监会网站《河南润弘制药股份有限公司首次公开发行股票申请文件反馈意见》载 http：//www. csrc. gov. cn/pub/newsite/fxjgb/scgkfxfkyj/201703/t20170331_ 314465. html，2018 年 4 月 15 日最后访问。

▼

质量优势

公司及控股子公司主持制定了长春西汀注射液、参蛇偏瘫胶囊、乳宁胶囊、调经益母胶囊、阴痒康洗剂、肝胆舒康胶囊、中风回春片、产后益母丸、一把抓、五更太平丸、活血调经丸共 11 个品种的国家药品标准，公司参与制定了柴胡注射液的国家药品标准。在实际生产中，公司更提高了药品关键项目指标，所有产品的企业内控标准均高于《中国药典》等国家标准要求。

公司以“为公众服务，对生命负责”为质量要求，严格按照 GMP 要求建设厂房、配置设备，各类生产线均通过 GMP 认证。同时，公司制定了质量内控标准、标准管理规程、标准操作规程等一系列制度文件。以质量管理部为核心，组织采购部、生产管理部、技术中心、销售部、财务部、人力资源部等部门分工协作，建立起完善的质量管理体系，涵盖了药品研发、物料购进、生产、检验、储存、发运、销售等全部经营环节，全面保证了产品质量。

而且，它还强调，其生产内控质量标准高于国家标准，产品质量与技术指标也均超过进口同类药品。

▼

公司主持制定了长春西汀注射液的国家药品标准。在实际生产中，公司执行的内控质量标准高于国家标准要求，产品质量与技术指标均超过进口同类药品。长春西汀注射液的进口标准、国家标准（2012）、公司内控标准的各项关键质量指标对比如下：

关键质量指标		进口标准	国家标准（2012）	公司内控标准
有关物质	长春胺乙酯	≤1.5%	≤0.8%	≤0.5%
	阿朴长春胺	≤0.5%	≤0.3%	≤0.2%
	甲氧基长春西汀	不控制	≤0.5%	≤0.3%
	二氢长春西汀	不控制	≤0.1%	≤0.1%
	其他单杂	≤0.5%	≤0.5%	≤0.5%
	总杂	≤2.0%	≤1.5%	≤1.0%
有效成分含量		95.0% ~105.0%	95.0% ~105.0%	97.0% ~103.0%
有效期		5 年	5 年	5 年

看样子这质量是可以保证的。

然而，我们却发现一些媒体发出了“不和谐”的声音：

据中国新闻网报道，在浙江省食品药品监督管理局发布的《2013 年第 3 期浙江省药品质量公告的通知》中，润弘制药生产的柴胡注射液内可见异物，被认定不合格。[1]

▼

注射液内可见异物 河南润弘制药再曝生产劣药

中国新闻网 2013-10-11 17:20:15

中新河南网郑州10月11日电(晏立海)注射液内可见异物，河南润弘制药股份有限公司生产劣药。近日，浙江省食品药品监督管理局发布了《2013年第3期浙江省药品质量公告的通知》，河南润弘制药股份有限公司生产的柴胡注射液内可见异物，被认定为不合格，成为劣药，遭到该局通报。

在该质量公告中，河南润弘制药股份有限公司生产的柴胡注射液，批号：1209292，规格：每支装2ml，抽检单位为景宁畲族自治县东坑镇社区卫生服务中心，经浙江省丽水市药检所检测，在注射液内发现可见异物，依据《国家局药品标准WS3-B-3297-98-2011》，该注射液被认定为不合格，成为劣药。

（新闻来源：中国新闻网）

而中国质量新闻网也曾报道，浙江药监局发布的 2012 年第 2 期质量公告中，直指长春西汀注射液被检测到有可见异物，上了不合格名单。[5]

▼

27	长春西汀注射液	河南润弘制药股份有限公司	1012211	2ml	云和县人民医院	国家药品标准新药转正标准第 56 册	可见异物	丽水市所
28	长春西汀注射液	河南润弘制药股份有限公司	1102231	2ml	庆元县人民医院	国家药品标准新药转正标准第 56 册	可见异物	丽水市所

续表

29	长春西汀注射液	河南润弘制药股份有限公司	1011011	5ml	庆元县人民医院	国家药品标准新药转正标准第 56 册	可见异物	丽水市所
30	长春西汀注射液	河南润弘制药股份有限公司	1102241	2ml	庆元县中医院	国家药品标准新药转正标准第 56 册	可见异物	丽水市所

（新闻来源：中国质量新闻网）

此类不合格事件，多达 15 次，而且有 5 次是核心产品长春西汀注射液惹的祸，而这些事件，润弘反倒只字未提。

“为生命负责”，却出现这么多问题，难怪监管层会连发三问，质疑润弘的内控制度和合法性。

5

雷区三：“顶梁柱”多次被质疑？

媒体不仅报道了润弘的质量问题，对于润弘的顶梁柱——长春西汀注射液，也多加“关照”。

▼

请发行人代表进一步说明：

（1）发行人主导产品长春西汀注射液被列入安徽省、青海省、苏州市等省市的“重点药品监控目录”中，医疗机构在制订采购计划、医生处方审核时，对公布的重点药品从严管控、防止滥用，上述事项对发行人长春西汀注射液业务产品的销售、经营业绩和持续盈利能力是否构成重大不利影响。

（2）发行人在其历次提交的《招股说明书（申报稿）》等申请材料中均未对上述事项进行披露的具体原因；发行人相关信息披露是否准确、完整，相关风险揭示是否充分。①

① 参见中国证监会网站《河南润弘制药股份有限公司首次公开发行股票申请文件反馈意见》载 http：//www. csrc. gov. cn/pub/newsite/fxjgb/scgkfxfkyj/201703/t20170331_ 314465. html，2018 年 4 月 15 日最后访问。

监管提出的疑问，可以总结为两个问题：

（1）公司的顶梁柱——长春西汀注射液，被好几个地方列入重点药品监控目录，你这顶梁柱还能“顶梁”吗？

（2）公司为什么又没提这事呢？

还是和上面一样，我们先看看这个长春西汀注射液，是怎么被列入重点药品监控目录的。

根据多家媒体报道，润弘制药的长春西汀注射液在2016年被安徽、苏州列入重点药品监控目录。

▼

县级以上医院重点药品监控目录（非抗生素类）

排序	通用名	剂型	规格	包装	生产企业
1	奥拉西坦注射液	注射液	5ml：lg	1支/支	广东世信药业有限公司
2	硫酸氢氯吡格雷片	薄膜衣片	25mg	20片/瓶	深圳信立泰药业股份有限公司
3	阿托伐他汀钙片	薄膜衣片	20mg	7粒/盒	辉瑞制药有限公司
4	丹红注射液	注射液	10ml	1支/支	山东丹红制药有限公司
5	地佐辛注射液	注射液	1ml：5mg	1支/支	杨子江药业集团有限公司
6	马来酸桂哌齐特注射液	注射液	2ml：80mg	1支/支	北京四环制药有限公司
7	单唾液酸四己糖神经节普脂钠注射液	注射液	2ml：20mg	1支/支	齐鲁制药有限公司
8	注射用血栓通（冻干）	冻干粉针剂	0.15g	1瓶/瓶	广西梧州制药（集团）股份有限公司
9	注射用泮托拉唑钠	冻干粉针剂	80mg	1支/支	海南卫康制药（潜山）有限公司
10	注射用奥扭西坦	冻干粉针剂	1.0g	1瓶/盒	石药集团欧意药业有限公司
11	长春西汀注射液	注射液	2ml：10mg	1支/支	河南润纪制药股份有限公司
12	依达拉奉注射液	注射液	5ml：10mg	1支/支	南京先声东元制药有限公司
13	注射用泮托拉唑钠	冻干粉针剂	60mg	1支/支	海南卫康制药（潜山）有限公司
14	丹红注射液	注射液	20ml	1支/支	山东丹红制药有限公司

2016 年苏州市二级以上医疗机构第三期重点药品监控目录（2017.1.1～2017.6.30）

序号	申报编码	通用名	商品名	剂型	规格	包装材质	转换比	生产企业	供应价(元)
17	JJ3103653	依达拉奉注射液	无	注射液	20ml:30mg	借(预灌封)	1	辉南长龙生化	99.8
18	JJ3002263	长春西汀注射液	润垠	注射液	2ml:10mg	空	1	河南润弘制药	42.99
19	JJ2858780	马来酸桂哌齐特注射液	克林澳	注射液	2ml:80mg	空	1	北京四环制药	42.61
20	JJ2969454	平消片(薄膜衣)	无	薄膜衣片	0.24g	空	100	宁金太阳药业	57.6
21	JJ3082744	注射用丹参多酚酸盐(冻干)	无	冻干粉针剂	每瓶装 50mg(含丹参乙)	空	1	上海绿谷制药	58.62
22	JJ2957360	八珍颗粒(无糖型)	无	颗粒剂	3.5g	空	14	宁波立华制药	26.79
23	JJ2939502	血府逐瘀软胶囊	无	软胶囊(胶丸)	0.5g	空	24	辉南三和制药	40.7
24	JZ2849796	桂枝茯苓胶囊	无	胶囊剂	0.31g	空	50	江苏康缘药业	27.19

被列入重点药品监控目录意味着什么呢？根据苏州卫计委的描述：这些药品都是属于“价格高”“用量大”“非治疗辅助性”等采购金额排名靠前的品种，必要时要进行预警、限量采购。

不巧的是，润弘的核心产品赫然在列，有可能被限量采购。

而且，我们还发现，润弘的销售收入中，华东地区的收入占比为 26%，仅稍低于华中地区，排名第二。

▼

地区名称	2016 年	2015 年	2014 年
东北地区	4,414.24	3,317.36	4,028.29
华北地区	7,943.57	6,744.75	6,932.65
华东地区	14,126.07	12,974.49	10,306.62
华南地区	4,708.08	3,054.62	2,912.77
华中地区	14,144.84	12,396.64	13,697.26
西北地区	2,556.76	1,949.25	1,707.64
西南地区	6,206.32	4,962.57	4,416.13
合　计	54,099.88	45,399.68	44,001.36

安徽、苏州两大市场都可能沦陷，这部分的收入肯定会受到影响。

所以监管层对此比较担心，一旦列入了重点监控目录，这个被称为“业绩的保障”的长春西汀注射液还能“保障”吗？

这还需要我们之后观察。

6 雷区四：经销商变动这么大是什么情况？

销售模式下，除了学术推广，经销商的数量也存在问题。

▼

> 请说明：
>
> （1）报告期内存在较大数量经销商进出的原因，退出经销商所经销发行人产品的处置情况；
>
> （2）主要产品长春西汀注射液的原料药通过瑞士 Linnea. SA 指定的国内独家代理商采购，同时药品通过经销商的专业化学术推广为主进行，发行人是否具备独立面向市场经营的能力，相关经营风险是否充分披露。①

从监管的反馈看，主要有两个问题：

（1）公司经销商数量变动这么大，是怎么回事？经销商退出后，手里的货怎么办？

（2）公司采购是从国外来的，销售通过经销商，那公司采购销售独立吗？有风险吗？

---

① 参见中国证监会网站《河南润弘制药股份有限公司首次公开发行股票申请文件反馈意见》载 http：//www. csrc. gov. cn/pub/newsite/fxjgb/scgkfxfkyj/201703/t20170331_ 314465. html，2018 年 4 月 15 日最后访问。

我们先来看一组数据：

以 2016 年为例，润弘制药的期初经销商数量为 639 家，当期新进 513 家，当期退出 307 家。

▼

公司	销售模式	期初经销商数量	当期进入的经销商数量	当期退出的经销商数量	期末经销商数量
润弘制药	专业化学术推广模式	231	101	98	234
	终端控销模式	18	389	6	401
	渠道分销模式	414	138	236	316
	小计	639	513	307	845

这经销商几乎是一年换一批！

润弘对此解释为：有时经销商业绩不达标，就把他们进行撤换；同时为了提升销量，又引进了新的经销商；要不就是经销商转型，彻底退出。

但是监管层不止关注的是这个，从润弘披露的退货情况看，2014～2016 年，润弘的退货金额为 16.2 万元、15.51 万元、2.05 万元，营收占比为 0.04%、0.03%、0.00%。

▼

单位：万元

退货原因	2016 年	2015 年	2014 年
经销商之间调拨	2.05	15.51	16.20
退货金额合计	2.05	15.51	16.20
退货金额合计占营业收入比例	0.00%	0.03%	0.04%

这时根本没经销商退货，难道经销商退出时货都卖完了？这点润弘并没有解释。

除此之外，润弘在核心产品的原材料上，主要从 Linnea. SA 指定的代理商处采购，销售上又全部通过经销模式，万一 Linnea. SA 或经销商出现问题，怎么办？润弘也没说出个所以然。

除了医药行业的“专有”问题外，润弘医药也有股权转让问题：

▼

请发行人代表进一步说明：

（1）2010年1月，河南羚锐制药股份有限公司（以下简称河南羚锐制药）将其子公司郑州羚锐制药有限公司（以下简称郑州羚锐，系发行人前身）49%的股份一次性转让给中青港联（北京）投资公司（以下简称中青港联）的原因及其商业合理性；河南羚锐制药出售上述股权履行的决策程序、审批程序及信息披露情况；是否符合法律法规规章和交易所规则及公司章程的规定。

（2）确定郑州羚锐转让价格为1.80元/股的依据和程序，转让定价是否合理、公允。

（3）河南羚锐制药将郑州羚锐股份转让给中青港联时，未聘请评估机构对拟转让股份进行评估、独立董事未针对上述股份转让价格是否公允发表独立意见、上述股份转让事项未提交河南羚锐制药股东大会审议的具体原因及其合理性、合规性；上述股权转让是否存在纠纷、潜在纠纷和法律风险。

（4）河南羚锐制药的控股股东、实际控制人、董事、监事、高管与发行人是否存在关联关系或者其他利益安排，是否通过委托持股、信托持股等方式在发行人中拥有权益。

（5）发行人原系上市公司河南羚锐制药子公司，发行人总经理、财务总监、董事会秘书等主要高管曾在河南羚锐制药任职，发行人本次发行上市是否属于分拆上市或者变相分拆上市；是否损害了河南羚锐制药及其投资者尤其是公众投资者的合法权益。①

又是股权转让问题，实际上，还是润弘的规范性存疑。

本案写作参考材料如下，特此鸣谢：

［1］《注射液内可见异物河南润弘制药再曝生产劣药》，中国新闻网，2013年10月11日。

［2］《标示山东新华制药、河南润弘制药等企产的药品上不合格名单》，民主与法制网，2012年8月17日。

［3］《安徽省关于公布2016年上半年重点药品监控目录的通知》，药叶123，2016年8月有30日。

［4］《苏州市40个药品被重点监控（附目录）》，医药网，2017年1月11日。

［5］《标示山东新华制药、河南润弘制药等企产的药品上不合格名单》，中国质量新闻网，2012年8月17日。

---

① 参见中国证监会网站《河南润弘制药股份有限公司首次公开发行股票申请文件反馈意见》载 http：//www.csrc.gov.cn/pub/newsite/fxjgb/scgkfxfkyj/201703/t20170331_ 314465.html，2018年4月15日最后访问。

第四部分 独 立 性

关联交易+募投项目可行性存疑

南航传媒[1]

①本文关于南航传媒的数据来源于《中国南航集团文化传媒股份有限公司首次公开发行股票招股说明书（申报稿）》，详见中国证监会网站。

▼

2016年6月，跟南航航空相亲相爱的南航传媒，IPO被否了。这是一个经典的因关联交易而被否的IPO案例。

俗话说，背靠大树好乘凉。话是没错，但是，搁在监管方眼里，这不就是关联交易滋生的最肥沃的土壤吗，那还不得仔细盘问。

所以，本案被否的核心，还是在于关联交易。当然，具体表现倒是多样化的。比如：

1.南航传媒在从南航航空那里获取的最重要的航机媒体资源特许使用权，是如何估值的，交易作价是否公允?

2.南航传媒取得其他关联方，如贵州航空等的广告特许权，是否作价公允?

3.是否对向关联方的采购、销售业务存在依赖性？以及给关联方的资金有偿占用是否规范?

4.募投项目的可行性评估是否到位?

对于本案，笔者认为凡事有利有弊，背靠大树乘凉也不是件容易的事。

1

南航传媒，具体做什么的？

南航传媒，是做报刊出版和媒体资源综合运营的，业务涵盖报刊出版、媒体经营、客户代理、公关与设计等。

它的控股股东是南航集团，持股60%，南方航空持有剩余40%的股份。

▼

序号	发起人	持股数量（万股）	持股比例（%）
1	南航集团	12,000.00	60.00
2	南方航空	8,000.00	40.00
合计		20,000.00	100.00

南航传媒的主要媒体资源是航机传媒，2012～2014年、2015年1～6月，航机传媒的收入，占它经营收入的比例分别为99.62%、89.23%、83.93%、83.97%。

▼

项目	2015年1～6月		2014年度		2013年度		2012年度	
	毛利率	占媒体经营收入的比例	毛利率	占媒体经营收入的比例	毛利率	占媒体经营收入的比例	毛利率	占媒体经营收入的比例
航机媒体	61.54%	83.97%	62.78%	83.93%	65.56%	89.23%	69.39%	99.62%
电视媒体	30.15%	15.99%	26.66%	15.90%	26.25%	10.09%	–	–
其他媒体	–172.04%	0.04%	16.74%	0.18%	33.05%	0.69%	13.84%	0.38%
合计	56.41%	100.00%	56.96%	100.00%	61.37%	100.00%	65.89%	100.00%

航机传媒的价值，与航空公司的旅客运输量和地域分布密切相关。

那么，什么是航机传媒呢？航机媒体，是指飞机上的客舱设施媒体，主要包括飞机上的航机报纸、期刊等平面媒体，以及机上闭路电视、机上平板电脑、小桌板、座椅头巾等。

2 特许权如何估值？

▼

> 请发行人代表进一步说明：
>
> （1）发行人自南方航空取得航机媒体资源特许使用权的评估方法、基础数据、重大假设情况，评估参数是否考虑后续年度飞机数量增加的因素。
>
> 特许使用权分成率采用四分法确定为25%的依据；未采取定期调整比例分成的方法，对航机媒体资源进行估值的原因。①

南航传媒所拥有的航机媒体特许使用权（以下简称“特许权”），不仅可以让南航传媒通过广告投放，获取收益，还因此建立起了有效的壁垒。

可以说，特许权是南航传媒保持竞争力的重要因素。

那么，围绕特许权的各种问题，一定是监管层的审核重心。

第一个关注的，当然是特许权的交易价格，即特许权的估值。

2008年，南航传媒与南方航空（关联方）签订协议，以3503.66万元取得其18年的特许权。也就是说，平摊到每年，不到200万元，远低于市场价格。

---

① 参见中国证监会网站《中国南航集团文化传媒股份有限公司首次公开发行股票申请文件反馈意见》，载 http://www.csrc.gov.cn/pub/newsite/fxjgb/scgkfxfkyj/201601/t20160121_290090.html，2018年4月15日最后访问。

▼

序号	合同名称	合同双方	主要条款	合同期限	合同金额（万元）
1	无形资产特许使用协议	南方航空	南方航空将其拥有的 20 项广告资源的 18 年特许使用权提供给南航传媒。	2008. 3. 31 ~2026. 3. 30	3, 503. 66
	补充协议				

这么低的价格，为什么？

而且，航机媒体资源的价值，一般是按照“结算单价 * 飞机架数”来结算的。

由于签约期有 18 年，南航传媒在评估南方航空特许权估值时，是否考虑到未来影响估值的“未来飞机架数”增长的因素呢？并且，为什么要用“四分法”计算特许权分成率，而不采用浮动的“定期调整比例分成法”呢？

这两个问题，南航传媒都未披露。

考虑到，南航传媒与南方航空本身就是关联方，而未讲清楚这两个问题，难怪监管层会疑惑。

3

雷区一：关联交易定价，是否公允？

▼

（1）自厦门航空、贵州航空、重庆航空、珠海航空，取得航空媒体资源的具体标的、定价情况，及同行业可比公司取得航空媒体资源的方式、定价情况，以及发行人取得南航媒体资源，与前述交易的定价是否存在差异；

（2）发行人无偿使用关联方南方航空商标的关联交易定价是否公允。

请保荐代表人进一步说明对发行人取得南方航空航机媒体资源关联交易定价公允性的核查过程、依据和结论。①

① 参见中国证监会网站《中国南航集团文化传媒股份有限公司首次公开发行股票申请文件反馈意见》，载 http：//www. csrc. gov. cn/pub/newsite/fxjgb/scgkfxfkyj/201601/t20160121_ 290090. html，2018 年 4 月 15 日最后访问。

上述两个问题，都是针对南航传媒与关联方交易作价是否公允展开的。

南航传媒，南航航空，姓氏一样，同为关联方，我们不会惊讶。

不过，有意思的是，贵州航空、重庆航空、厦门航空、珠海航空，竟然都是南方航空的子公司。

▼

关联方名称	与本公司关系
南航贸易	控股股东控制的企业
南航财务	控股股东控制的企业
南航建发	控股股东曾经控制的企业， 现为控股股东参股企业
厦门航空	控股股东控制的企业
贵州航空	控股股东控制的企业
重庆航空	控股股东控制的企业
汕头航空有限公司	控股股东控制的企业
珠海航空	控股股东控制的企业
北京南航地面服务有限公司	控股股东控制的企业
广州南联航空食品有限公司	控股股东控制的企业
新疆南方航进出口贸易有限责任公司	控股股东控制的企业
天源证券有限公司	控股股东曾经控制的企业 已转让全部股权，现已更名为九州证券
中国南航集团物业管理有限公司	控股股东控制的企业
广州南航明珠商务酒店	控股股东控制的企业
南航嘉源（广州）航空用品有限公司	控股股东控制的企业
中国南航集团地勤有限公司	控股股东控制的企业
广州白云国际物流有限公司	控股股东控制的企业
广州航空大酒店	控股股东控制的企业

然而，关于取得这四家航空的特许权的定价，我们只找到了南航传媒与贵州航空签约时的价格。

南航传媒表示，由于航机媒体资源的价值，并没有市场的统一定价和参考价格，因此，媒体的价值计算，是按照可开发媒体的预计开发比例和市场价格计算的。

因此，南航传媒与贵州航空约定按照5万元/架/年来结算。

▼

2009年5月，贵州航空将其相关媒体及广告资源使用权授权南航传媒使用，南航传媒每年支付贵州航空传媒资源维护费用40万元，合同有效期5年。2014年1月，贵州航空传媒其相关媒体及广告资源使用权委托公司经营，合同有效期5年。公司每年按照飞机数量支付媒体资源使用费，2014年度为65万元。由于航机媒体资源的价值并没有市场统一的定价标准和参考价格，公司按照可开发媒体的预计开发比例和市场价格计算媒体价值，与贵州航空谈判确定按5万元/架/年的标准结算媒体资源使用费，每年结算飞机架数根据实际运营飞机数量由双方共同确认。报告期内飞机数量及年度结算金额如下：

期间	飞机架数	结算额
2012年度	8	40万元/年度
2013年度	8	40万元/年度
2014年度	13	65万元/年度
2015年1~6月	16	80万元/年度

奇怪的是，我们并未找到南航传媒与其他家航空公司的交易价格。

那么，这就是关联方的信息披露不够完整。如果有关联方，那就应全面披露才对。

4

雷区二：关联交易多又大，让人操心

▼

> 请发行人代表，结合发行人的航机媒体业务的渠道和载体，以及报告期内航空媒体资源经营收入、盈利和其他业务收入盈利情况，进一步说明：
>
> 发行人的经营是否对南方航空以及其他关联航空公司存在重大依赖。①

我们来看几组数据：

对关联方的销售金额——

2012～2014 年、2015 年 1～6 月，南航传媒向关联方销售商品及提供劳务的金额，分别是 5536 万元、7968 万元、7789 万元、2802 万元，占营业收入的比重分别为 14.43%、19.35%、18.80% 和 16.89%。

对关联方的采购金额：

南航传媒向关联方采购的交易金额，分别是 4319 万元、5285 万元、5675 万元、2043 万元，占营业成本的比例分别为 26.93%、29.88%、29.37%、26.54%。

▼

报告期内，公司的关联交易主要包括：向南航集团下属各航空公司购买或合作经营航机媒体资源，为南航集团及其下属企业提供客户代理、公关与设计等服务。2012 年、2013 年、2014 年和 2015 年 1～6 月，公司向关联方销售商品及提供劳务的交易金额分别为 6103.96 万元、8264.57 万元，7849.90 万元和 2804.52 万元，占营业收入的比重分别为 14.43%、19.35%、18.80% 和 16.89%；公司向关联方采购

① 参见中国证监会网站《中国南航集团文化传媒股份有限公司首次公开发行股票申请文件反馈意见》，载 http://www.csrc.gov.cn/pub/newsite/fxjgb/scgkfxfkyj/201601/t20160121_290090.html，2018 年 4 月 15 日最后访问。

的交易金额分别为4319.65万元、5285.09万元、5675.24万元和2043.31万元，占营业成本的比例分别为26.93%、29.88%、29.37%和26.54%。

虽然目前公司关联交易定价遵循市场定价原则，且上述关联交易已通过本公司和关联方之间的一系列关联交易协议进行了规范，但未来依然存在关联方利用关联交易损害公司或中小股东利益的风险。

除了销售、采购的行为以外，南航传媒还把大部分资金存放于南航财务。

2012~2014年、2015年1~6月，分别取得存款利息收入628.45万元、816.80万元、1233.68万元和683.38万元。

▼

报告期内，公司大部分资金存放于南航财务，存款利率按照中国人民银行公布的基准利率和上浮政策执行。2012年、2013年、2014年和2015年1~6月，公司分别取得存款利息收入628.45万元、816.80万元、1233.68万元和683.38万元。

综上来看，南方传媒的上下游业务，较为依赖关联方交易，甚至都还把钱存于关联方，虽然资金是有偿占用的，但是，存在关联方的动机，也是值得思考的。

5

雷区三：募投项目具有可行性吗？

▼

> 请发行人代表进一步说明：
>
> （1）发行人通过新疆广天合传媒有限公司实施募投项目喀纳斯演艺中心建设项目的具体方式及经济效益预测的计算方法和依据；
>
> （2）合作方的基本情况和拟组建的企业；
>
> （3）结合有关协议约定、目前实施情况以及当地政治经济形势，说明该项目是否存在现实或潜在的法律纠纷和风险；

（4）发行人针对募投项目在人员、业务、技术、管理上的准备情况，项目实施后是否将带来发行人产品或服务的重大变化。①

总结一下，监管层对募投项目的主要疑问：

（1）喀纳斯演艺中心建设项目的经济效益怎样？

（2）合作方的基本情况怎么样？

（3）考虑到这个项目的所在地在新疆，当地的局势是否会对项目造成潜在的风险？

（4）项目前期的准备工作如何，后期会不会对公司自己的业务产生重大影响？

我们一起来看下这个募投项目是什么。

喀纳斯演艺中心建设项目，由新疆广天合主导实施，由广天合及其他投资方共同组建公司负责项目运营。

合资公司主要经营演艺业务、4D 电影、景区宣传推广代理及其他延伸业务。

本项目预计静态投资回收期为 8.67 年，投产后将实现年均营业收入 10441 万元，年均利润总额 6378 万元，年均售后利润 4947 万元，项目毛利率为 67.9%，总投资利润率为 16.4%。

▼

本项目拟通过新疆广天合主导实施，届时由新疆广天合及其他投资方共同组建公司负责项目运营。合资公司主要经营演艺业务、4D 电影、景区宣传推广代理以及其他延伸业务，收入来源主要包括演艺门票收入、4D 电影门票收入、景区商业性营销策划及媒体投放代理收入等。

本项目预计静态投资回收期为 8.67 年（含两年建设期），投产后将实现年均营业收入 10.441 万元，年均利润总额为 6,378 万元，年均税后利润为 4,947 万元，项目毛利率为 67.9%，总投资利润率为 16.4%。本项目以生产能力利用率表示的盈亏平衡点为 15.9%，说明项目抗风险能力较强。综上，本项目具有良好的经济效益，且投资风险可控。

---

① 参见中国证监会网站《中国南航集团文化传媒股份有限公司首次公开发行股票申请文件反馈意见》，载 http://www.csrc.gov.cn/pub/newsite/fxjgb/scgkfxfkyj/201601/t20160121_290090.html，2018 年 4 月 15 日最后访问。

其中，新疆广天合是南方传媒的全资子公司，2008 年被南航传媒收购。

▼

注册资本	113 万元	住　　所	乌鲁木齐市新市区迎宾路 46 号	
实收资本	113 万元	主营业务	设计、制作、代理、发布国内外各类广告业务	
股东构成	股东名称		出资金额（万元）	出资比例（%）
	新疆航空公司		113.00	100.00

2008 年 2 月 25 日，南航集团 2008 年第二次总经理办公会（南航集团厅发〔2008〕2 号）决定：新航广告经资产评估并在交易所挂牌后由南航传媒有限收购。2008 年 5 月 7 日，新疆航空公司以《关于转让新疆航空广告公司国有产权的决定》批准转让新航广告全部国有产权。2008 年 12 月 31 日，南航传媒有限召开股东会，同意作为意向受让方于上海联合产权交易所举牌收购新航广告全部国有产权。2009 年 3 月 16 日，南航传媒有限与新疆航空公司签订《产权交易合同》，受让新航广告整体产权，受让价格参照新航广告截至 2008 年 3 月 31 日经新疆驰远天合有限责任会计师事务所评估（驰天会评字〔2008〕第 1 - 034 号《评估报告》）并经南航集团备案确认的净资产值 519372.45 元，确定为 52 万元，交易基准日至产权转让完成日产生的盈利或亏损及风险由新疆航空公司承担。南航传媒有限于 2009 年 3 月 18 日支付了股权转让款。

广天合的注册资本只有 150 万元，2014 年、2015 年 1 ~ 6 月总资产分别是 3454.27 万元、3527.17 万元，净利润分别是 720.53 万元、206.72 万元。

▼

3. 新疆广天合传媒有限公司

成立时间：1993 年 4 月 2 日

改制时间：2009 年 12 月 31 日

注册资本：150 万元

实收资本：150 万元

法定代表人：王建宁

住　　所：新疆乌鲁木齐市新市区迎宾路 1341 号

经营范围：许可经营项目：《航空旅游报》（汉文周报）、《空中之家》（英文月刊）的编辑、出版、发行：一般图书，音像制品的批发。一般经营项目：设计、制作、代理、发布国内外各类广告业务：会展服务，文化活动策划，商贸信息服务，工艺美术品的销售，旅游服务，摄录像服务。

本公司持有新疆广天合100%的股权。新疆广天合主要从事《空中之家》和《航空旅游报》的出版、发行和经营业务。

经瑞华审计，新疆广天合最近一年及一期的财务数据如下：

单位：万元

项目	2015.6.30	2014.12.31
总资产	3,527.10	3,454.27
净资产	3,341.17	3,134.46
项目	2015年1~6月	2014年
净利润	206.72	720.53

招股书中对于该项目的协议内容、项目进展情况，没有作相关说明，是否受当地政治经济的影响也没有披露。

南方传媒表示，喀纳斯演艺中心的建成，将帮助其进入高端演艺市场，拓展演绎文化板块。

这和它目前的经营项目完全不相关，会不会影响南方传媒以后的经营方向，招股书中也没有相关说明。

本案写作参考材料如下，特此鸣谢：

[1]《南航传媒再冲刺IPO：经营和财务独立性遭质疑》，载《大众证券报》，2016年3月12日。

第五部分 信息披露

信息披露不全 + 应收账款较多

一、港通医疗[①]

①本文关于港通医疗的数据来源于《四川港通医疗设备集团股份有限公司首次公开发行股票招股说明书（申报稿 2017 年 3 月 29 日）》，详见中国证监会网站。

▼

2017年5月，港通医疗——一家做医疗工程的公司，IPO申请被否。

这个营收3.6亿元、净利润4400万元、为解放军总后勤部供应物资的公司，止步A股。

不过，看了监管层的反馈意见，我们将港通医疗被否的原因总结为两点：关联交易不够规范、财务会计也不够规范。

具体表现在：

1. 关联公司成立原因不明、业务与拟上市公司存在竞争、股东出资来源不明、资金拆借原因不明。

2. 应收账款“年年有余”、逾期和诉讼坏账准备计提不规范、质保金常年收不回。

这两个问题，对于我们的启示是，一定要经营规范、信披规范、财务规范。

总之，加强规范，才有可能突破监管层的“规范防线”。

1

港通医疗是做什么的?

港通医疗生产的是：医用气体系统和医院洁净手术部。

这两个名词看起来挺专业，咱们来简单了解一下它们有什么用：

医用气体系统包括两类：正气压系统和负气压系统。

正气压系统是为病人提供医用气体（氧气、氮气等）的装置，如呼吸机，帮助患者顺畅呼吸。负气压系统是一套排除病人体液、污物、废气的装置，如口腔负压，用来吸走环洲口腔内的唾液等。

▼

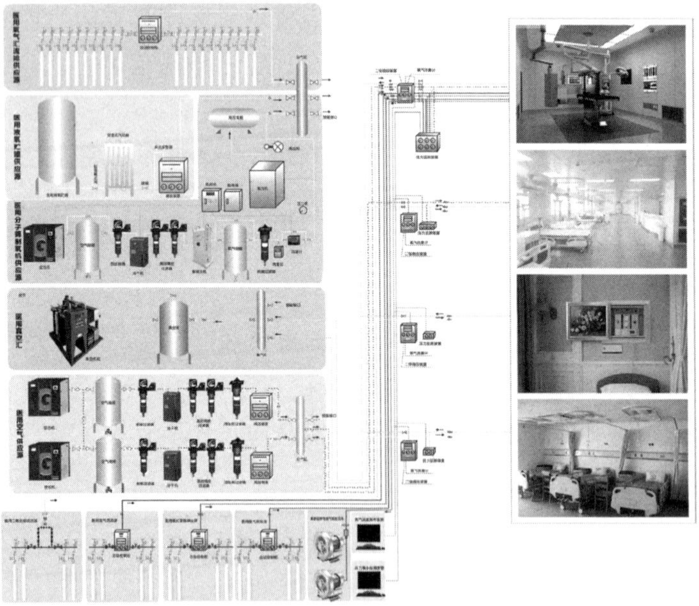

医院洁净手术部是一整套手术系统，主要由建筑装饰、手术装备、空气净化系统、医用气体系统、电气系统、控制系统构成。也就是说，相当于建立了一个“硬

装”手术室，同时配备手术用装备、空气净化系统、电气系统等“软装”。

之所以叫洁净手术部，是因为它采用了空气洁净技术、高等级的手术装备等，用来降低手术过程中的细菌、尘埃。

港通医疗的这两个产品，都可以看作一条龙服务，包括了咨询、设计、产品、施工、运维的所有环节。

因而，港通医疗多以项目为单位开展业务，具有明显的定制化特征。

所以，和很多工程项目类公司类似，港通医疗的项目主要是通过参加医疗结构、建筑公司的招投标方式获取。

2

雷区一：关联方被质疑，少披露了哪些信息？

监管层对港通医疗的第一个质疑，就是来自它的关联方披露不完整。

▼

根据披露，四川深康气体有限公司（以下简称深康气体）成立于2015年5月，该公司股东蒲娟、樊秀珍均为发行人实际控制人控制的企业员工，且蒲娟为发行人供应部经理的配偶。

请进一步说明：

（1）深康气体的设立目的，深康气体经营范围与发行人的经营范围是否存在交叉或重叠，是否存在业务竞争；

（2）深康气体的经营情况，深康气体与发行人在业务、技术、人员、资产、客户等方面是否存在交叉或重叠；

（3）深康气体实际出资情况及蒲娟、樊秀珍的出资来源，是否存在代持情况；

（4）实际控制人所控制的企业员工设立与发行人业务相关企业的合理性；

（5）发行人与深康气体资金往来的原因、必要性和商业合理性，是否履行了有关审议程序，进行事后追认的原因及其真实性和合法合规性；

（6）是否存在与发行人及实际控制人相关的其他特殊利益安排。相关风险是否充分揭示及披露。①

---

① 参见中国证监会网站《四川港通医疗设备集团股份有限公司首次公开发行股票申请文件反馈意见》，载 http：//www. csrc. gov. cn/pub/newsite/fxjgb/scgkfxfkyj/201704/t20170428_ 315932. html，2018 年 4 月 15 日最后访问。

问题较多，我们简单概括下监管层的疑问，总共为五个问题：

第一，明知道有关联关系，还设立这个公司，有什么目的？

第二，设立这个关联公司，主要做哪些业务，会不会和自己公司出现同业竞争？

第三，这个关联公司的出资来源是什么？

第四，公司跟关联公司之间的资金拆借，是否符合内控程序？

第五，还有没有其他利益输送的关系？

这一连串的发问，都是针对港通医疗的一家关联公司——深康气体展开的。

深康气体的股东是樊秀珍、蒲娟。这两个人，都是简阳经开的员工，而且蒲娟还是港通医疗供应部经理李鹏的妻子。

▼

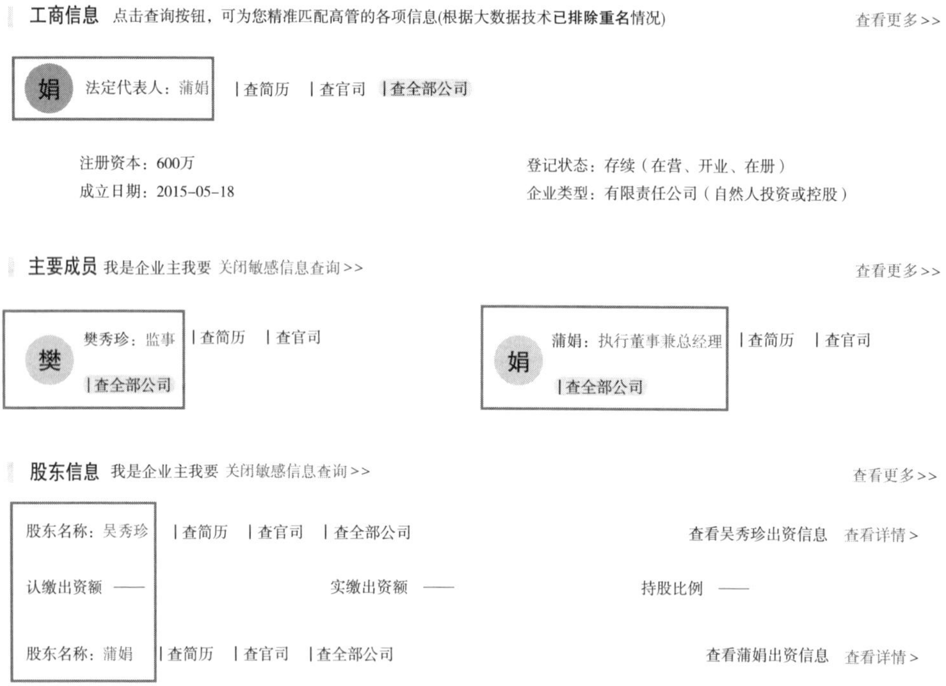
工商信息 点击查询按钮，可为您精准匹配高管的各项信息(根据大数据技术已排除重名情况) 查看更多>>

娟 法定代表人：蒲娟 |查简历 |查官司 |查全部公司

注册资本：600万
成立日期：2015-05-18
登记状态：存续（在营、开业、在册）
企业类型：有限责任公司（自然人投资或控股）

主要成员 我是企业主我要 关闭敏感信息查询>> 查看更多>>

樊 樊秀珍：监事 |查简历 |查官司 |查全部公司

娟 蒲娟：执行董事兼总经理 |查简历 |查官司 |查全部公司

股东信息 我是企业主我要 关闭敏感信息查询>> 查看更多>>

股东名称：吴秀珍 |查简历 |查官司 |查全部公司 查看吴秀珍出资信息 查看详情>

认缴出资额 —— 实缴出资额 —— 持股比例 ——

股东名称：蒲娟 |查简历 |查官司 |查全部公司 查看蒲娟出资信息 查看详情>

（信息来源：水滴信用）

简阳经开，是港通医疗的实控人陈永控股的另外一家公司。

很明显，深康气体与简阳经开、港通医疗密切相关。而且，深康气体的经营范围是：医用气体设备制造、加工。这就已经和港通医疗的经营范围有交叉重叠，因而形成了一定的竞争关系。

但是，港通医疗披露：深康气体成立后未进行任何实际经营活动。

那么，监管层就提出了疑问：公司没有实际作用，为什么要成立？而且出资来源需进行披露。

但港通医疗都没解释。

更为重要的是，港通医疗还在 2016 年 4 月从深康气体拆入资金 500 万元并支付利息（利率公允）。为什么有这笔资金拆借，拆借的用途是什么，有没有走正规的内控程序，事后追认是否合规？

这些重要的点，港通医疗一点都没有披露。

本案，港通医疗倒在了关联方交易信息披露不全上，这也让我们想到了之前被否的双环电子。综上来看，本案也给有关联方交易的公司提了个醒：关联方的所有关键信息，如关联方存在的合理性、资金拆借的合理性等问题一定要如实、全面地披露。

只有做到规范，才能打消监管层的疑虑。

3

雷区二：应收账款这么多，要怎么处理？

监管层提出的第二个质疑，矛头直指港通医疗的应收账款。

▼

（1）请说明报告期各期末应收账款占营业收入比重逐年增长的合理性；

（2）应收账款逾期情况及对应客户情况，逾期应收账款未单项计提坏账减值准备的原因及其合理性；

（3）是否存在对主要客户放宽信用期限的情形；

（4）质保金长期未收回的原因及回收的风险；

> （5）结合相关诉讼和仲裁情况说明相关减值准备计提是否充分，相关风险是否充分揭示及披露。①

看完这几个问题，我们可以看出，监管层对港通医疗应收账款的关注点主要在以下几点：

第一，应收账款怎么越来越多？

第二，逾期账款有多少，为什么逾期账款未计提坏账减值准备？

第三，有没有对主要客户的信用期限放宽？

第四，质保金为什么未收回？

第五，诉讼相关的项目应收账款是否充分计提减值准备？

既然是关于应收账款的问题，我们就先来看看港通医疗是怎么与客户结算的。港通医疗，是按照项目进行收款的，一般根据项目进度，分阶段地收取相应款项。例如：

开工前，收取0%～30%的预付款；开工至竣工期间，收取进度款，累计达到合同金额的30%～85%；竣工至竣工决算期间，收取决算款，累计达到90%～97%；最后，留下一小部分作为质保金，质保期结束后收回。

▼

阶段		工程进度	收款额度	主要权利	主要义务
第一阶段	签订合同工程开工	0%	开工前支付合同总额0%～30%的预付款	收取预付工程款	组建项目团队，完成前期工作
第二阶段	工程开工至工程竣工验收阶段	0%～100%	收取工程进度款，累计收款额达到合同总金额的30%～85%	根据施工图，按照施工组织计划施工。并根据甲方现场施工情况提出变更意见	负责工程的设计及施工，保证工程按时按质安全完工，负责工程项目的现场保护

① 参见中国证监会网站《四川港通医疗设备集团股份有限公司首次公开发行股票申请文件反馈意见》，载 http://www.csrc.gov.cn/pub/newsite/fxjgb/scgkfxfkyj/201704/t20170428_315932.html，2018年4月15日最后访问。

续表

阶段		工程进度	收款额度	主要权利	主要义务
第三阶段	工程竣工验收至竣工决算	100%	累计收款达到工程价款的 90%~97%	收取竣工决算款	配合竣工决算工作，提供竣工验收报告及产品合格证
第四阶段	工程质保期	-	累计收款达到工程价款的 100%	收回质量保证金	负责工程运维，承担相应的运维费用

了解了港通医疗的结算模式，我们再来看看应收账款是怎么一回事。

2014~2016 年年底，港通医疗的应收账款为 2.2 亿元、2.7 亿元、3.2 亿元，营收占比为 58.99%、81.31%、87.99%，呈逐年上升趋势。

港通医疗对此解释为：客户主要为医院和大型建筑公司，项目竣工后还要政府决算，整个审批时间太长，因而逾期账款较多。

回款周期变长，堆积的应收账款肯定就会变多。比如，这几年的应收账款，一年内的比重越来越少，就说明了这个问题。

▼

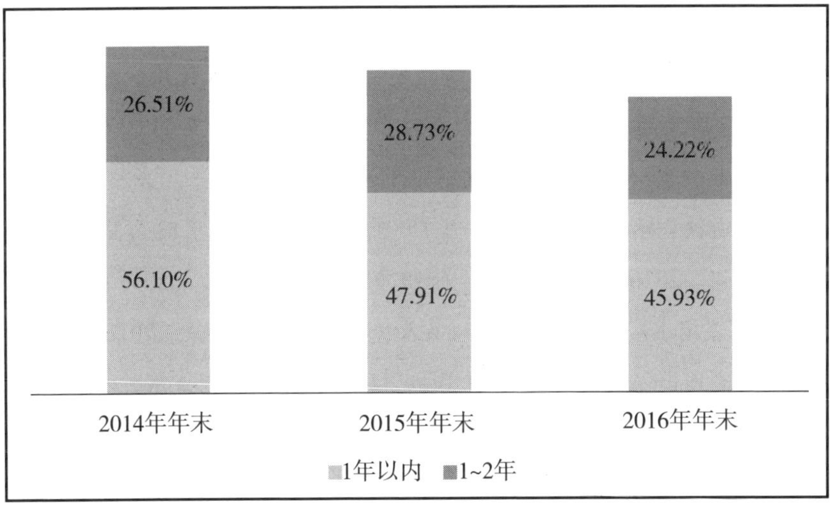

这样听起来也有理，于是监管层又问：公司自己也说有些医院逾期还没付款，是哪些客户逾期，逾期多久，逾期款为何不计提减值，不计提损失难道是变相放宽期限吗？

港通医疗只披露，因为客户主要是公立医院，所以坏账的可能性较低，而且实际发生的坏账比自己计提的还要少，计提已经非常充分。

▼

报告期内，公司实际核销的应收账款金额低，占应收账款余额的比例分别为0.18%、0.11%及0.39%。公司的主要客户为公立医院，实际发生坏账的可能性较低，报告期内，公司已计提坏账准备金额远高于实际核销的应收账款金额，公司坏账准备计提充分。

另外，2016年年末，港通医疗的质保金为6770万元，其中3年以上的质保金占比接近15%。

大笔质保金未收回，港通医疗也没有披露为什么。

最后，港通医疗只披露了诉讼纠纷的项目有四个，但是对于诉讼纠纷的项目是否计提了应收账款的坏账准备，港通医疗尚未披露。

▼

截至2016年12月31日，发行人及子公司发生的争议金额在50万元以上，且尚未结案的诉讼、仲裁案件：

2016年8月2日，因承揽合同纠纷，发行人向简阳市人民法院起诉全椒县人民医院、合肥建工集团有限公司，请求法院判令两被告共同支付发行人贷款2052905.62元及利息（央行同期贷款基准利率，直到付清止，合格后7日起算），本案诉讼费用由被告承担。2016年8月15日，全椒县人民医院向简阳市人民法院提起管辖权异议。2016年9月2日，简阳市人民法院作出（2016）川2081民初3411号《民事裁定书》，裁定驳回全椒县人民医院的管辖异议。2016年12月5日，简阳市人民法院作出（2016）川2081民初3441号《民事判决书》，判决合肥建工集团有限公司于判决生效后10日内支付发行人工程款1802905.62元及利息（按中国人民银行公布的周期同类贷款利率计算，时间从2015年2月5日起算至付清之日止）；驳回发行人的其他诉讼请求。2016年12月19日，合肥建工集团有限公司向四川省资阳市中级人民法院提起上诉，请求撤销四川省简阳市人民法院2016年12月5日作出的（2016）川2081民初3441号民事判决书，依法改判：一、二审诉讼费用由被上诉人承担。该案件目前正在二审审理中。

2016年9月26日，因建设工程施工合同纠纷，发行人向郑州市仲裁委员会以郑州颐和医院为被申请人申请仲裁，请求裁决被申请人支付工程欠款15808793.23元，支付资金占用费用直到付清全款止，暂计算至2016年9月26日，计515761元，本案裁决费、保全费由被申请人承担。该案件目前正在仲裁审理中。

2016年10月13日，因承揽合同纠纷，发行人向简阳市人民法院起诉大同市中医医院，请求法院判令被告支付承揽合同欠款624530元及资金占用费直至付清全款止，暂计算至2016年11月30日，计55673.8元，本案诉讼费由被告承担。2016年11月8日，发行人向简阳市人民法院申请变更诉讼请求，请求判令被告支付承揽合同欠款533873元及资金占用费直至付清全款止，暂计算至2016年10月30日，计46880元，合计580753元，本案诉讼费由被告承担。2016年10月26日，大同市中医医院向简阳市人民法院提起管辖权异议。2016年11月9日，简阳市人民法院作出（2016）川2081民初4226号《民事裁定书》，裁定驳回大同市中医医院的管辖权异议。2016年11月15日，大同市中医医院向资阳市中级人民法院提起管辖权异议上诉。该案件目前正在一审审理中。

2016年12月12日，因建设工程施工合同纠纷，发行人向安徽省合肥高新技术产业开发区人民法院起诉安徽省新安干细胞工程有限公司，请求法院判令被告支付合同进度款700000元及资金占用费直至付清全款止，暂计算至2016年12月30日，计100900元，以上合计800900元；本案诉讼费由被告承担。该案件目前正在一审审理中。

看来，监管层关注的不仅仅是财务数据是否异常，还关注了财务数据是否准确和合规。

对工程项目类的企业来说，应收账款的管理能力、坏账准备的计提方法一直是一个令人头疼的问题。因此，财务会计的规范性，也是监管层关注的重点所在。

采购产销数据不匹配 + 境外销售真实性存疑 + 大客户出现重大变动

二、永德吉[1]

①本文关于永德吉的数据来源于《福建永德吉灯业股份有限公司首次公开发行股票招股说明书（申报稿 2017 年 4 月 17 日）》，详见中国证监会网站。

▼

2017 年 5 月 9 日，一家为欧司朗做贴牌生产的 ODM 生产商，永德吉灯业 IPO 被否了。

这个靠着卖灯泡，2016 年营收 4.3 亿元、净利 4100 万元的公司，无奈止步 A 股。

从监管层的被否反馈意见上看，被否原因集中在对大客户的依赖、采购与产销的财务数据不匹配，以及境外销售的真实性的验证上。

原本以为靠着“欧司朗的贴牌产商”的名号，还能增长名气。但是万万没想到，永德吉的大客户朗德万斯却正忙着被木林森收购。

且不说，这次收购会不会对永德吉的持续盈利造成什么样的影响。单单就永德吉未在招股书中披露这么重要的事项，永德吉被否估计也能扣上个“信息披露有遗漏”的帽子。

总的来说，作为一个出口企业，是否对客户有依赖性？客户是否稳定？以及境外销售的真实性如何保证？这些都是非常值得重点关注的细节。

1

雷区一：客户依赖严重，信息披露遗漏

本次监管层否决反馈的第一个问题，是针对永德吉较高的大客户集中度而言的。

▼

> 请发行人代表进一步说明：
> （1）发行人客户高度集中的原因和合理性，是否属于照明行业共同的特点。
> （2）发行人对第一大客户朗德万斯是否存在重大依赖，与朗德万斯的交易是否具有可持续性，是否存在替代风险；朗德万斯被境内同行业上市公司木林森等收购，是否致使与朗德万斯的交易存在重大不确定性并对发行人的持续盈利能力构成重大不利影响。
> （3）2016 年 7 月，欧司朗公司即已宣布将朗德万斯出售给木林森等，发行人在历次《招股说明书》（申报稿）等申请材料中均未披露朗德万斯被收购事项的原因。发行人相关信息披露是否准确、完整；发行人有关信息披露的内控制度是否健全并得到有效执行。请保荐代表人发表详细说明核查的方法、过程、依据及结论。①

具体来看，永德吉的第一大客户是朗德万斯，是全球三大照明巨头——欧司朗旗下的照明业务公司，2015 年单独被剥离出来。

朗德万斯被剥离出来以后，于 2017 年 3 月，被欧司朗以 4.857 亿欧元的价格，出售给木林森。因此，朗德万斯成为木林森的全资子公司。

该笔收购交易，已于 2017 年 3 月 3 日完成了境外交割。

然而，第一大客户朗德万斯（LEDVANCE）发生了如此重大的事项变动，永德吉竟然都并未在招股书中披露。

那么，我们接下来看一看，这个朗德万斯对于永德吉的销售有多么大的重要

---

① 参见中国证监会网站《福建永德吉灯业股份有限公司首次公开发行股票申请文件反馈意见》，载 http：//www.csrc.gov.cn/pub/newsite/fxjgb/scgkfxfkyj/201704/t20170428_315926.html，2018 年 4 月 15 日最后访问。

性。一起来看看永德吉对朗德万斯的销售收入占比：

在朗德万斯被欧司朗剥离出来之前（2015 年），永德吉对欧司朗的销售收入，在北美洲、欧洲以及亚洲地区的销售额占比均超过 50%。

而在朗德万斯被剥离出来之后，销售占比也在 15% ~30% 之间。

▼

	2016 年		2015 年		2014 年	
	收入	占比	收入	占比	收入	占比
北美洲小计	24, 287. 12	100. 00%	10, 270. 16	100. 00%	12, 898. 59	100. 00%
Osram Sylvania Inc（欧司朗）	11, 456. 41	47. 17%	7, 070. 72	68. 85%	9, 757. 60	75. 65%
LEDVANCE LLC（欧司朗）	5, 543. 59	22. 83%				
U LIGHTING AMERICA INC	1, 782. 73	7. 34%				
欧洲小计	7, 370. 28	100. 00%	5, 164. 74	100. 00%	8, 864. 45	100. 00%
BITRATE LLC	2, 633. 94	35. 74%	1, 080. 72	20. 92%	3, 177. 16	35. 84%
OSRAM GMBH（欧司朗）	959. 44	13. 02%	2, 981. 57	57. 73%	4, 161. 84	46. 95%
LEDVANCE GMBH（欧司朗）	1, 267. 20	17. 19%				
亚洲小计	4, 609. 85	100. 00%	7, 489. 63	100. 00%	4, 487. 00	100. 00%
OSRAM ASIA PACIFIC LTD（欧司朗）	2, 769. 48	60. 08%	6, 939. 27	92. 65%	3, 703. 13	88. 44%
LEDVANCE LTD（欧司朗）	1, 305. 65	28. 32%				
南美洲小计	2, 702. 35	100. 00%	5, 192. 74	100. 00%	3, 069. 49	100. 00%
KIAN IMPORTAÇÃO LTDA（ORGANIZAÇÃO REDE ELÉTRICA DE ITAUNA LTDA）	1, 678. 41	62. 11%	4, 488. 91	86. 45%	1, 989. 08	64. 80%
大洋洲小计	2, 200. 10	100. 00%	1, 486. 44	100. 00%	1, 591. 22	100. 00%
ENERGY MAD LIMITED	1, 931. 22	87. 78%	1, 177. 14	79. 19%	1, 194. 51	75. 07%

注 1. 由于欧司朗集团将通用照明业务拆分整合入 LEDVANCE，2016 年 7 月 1 日起，欧司朗通用照明业务由 LEDVANCE 承接；

2. ORGANIZAÇÃO REDE ELÉTRICA DE ITAUNA LTDA 于 2016 年更名为 KIAN IMPORTAÇÃO LTDA。

无论是欧司朗还是朗德万斯，对于永德吉来说，都是非常重要的。如果一旦收购后的朗德万斯进行业务调整，那么无疑会对朗德万斯的营收产生不小的影响。

对于这个问题，永德吉在招股书中只是轻描淡写了一句，并未解释与朗德万斯的交易能否稳定持续，由此才引来监管层的质疑。

所以说，IPO 申报企业，一定要如实披露，该解释的要主动解释，不然等到监管层来提问，就会非常被动。

2

雷区二：采购与产销量增幅不匹配

高管工资不及同行的 1/3，监管层反馈的第二个问题主要在销售费率等财务数据上。

▼

> 请发行人代表进一步说明报告期内发行人主要原材料玻璃管和发光二极管采购量、主要能源耗发电量增幅均低于产销量增幅，销售费用率、管理费用率均低于同行业可比公司的原因，是否存在关联方、潜在关联方或者第三方为发行人承担成本或代垫费用的情形，以及通过人为压低发行人高管和员工薪酬以降低期间费用的情形。请保荐代表人说明核查情况和结论。①

首先来看看采购与产销不匹配的问题，体现在原材料的采购量增幅和产销量的增幅不匹配。

接下来看看永德吉主要生产了些什么。

永德吉的产品主要有两种：节能灯和 LED 灯，其中节能灯的主要原材料包括玻璃管和荧光粉等，而 LED 灯的主要原材料则是灯珠（发光二极管）。

LED 灯的营收占比增长很快，2016 年基本与节能灯持平。

---

① 参见中国证监会网站《福建永德吉灯业股份有限公司首次公开发行股票申请文件反馈意见》，载 http：//www. csrc. gov. cn/pub/newsite/fxjgb/scgkfxfkyj/201704/t20170428_ 315926. html，2018 年 4 月 15 日最后访问。

▼

单位：万元

项目	2016 年度		2015 年度		2014 年度	
	金额	占比	金额	占比	金额	占比
节能灯	22, 920. 29	52. 86%	24, 619. 75	80. 82%	30, 106. 48	97. 34%
LED 灯	20, 437. 07	47. 14%	5, 844. 09	19. 18%	821. 78	2. 66%
合计	43, 357. 36	100. 00%	30, 463. 84	100. 00%	30, 928. 26	100. 00%

但是，从原材料采购量和能源耗用量的数据来看，原材料的采购量和耗电量的增幅低于产品产销量的增幅。

原材料	2016 年度		2015 年度		2014 年度
	采购量	增幅	采购量	增幅	采购量
灯珠（发光二极管）（万个）	42, 712. 93	59. 40%	26, 795. 43	2, 303. 20%	1, 114. 99
塑件（万个）	23, 093. 66	38. 08%	16, 724. 85	11. 94%	14, 940. 63
电感（万个）	13, 296. 77	33. 55%	9, 956. 54	16. 67%	8, 534. 20
电容（万个）	42, 013. 08	33. 15%	31, 554. 11	6. 22%	29, 706. 42
纸盒（万个）	4, 061. 75	28. 85%	3, 152. 33	23. 52%	2, 552. 02
三极管（万个）	9, 361. 69	6. 60%	8, 782. 11	-6. 00%	9, 342. 36
PCB 板（万个）	7, 725. 20	43. 34%	5, 389. 55	13. 44%	4, 750. 95
玻璃管（万公斤）	155. 97	-6. 16%	166. 20	-18. 88%	204. 88
炭光粉（万克）	2, 801. 00	-15. 91%	3, 331. 00	-19. 95%	4, 161. 00
产量（万支）	7, 308. 18	41. 30%	5, 172. 11	9. 11%	4, 740. 24
销量（万支）	7, 117. 50	39. 58%	5, 099. 09	6. 53%	4, 786. 48

▼

原材料	2016 年度		2015 年度		2014 年度
	数量	增幅	数量	增幅	数量
耗电量（万度）	1, 535. 28	10. 06%	1, 394. 90	-11. 91%	1, 583. 42
产量（万支）	7, 308. 18	41. 30%	5, 172. 11	9. 11%	4, 740. 24
销量（万支）	7, 117. 50	39. 58%	5, 099. 09	6. 53%	4, 786. 48

受欧司朗向 LED 领域转型发力的影响，永德吉也在 2015 年转型 LED 产品。随着 LED 灯的采购量急剧扩张，玻璃管等节能灯的采购量开始下降，导致每个产品的原材料采购量与产销量之间差距较大，令人费解。

另外，对于期间费用过低，永德吉也遭到了监管层质疑。

在销售费率上，2014～2016 年，永德吉的销售费率均不足 3%，远低于同行上市公司 7% 左右的平均值。

▼

	2016 年	2015 年	2014 年
阳光照明	–	2.96%	4.09%
佛山照明	6.08%	7.06%	6.77%
雪莱特	7.98%	7.30%	11.87%
得邦照明	3.83%	3.85%	3.47%
三雄极光	12.15%	12.36%	11.46%
平均值	7.51%	6.71%	7.53%
永德吉股份	2.98%	2.83%	2.63%

注：数据来源：同花顺 iFinD 及上市公司公告资料

永德吉在这里解释为产品以外销为主，且不直接面向消费者，只做 ODM（原始设计制造商），主要客户是欧司朗，此外，永德吉也没有自主品牌，所以没有市场宣传费用。

在管理费率上，永德吉的管理费率也在 5% 左右，明显低于同行的超过 8% 的平均值。

▼

	2016 年	2015 年	2014 年
阳光照明	–	11.88%	9.36%
佛山照明	6.28%	8.40%	7.70%
雪莱特	13.13%	11.11%	9.89%
得邦照明	6.26%	6.26%	6.21%
三雄极光	8.82%	7.97%	7.15%
平均值	8.62%	9.12%	8.06%
永德吉股份	4.26%	5.10%	4.98%

永德吉也在这里解释为，公司的产品主要是螺旋节能灯和LED球泡灯两种定型产品，属通用照明光源，所以研发费用少，加之董事长是“技术研发领导”，所以其部分工资不计入研发费用。

而且，就监管层提出的，是否人为压低高管和员工薪酬，以减少期间费用的情形，我们查询了永德吉的高管及核心员工的薪酬，并来和同行业上市公司（阳光照明）的高管薪酬进行对比。

2016年，高管及核心员工从公司领取薪酬，合计不到500万元。

▼

姓名	公司任职	2016年从公司领取薪酬（万元）	是否在公司专职领薪
赖勇清	董事长、副总经理	69.85	是
赖吉清	副董事长	5.00	否
关丽丽	董事、总经理	105.69	是
夏雷	董事	–	否
安岚坡	独立董事	5.00	否
汤新华	独立董事	5.00	否
洪波	独立董事	5.00	否
郑生叶	监事会主席	18.62	是
朱小账	监事	20.25	是
陈明	职工代表监事	10.54	是
黄光发	副总经理	50.20	是
赖德清	副总经理	13.98	是
兰孝春	财务总监、董事会秘书	55.23	是
宋榲钦	技术中心工程师	20.78	是
王建贵	技术中心工程师	18.96	是
李双全	技术中心技术人员	19.49	是

参考阳光照明2016年年报，阳光照明的高管们的薪酬合计1651万元，已然是永德吉的高管层收入的三倍多。

我们不知道永德吉高管们的薪酬为何这么低，但是大家都知道，期间费用的高低，是会影响利润的。

3

雷区三：境外销售的真实性是出口企业的要害

监管层提出的第三个问题，集中于永德吉灯业的销售规范性和合规性。

▼

> 请发行人代表进一步说明：
> （1）境外客户的开发方式、交易背景，有关大额合同订单的签订依据、执行过程；
> （2）发行人出口退税与其境外销售规模、出口收入、与其汇兑损失之间的匹配性；
> （3）第一大客户朗德万斯由欧司朗集团付款、第二大客户 BITRATE 的付款方和客户不一致的具体情况、原因和合理性，上述交易是否真实。请保荐代表人结合物流运输记录、资金划款凭证、发货验收单据、出口单证与海关数据、中国出口信用保险公司数据、最终销售或使用等情况，说明境外客户销售收入的核查方法、过程、依据及结论。①

永德吉 95% 以上的收入靠出口销售获得，因此，监管层对其出口销售的合规性也是“格外关心”。

关乎销售环节，我们先来了解下永德吉的销售模式是怎样的。

永德吉采取的是为客户贴牌的 ODM 生产模式，主要客户为欧司朗。也就是说，永德吉是欧司朗在中国的“代工厂”。

由于全球前三大照明已经被飞利浦、欧司朗、通用电气占据了 50% 以上的市场份额。

中国很多照明生产商都是从 ODM 模式起家，再逐步自主研发。例如，阳光照明（600261）、得邦照明（603303）和厦门通士达。其中，阳光照明、得邦照明是飞利浦的 ODM，比较厉害，已经在上交所上市。厦门通士达是通用电气的 ODM，

---

① 参见中国证监会网站《福建永德吉灯业股份有限公司首次公开发行股票申请文件反馈意见》，载 http：//www. csrc. gov. cn/pub/newsite/fxjgb/scgkfxfkyj/201704/t20170428_ 315926. html，2018 年 4 月 15 日最后访问。

目前尚未上市。

ODM 模式下，永德吉是采用向大客户进行直接供货，不面对终端销售者，通过常年参加照明展、广交会等国际性展会、入选合格供应商等手段获得订单的。

不过，由于出口贸易的特殊性（复杂又难以监控），监管层要求披露销售收入的核查是否真实，合同备案是否完备，以及出口退税与销售收入、出口规模、汇兑损失的匹配性问题。

所以，境外销售的合规性和真实性，值得所有以出口为主的企业特别注意。

在境外销售占比很大的公司中，境外销售不规范的情况屡见不鲜，甚至会出现关联方或虚构收入的情况。这或许是监管层对于境外以销售为主的企业格外关注的原因之一。

比如，不久前我们刚刚写过的财务造假的登云股份，就是利用境外销售不易核实的特点，在境外销售收入确认过程中进行不规范操作的。

1. 通过境外子公司提前确认收入，以提前确认利润；

2. 新增客户因为在国外，且负责人不在美国，保荐人无法实地走访，故采取替代核查程序，通过函证方式，验证交易真实性。事后经装箱单、联系地址证明为关联客户。

所以，监管层的谨慎小心也就在情理之中了。

如果是 IPO 在排队的，或者拟报 IPO 的出口占比较大的公司，最好尽量保证业务细节的详尽性，主动把相关问题披露清楚，切忌避重就轻。

营收增长畸高＋销售数据真实性存疑＋收入确认方法不合规＋业务结构出现变化

三、宝兰德[1]

①本文关于宝兰德的数据来源于《北京宝兰德软件股份有限公司首次公开发行股票并在创业板上市招股说明书（申报稿2017年4月28日）》，详见中国证监会网站。

▼

2017年5月10日，宝兰德软件拟登陆创业板被否。

宝兰德软件,对于A股上市公司来说,算的上是一个“迷你企业”：2016年，员工118人、固定资产净额78.47万、无形资产账面余额4.42万元、负债合计995.9万元、营业收入不足1亿元。

为什么被否了呢?

从监管层的反馈意见上看，是因为它的营收、净利的增长率、平均ROA等指标太高了。而且，净利润的增幅高达832%。

换句话说，监管层的意思是说：

各项指标太高，以至于不在正常范围内。

而且，让人生疑的是：宝兰德在行业内的核心竞争力不足，整个行业内的国内软件厂商竞争十分激烈，自身的资金实力又不能支撑自身扩张，拿什么来保证持续盈利能力呢?

再加上宝兰德奇葩的“代理商”，只是表面上与客户签供货合同，实质上仍然是宝兰德把控产品的销售，其代理商的角色，是帮助宝兰德销售，还是只是便利宝兰德加速资金回款呢?

1

以代理销售模式为主的销售模式

宝兰德被否，监管层主要对宝兰德的销售环节提出了质疑，特别是代理销售模式。所以，在我们开始为大家"扫雷"之前，先来了解下宝兰德和它的赚钱方法。

宝兰德主要开发中间件软件、云管理平台软件及应用性能管理软件，并提供专业技术服务。可见，宝兰德是既卖产品，又卖服务的。

在卖产品上，宝兰德采用了自己卖（直接销售）和找人卖（代理销售）两种模式。其中，找人卖是指，在宝兰德与客户达成销售意向后，由代理商和客户签订销售合同，并由代理商卖出产品。

▼

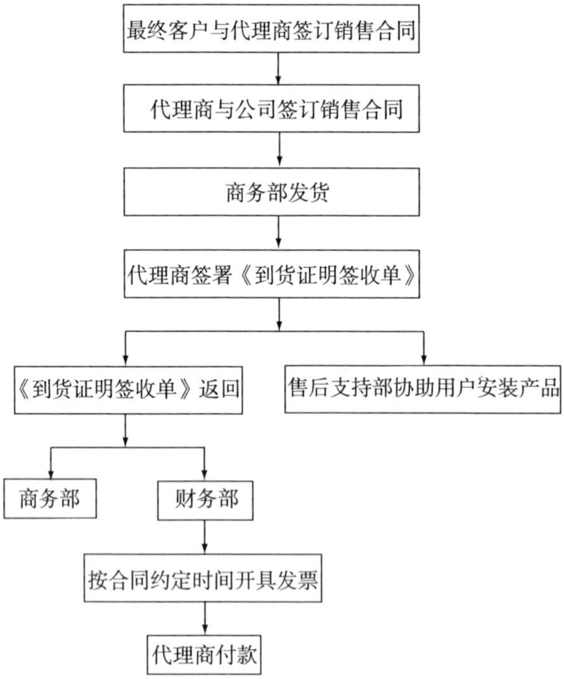

在卖服务上，宝兰德在销售产品时，一般会提供一年的免费售后保障服务。在售后期满后，宝兰德会进行收费的服务。

收费服务有两种：标准服务和高级服务。二者服务内容相同，但前者只在法定工作时间服务，后者则是 7×24h 服务。

服务的销售也和产品一样，分为直签和代理两种方式。

2

雷区一：“卖服务”比“卖产品”增速快，收入增长存疑

本次否决反馈的第一个问题，主要是针对“卖服务”环节。

▼

> 根据申请文件，报告期内发行人技术服务收入增长较大。招股说明书披露技术服务一般由售前、售后技术支持团队完成，售前、售后技术支持团队隶属于公司销售部门，薪酬在销售费用中核算。请发行人代表：
>
> （1）结合合同说明 2016 年相对于 2015 年收入增加的主要来源是年服务收入的原因及合理性；
>
> （2）说明从 2016 年开始，高级服务中新增驻场服务是否属于 IT 外包业务，是否再转包；
>
> （3）结合发行人从事技术服务的人员主要是售前、售后技术服务人员，报告期内发行人的售前、售后技术服务人员数目分别为 11 人、13 人、17 人的情况，说明发行人技术服务人员数目与发行人技术服务业务收入水平及增长率是否匹配；
>
> （4）说明相关服务收入来自代理机构的数额。请保荐代表人对相关服务的完成情况说明其核查过程及结论。①

我们先来看看宝兰德的收入情况：

2014～2016 年，宝兰德的营收分别为 4161.19 万元、5871.70 万元和 8062.90 万元，年均复合增长率为 39.20%。

---

① 参见中国证监会网站《北京宝兰德软件股份有限公司创业板首次公开发行股票申请文件反馈意见》，载 http：//www.csrc.gov.cn/pub/newsite/fxjgb/scgkfxfkyj/201705/t20170503_316114.html，2018 年 4 月 15 日最后访问。

▼

单位：万元

项目		2016 年度		2015 年度		2014 年度	
		收入	占比	收入	占比	收入	占比
软件销售	中间件软件	3, 884. 03	48. 17%	2, 765. 22	47. 09%	2, 215. 70	53. 25%
	云管理平台软件	336. 67	4. 18%	638. 59	10. 88%	–	–
	应用性能管理软件	353. 33	4. 38%	461. 79	7. 86%	591. 24	14. 21%
	其他	32. 48	0. 40%	40. 89	0. 70%	35. 38	0. 85%
小计		4, 606. 51	57. 13%	3, 906. 49	66. 53%	2, 842. 32	68. 31%
技术服务		3, 456. 39	42. 87%	1, 965. 20	33. 47%	1, 318. 87	31. 69%
合　计		8, 062. 90	100. 00%	5, 871. 69	100. 00%	4, 161. 19	100. 00%

在这当中，技术服务收入年均增长 61. 89%，快于整体营业收入的增长速度。

那么我们很好奇，“卖服务”比“卖产品”还要增长快，这是为什么呢？

监管层也是一头雾水，对于它的技术服务增长表示怀疑。

宝兰德对于技术服务收入增长的解释为：软件的持续销售积累了一定的客户，后续用户对于服务的需求不断增加。例如，2014 年有 19 家客户，到 2016 年有 33 家客户。而且，每家客户的采购服务金额也在逐年递增，从而导致了整体技术服务收入的快速增长。

▼

直接客户口径	2016 年	2015 年	2014 年
从发行人购买技术服务的直接客户数量（个）	33	22	19
当年服务金额（万元）	3, 456. 39	1, 965. 20	1, 318. 87
平均每家客户直接采购的服务金额（万元）	104. 74	89. 33	69. 41

宝兰德在技术服务方面越做越 happy，还在 2016 年帮别人做起了驻场服务。驻场可以维护自己的产品，也可能是维护其他厂商的产品。那么，监管层就询问，驻场服务是否存在转包情形呢？

同时，快速增长的技术服务收入，却没有相对应快速增长的技术人员做支撑。

2014~2016 年，从事技术服务的员工分别为 11 人、13 人、17 人，较上年增长 18%、30%。然而，这段时期的技术服务业务收入却增长了 49%、76%，技术服务收入增速明显快于相应员工数量的增速。

3

雷区二：市场竞争激烈，核心竞争力不凸显

营收增长畸高？

监管层提出的第二个问题，是关于宝兰德的市场地位和核心竞争力的。

▼

> 根据申报材料，发行人的市场份额为 1.7%，通过发行人披露的其与主要竞争对手核心技术的比较，发行人并没有在某项技术上特别优于竞争对手，请发行人代表说明其营业收入复合增长率、近 3 年净利润复合增长率、报告期内的平均 ROA、平均 ROE 远高于竞争对手的合理性，并结合截至目前的合同签订及履行情况以及 2017 年度生产经营计划，充分说明能证明其未来市场份额提升具有很大空间的具体因素。请保荐代表人发表核查意见。①

在市场份额方面，宝兰德自己也主动披露，在中国中间件行业，IBM、Oracle 两家国外厂商市场份额最高，合计占 70% 以上。

① 参见中国证监会网站《北京宝兰德软件股份有限公司创业板首次公开发行股票申请文件反馈意见》，载 http://www.csrc.gov.cn/pub/newsite/fxjgb/scgkfxfkyj/201705/t20170503_316114.html，2018 年 4 月 15 日最后访问。

▼

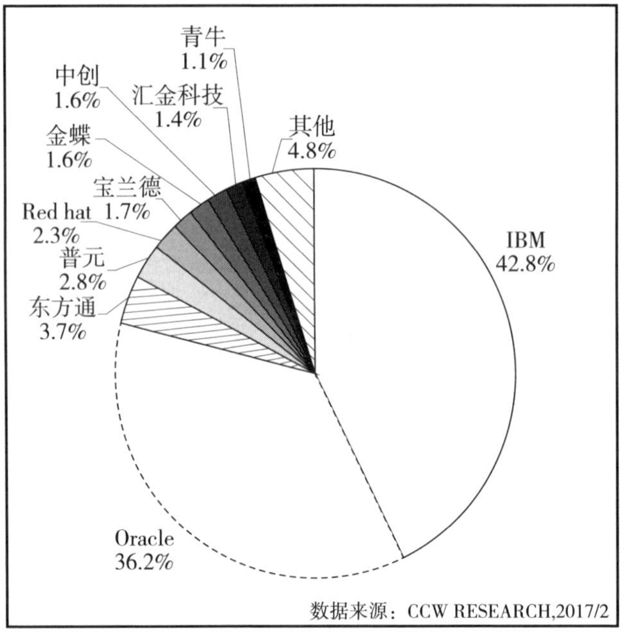

就算在国内厂商队列中，宝兰德也只属于第二梯队。

从上图的市场占有率来看，国产厂商的竞争十分激烈。宝兰德与金蝶、中创的份额十分接近。然而，宝兰德也未体现出有多么厉害的竞争优势，其核心竞争力存疑。

然而，宝兰德的几大核心数据却格外引人注目：营收年复合增长率高达 39.2%，净利润的年均复合增长率更是高达 82.88%。

甚至，2016 年实现的净利润（3755 万元）较 2015 年的净利润（403 万元）增长了近 10 倍。

同时，我们又注意到一个细节：2016 年，宝兰德的资产总额为 1.13 亿元，应收账款占了流动资产的 50% 以上，货币资金也难以支撑其快速扩张。

这样一个竞争力不足、对下游的议价能力不足（下游客户为东方龙、中国移动等），资本又无扩张优势的公司，未来的盈利空间增长能有多大呢？对于持续盈利能力的硬指标，宝兰德很显然说服力不够。

4

雷区三：收入确认方法不合规

监管层提出的第三个问题，是对宝兰德在不同销售模式下的收入确认方法是否合规的质疑。

▼

> 招股说明书披露，不同的客户对是否约定试运行或终验有不同的要求，电信运营商、金融机构和部分政府机构一般会要求试运行或终验条款，一般的代理商则无此要求。发行人代理销售和直接销售的终端客户主要为电信行业客户，请发行人代表说明，电信行业终端客户在直接销售模式下要求发行人试运行，但在代理销售模式下却无此要求的原因及合理性。请保荐代表人就发行人与代理商之间的法律关系及收入确认是否符合准则要求发表核查意见。①

上面的问题我们在宝兰德的客户名单里，找到了点思路。

电信运营商（客户）一般会对软件要求试运行，理论上，无论是直接销售还是代理销售，客户的需求是不变的，不会随着你的销售模式的改变而改变。

特别是向中国移动这样的“霸道”客户，你一个小小的供应商，谈判力为零。不过，对于其他类型的客户，宝兰德或许还有点谈判力。

因此，宝兰德针对不同的客户类型，选用不同的销售类型，从而形成不同的收入确认方式，也是在情理之中的。

但是，监管层似乎还是放不下对宝兰德的代理销售模式及其销售收入确认的疑虑，这背后的本质是对销售模式合规性的考量。

---

① 参见中国证监会网站《北京宝兰德软件股份有限公司创业板首次公开发行股票申请文件反馈意见》，载 http：//www. csrc. gov. cn/pub/newsite/fxjgb/scgkfxfkyj/201705/t20170503_ 316114. html，2018 年 4 月 15 日最后访问。

5

雷区四：代理销售的真实性存疑

监管层提出的第四个问题，重点在于代理销售模式下，代理商和销售额是否真实。

▼

> 发行人报告期 2014 ~ 2016 年年度代理销售分别占比为 72.16%、75.34% 和 45.78%。
>
> 招股说明书披露，代理销售的实质是发行人与最终客户达成销售产品（或服务）的意向后，代理商与发行人签订相关产品（或服务）供货合同。发行人产品（或服务）能否销售给最终用户并不取决于代理商。
>
> 同时关于代理销售真实性的核查，中介机构取得了部分代理商与终端客户签署的意向合同或关键页，但是未能取得代理商向终端客户出具的销售发票、终端客户向代理商出具的验收报告。
>
> 请发行人代表说明：
>
> （1）代理销售客户业务中涉及的安装、调试的具体实施方；
>
> （2）代理商的责权利，代理商与最终客户之间是否为代理法律关系；
>
> （3）主要通过代理商对中国移动进行销售的原因及其合理性；
>
> （4）发行人面向市场的经营能力。
>
> 请保荐代表人结合招股说明书披露的代理销售的实质，说明未能实施进一步核查的原因和理由，在未能取得代理商销售发票或中国移动出具的验收报告的情形下，如何核查代理销售的真实性。①

对于宝兰德的代理销售模式，我们有必要再解释一下：

▼

发行人代理销售的实质是发行人与最终客户达成销售产品（或服务）的意向后，代理商与发行人签订相关产品（或服务）供货合同。发行人产品（或服务）

① 参见中国证监会网站《北京宝兰德软件股份有限公司创业板首次公开发行股票申请文件反馈意见》，载 http://www.csrc.gov.cn/pub/newsite/fxjgb/scgkfxfkyj/201705/t20170503_316114.html，2018 年 4 月 15 日最后访问。

能否销售给最终用户并不取决于代理商，因而在供货层面上与代理商签署合同并不受制于代理商，对代理商的管控不具有被动性和依赖性。代理商的主要作用是作为最终客户的系统供货合作伙伴，签订包含发行人产品（或服务）及其他厂商产品的供货合同，或作为发行人供货资金安排考虑所授权的代理商。

上段文字的意思，我们翻译一下就是：

代理商能不能把产品卖出去，不是很重要。宝兰德在与客户达成销售意向后，代理商只需跟客户签订一个供货合同就可以了。

最后，产品到底销不销售给客户，是取决于宝兰德的，代理商无法介入。宝兰德与代理商的角色不像是买卖关系，更像是合作关系。

之所以有这样特别的“代理商”，应该是和宝兰德的“销售收入确认”规则有关。在直接销售模式下，宝兰德销售的软件要经过试运行和终验，才能确认收入；但是在代理销售模式下，只要到货就可以确认收入了。那么，引入代理商的销售模式，销售回款速度快。这样就可以减少直接销售模式下，资金周转过慢的特点。直接销售的客户是中国移动，宝兰德的议价能力太弱，导致回款速度很慢，这点，从宝兰德应收账款占流动资产的比重（50%）上可见一斑。

这种代理销售的模式，很显然其实质很容易产生问题。交易是否真实，必然引起监管层的注意。所以，监管层这次就问到了与代理商的销售真实性相关的几点，如销售合同、验收报告、销售发票等凭证是否齐全。

据监管层提问，中介机构只取得了部分代理商与终端客户签署的意向合同或关键页，未能取得代理商向终端客户出具的销售发票、终端客户向代理商出具的验收报告。

本身代理模式的“缺陷”，以及辅佐代理销售真实性的资料不全，销售收入的真实性还有待补充证明。

本次宝兰德被否，监管层主要集中在对于代理模式是否合规、销售收入增长是否异常、销售收入是否真实的发问上。

本案写作参考材料如下，特此鸣谢：

[1]《迷你企业宝兰德 IPO 被否，中小企业聚集地的新三板又如何?》，新三板府（搜狐财经），2017 年 5 月 11 日。

境外销售真实性存疑 + 业绩大幅波动 + 关联方资金拆借

四、三锋股份[①]

①本文关于三锋股份的数据来源于《浙江三锋实业股份有限公司首次公开发行股票并在创业板上市招股说明书（申报稿 2017 年 6 月 2 日）》，详见中国证监会网站。

三锋股份，一个主要面向境外销售的公司，2017 年 6 月 14 日，创业板 IPO 被否。

这个公司，凭借着贴牌生产电锯、割草机这些看似技术含量不高的工具，做到了年营收 5.7 亿元、净利 4200 万元。而且，它八成以上的产品都卖到国外，赚的是外国人的钱。

可惜，就是因为这个出口模式出现很多疑点，三锋无情被否了。

总结原因，信息披露、规范运作、持续盈利能力都是要点。

销售模式中问号一大堆、内销毛利率比出口毛利率还高、关联方互相拆借资金、大股东垫付员工薪酬和买车钱、高管工资低得离谱，这些问题，都挺少见的。

不过，背后最核心的痛点，还是境外销售的真实性问题。

对出口型企业来说，三锋被否是一个很值得学习的案例。

1

三锋股份是怎么做出口的?

三锋股份，是做园林工具的，如电锯、割草机、修枝剪等。这些产品，主要以ODM（贴牌）的方式对外出口销售。

那它的出口都是如何运营的呢?

三锋的出口分为自营和间接两种方式。自营出口是指，三锋直接把产品卖给国外客户，如品牌商、大型超市等。间接出口是指，三锋先把产品卖给国内的外贸公司，外贸公司再向外出口。

除了出口，三锋的产品也有一小部分销往国内，国内的销售主要是经销模式，经销商一般买断产品，对所属地区的消费者销售。

不巧的是，三锋的这些销售模式出现了不少疑点，被监管层好好“关照”了一番。

2

ODM、OBM、OEM 分别是什么?

这里再多说一句，作为出口型企业，三锋的生产分为三种模式：ODM、OBM和 OEM，这三个是什么意思?

ODM，Original Design Manufacture 的缩写，意思是原始设计商，这些厂商根据客户要求，自主设计、研发、生产，产品贴上客户品牌对外销售，所以也叫贴牌生产。这种模式下，技术是厂商自己研发的，如果原客户没有买断技术，ODM 厂商可以向别的客户销售同种产品，只要不贴原客户品牌就行。

OBM，Original Brand Manufacturer 的缩写，意思是原始品牌制造商，这些厂商以自主品牌对外销售。这种模式下，技术、品牌都是厂商自己的，OBM 厂商可以随意向客户销售，但是渠道建设的难度很大。

OEM，Original Equipment Manufacture 的缩写，意思是原始设备生产商，这些厂商没有自主技术，只能根据客户提供的技术生产，产品由客户买断，俗称代工。这种模式下，技术、品牌都是客户的，OEM 厂商只能为客户生产这种产品，不能销售给别人。

这三种模式中，ODM 是三锋最主要的生产模式，OBM、ODM 占比较少。

3

雷区一：出口模式上的疑点?

本次三锋被否，它的销售模式出现疑点是主要原因。最关键的就是三锋在出口模式上的疑点。

▼

根据申请文件，发行人 2016 年主营业务收入较 2015 年增长 15789.36 万元，主要系出口至俄罗斯、乌克兰等国家产品的收入增长所致。

报告期内发行人第三方回款金额分别为 5588.10 万元、4508.12 万元和 9935.96 万元，第三方回款客户主要来自俄罗斯、乌克兰。

发行人 2016 年第一大客户 SHANGHAI GUANG LIAN COMPANY LIMITED 及客户 YONGKANG ELECTRIC TOOLS CO.，LTD、TYSON PROPERTIES LTD 均系受 HüTER 品牌运营商（Hütter Technik GmbH）委托，向发行人采购产品。报告期内在 HüTER 品牌产品销售中向发行人付款的有 13 家境外公司，业务人员均为 Elena Petrova（俄罗斯国籍）。

（1）Hütter Technik GmbH 委托书出具的时间及委托起止时间；

（2）除 Hütter Technik GmbH 外，在报告期内向发行人采购 HüTER 品牌产品的公司当时是否均已取得了有效的授权；

（3）上述 13 家境外公司的董事名单，与发行人实际控制人及公司董监高人员是否存在亲属等特殊关系；

> （4）业务人员均为 Elena Petrova 的合理性；
> （5）接受第三方付款的合理性。①

由于三锋并没有披露太多关于第一大客户和 Hü TER 的相关信息，我们只能从监管层的表述中，总结出以下问题：

（1）既然大客户 SHANGHAI GUANG LIAN COMPANY LIMITED（以下简称 SHANGHAI）是 Hütter Technik GmbH（以下简称 Hütter Technik）授权来向你公司采购的，那委托书请出示一下，这个大客户到底有没有拿到授权？

（2）为什么 13 家向你付款的公司业务员都是 Elena Petrova，这些公司和你公司到底有什么关系？

（3）你公司进行出口为什么要使用这么多第三方付款？

监管层提出的这些疑问里，未知人物太多，我们简单总结下，Hütter Technik 是品牌商 HüTER 的运营商，它的地位等同于 HüTER，是有权向三锋购买 HüTER 的产品的。

那么，问题是：在三锋 2016 年前五大客户名单中，却突然出现个 SHANGHAI，三锋对此解释为：这个 SHANGHAI 是 Hütter Technik 委托来购买 HüTER 产品的采购商。

▼

单位：万元

年度	序号	客户名称	营业收入	占比
2016 年度	1	SHANGHAI GUANG LLAN COMPANY LIMITED［注 1］	6, 851. 89	12. 01%
	2	TECHTRONIC TRADING LTD	5, 819. 92	10. 20%
	3	GRIZZLY TOOLS GMBH & CO. KG	3, 107. 94	5. 45%
	4	KT Ukraine Co. , Ltd	2, 974. 10	5. 21%
	5	永康市宝科进出口有限公司	2, 968. 38	5. 20%
	合计		21, 722. 23	38. 07%

① 参见中国证监会网站《浙江三锋实业股份有限公司创业板首次公开发行股票申请文件反馈意见》，载 http：//www. csrc. gov. cn/pub/newsite/fxjgb/scgkfxfkyj/201706/t20170602_ 317811. html，2018 年 4 月 15 日最后访问。

续表

年度	序号	客户名称	营业收入	占比
2015 年度	1	TECHTRONIC TRADING LTD	3, 926. 07	9. 62%
	2	GRIZZLY TOOLS GMBH & CO. KG	2, 134. 72	5. 23%
	3	永康市吉欧利进出口有限公司［注 2］	1, 794. 19	4. 40%
	4	永康市宝科进出口有限公司	1, 612. 93	3. 95%
	5	新疆丝路恒汇进出口贸易有限公司	1, 582. 80	3. 88%
	合计		11, 050. 71	27. 08%
2014 年度	1	TYSON PROPERTIES LTD［注 1］	1, 871. 73	11. 28%
	2	TECHTRONIC TRANDING LTD	3, 551. 29	8. 22%
	3	江苏汇鸿国际集团机电有限公司	2. 746. 83	6. 36%
	4	永康市宝科进出口有限公司	1, 604. 61	3. 71%
	5	GRIZZLY TOOLS GMBH & CO. KG	1, 494. 17	3. 46%
	合计		14, 268. 63	33. 03%

注 1：SHANGHAI GUANG LIAN COMPANY LIMITED 以及 TYSON PROPERTIES LTD、YONGKANG ELECTRIC TOOLS CO.，LTD、YUEQINGHANJIE CO.，LTD 等公司系受 HÜTER 品牌商委托向发行人采购产品；TYSON PROPERTIES LTD 营业收入包含 TYSON PROPERTIES LTD、YONGKANG ELECTRIC TOOLS CO.，LTD、YUEQINGHANJIE CO.，LTD 等公司营业收入；

注 2：永康市吉欧利进出口有限公司营业收入包含对其关联方浙江鼎盛国际货运代理有限公司的营业收入。

不仅如此，YONGKANG、YUEQINGHANJIE 这些公司，都和 SHANGHA 一样，是 Hütter Technik 委托的。

我们前面提到，三锋的产品大多是 ODM 模式销售，也就是说，HüTER 的产品，只能销售给 HüTER 或者 Hütter Technik。

突然出现这么多采购 HüTER 品牌产品的公司，三锋解释为它们都是 Hütter Technik 委托来的，那委托书在哪？有没有过期？所有的公司都得到授权了吗？

如果有公司没有得到授权，那他们采购的合规性和真实性怎么保证？

这些问题，三锋完全没有在信息披露中解释。

除此之外，因 HüTER 品牌产品向三锋付款的境外公司有 13 家，这些公司，业务员竟然是同一个人，这是一人能顶半边天吗？这些公司什么背景？和三锋有没有什么关联关系？

这么多的疑点，三锋也没有解释。

最后，作为一家出口为主的公司，2014～2016 年，三锋接受的第三方回款竟然高达 5588 万元、4508 万元和 9936 万元，营收占比分别为 12%、11% 和 17%。

我们查阅相关资料，对于第三方付款的占比，大多数人的共识是不得超过 10%。

而三锋的占比竟然高达 17%，而且连续三年都超过 10%，为什么有这么多的第三方付款，而这些付款方又是哪些人？我们也不得而知。

这又是一个突然出现的大客户引起的连锁反应，尤其是对于三锋这种以出口为主的公司，境外销售本来就不易核查，再加上些不明不白的客户，那更是雪上加霜了。

4

雷区二：业绩的持续性

出口模式上的问题，也导致监管层对保代提出了一连串疑问：

▼

> 请保荐代表人说明对下述事项的核查过程及结论，并说明相关事项是否被充分披露：
>
> （1）上述第三方回款客户的基本情况及实际控制人；HüTER 品牌运营商基本情况、对上述公司授权或相关协议；对最终客户的销售情况。
>
> 上述公司及 WENZHOU DIANDONG TECHNOLOGIES LIMITED 的股东、高级管理人员和业务人员是否与发行人存在关联关系。
>
> （2）俄罗斯、乌克兰等客户的需求及与发行人的合作是否可持续。①

从监管层对保代的质疑看，我们能发现两个问题：

（1）第三方回款的客户到底是谁？背后是谁控制的？

① 参见中国证监会网站《浙江三锋实业股份有限公司创业板首次公开发行股票申请文件反馈意见》，载 http：//www. csrc. gov. cn/pub/newsite/fxjgb/scgkfxfkyj/201706/t20170602_ 317811. html，2018 年 4 月 15 日最后访问。

（2）既然大客户都是 Hütter Technik 授权的，那就详细介绍一下 Hütter Technik，该公司委托别人采购来的 HüTER 产品到底卖到了哪里？委托协议核查了吗？

（3）三锋在俄罗斯、乌克兰的销售能持续吗？以后会发生变化吗？

关于前两个问题，咱们上面已经分析过了，三锋并没有给出任何答案。

不过，第三个问题，倒是有值得分析之处，先来看一组数据。

2014～2016 年，三锋的营收为 4.32 亿元、4.08 亿元、5.7 亿元。其中，2015 年相比上年下降 5.54%，2016 年却突然上涨 39.79%。

▼

单位：万元

项目	2016 年度		2015 年度		2014 年度
	金额	增长率	金额	增长率	金额
营业收入	57,048.36	39.79%	40,809.78	-5.54%	43,203.38
营业利润	4,480.59	59.47%	2,809.68	23.21%	2,280.40
利润总额	4,862.39	51.73%	3,204.58	29.40%	2.476.56
净利润	4,212.12	49.32%	2,820.93	34.48%	2,097.64

这么大的营收波动，怎么可能不引起怀疑？三锋也很明白这点，对此解释了一番，我们用通俗用语转述一下：

我们公司主要是做园林工具的，而且主要是卖给俄国人的。

但是，俄国最近经济出现问题，2015 年经济都倒退了 3.7%，卢布也大幅贬值。我公司出于谨慎，营收下降了。

不过 2016 年，俄国经济又开始好转，我公司往俄罗斯的出口增多，营收自然上涨。

而且，国际货币基金组织还预测，2017 年、2018 年，俄罗斯经济同比增长 1.1%、1.2%，所以我公司出口还是很有前途的。

可惜的是，监管层不太相信，本来客户、付款方都是不明不白，是不是真实、合规还没说清楚，这俄国、乌克兰也不能保证马上复苏，如何保证这个营收能持续增长？

这两大问题摆在眼前，三锋还能不能坚挺也是个问题。

5

雷区三：经销模式的问题

除了出口上一大堆疑点，三锋的内销也有说不出的痛。

▼

> 申请文件称："间接出口是指公司通过外贸公司出口到国外市场，外贸公司主营销售到国外市场，但有少量销售到国内市场，因无法准确区分……"
>
> 鉴于发行人的产品很少直接销售到最终用户，其"自营出口的下游客户主要为国外品牌商、国外大型超市"，国内销售"以经销商模式为主"，请保荐代表人就其是否已充分关注申报期内发行人经销商模式收入的最终销售实现情况发表意见。①

其实，这些疑问可以分成两块：

（1）你公司出口的客户都是品牌商、大型超市，而不是直接销售到最终用户。

（2）你公司国内销售是经销模式，也不是直接销售到最终用户。

那么问题来了：这些销售最终实现的了吗？

这个问题，其实还是之前出口问题的延伸，只不过监管层问的更直白，实际上还是关注这些销售的真实性。

这个真实性，只能让三锋自己来证明了，不过，除了真实性的问题，三锋还省起了事，在间接出口模式上也主动"模糊化"了。

三锋表示，在间接出口模式下，产品先卖给外贸公司，外贸公司再自由发挥。

只不过这个自由发挥有点过，外贸公司有时还做起了内贸，三锋表示：这外贸公司卖了多少在国内，我公司也不清楚，于是干脆就全部做间接出口处理。

---

① 参见中国证监会网站《浙江三锋实业股份有限公司创业板首次公开发行股票申请文件反馈意见》，载 http：//www. csrc. gov. cn/pub/newsite/fxjgb/scgkfxfkyj/201706/t20170602_ 317811. html，2018 年 4 月 15 日最后访问。

▼

单位：万元

项目	2016 年度		2015 年度		2014 年度	
	金额	比例	金额	比例	金额	比例
自营出口	40, 556. 64	73. 13%	24, 251. 51	61. 14%	28, 574. 90	67. 50%
其中：欧洲	34, 274. 28	61. 80%	19, 994. 91	50. 41%	24, 745. 65	58. 45%
亚洲	3, 549. 60	6. 40%	2, 258. 42	5. 69%	2, 172. 47	5. 13%
大洋洲	1, 308. 89	2. 36%	1, 430. 05	3. 61%	476. 31	1. 13%
美洲	1, 276. 70	2. 30%	524. 41	1. 32%	1, 130. 95	2. 67%
非洲	147. 17	0. 27%	43. 72	0. 11%	49. 52	0. 12%
间接出口	8, 877. 42	16. 01%	9, 439. 15	23. 80%	7, 973. 93	18. 84%
内销	6. 022. 41	10. 86%	5, 976. 46	15. 07%	5, 785. 65	13. 67%
合计	55. 456. 47	100. 00%	39, 667. 11	100. 00%	42. 334. 48	100. 00%

注：直接出口是指公司自营出口到国外市场；间接出口是指公司通过外贸公司出口到国外市场，外贸公司主要销售到国外市场，但有少量销售到国内市场，因无法准确区分，且外贸公司销售到国内市场的占比很小，因此此处公司销售给外贸公司的产品作间接出口处理。

本来自营出口的疑点就一大堆，经销模式销售到哪也搞不清楚，还在间接模式上主动模糊化，主动给自己找麻烦。

6

三大模式哪家强?

前面提到的三大销售模式，问题有许多，这还没完，在财务数据上，这三大销售模式又挨了一刀。

▼

> 根据申请文件，报告期发行人销售模式包括自营出口、间接出口和内销。
> （1）发行人自营出口 ODM 模式相较于经销商模式在市场营销、渠道建设和售后服务费用、备货方面更具备优势，但发行人 2014 年、2015 年内销经销的毛利率高于自营出口毛利率，请发行人代表说明原因；
> （2）发行人报告期内通过外贸公司间接出口的毛利率高于自营出口的毛利率，请发行人代表说明原因；
> （3）请发行人代表以贵州省为例，说明 2016 年度内销经销商由法人经销商转为个人经销商的原因。①

从监管层的疑问看，我们可以总结三大问题：

（1）既然自营出口最能营利，内销经销模式为什么毛利率还更高？

（2）为什么间接出口毛利率比自营出口高？

（3）贵州的经销商原来是法人，为什么现在变成了个人？

在分析这三个问题前，咱们先看一组数据：

2014～2016 年，三锋自营出口的营收占比为 67.5%、61.14%、73.13%，间接出口占比为 18.84%、23.80%、16.01%，内销（经销模式）占比为 13.67%、15.07%、10.86%。

▼

单位：万元

项目	2016 年度		2015 年度		2014 年度	
	金额	比例	金额	比例	金额	比例
自营出口	40, 556. 64	73. 13%	24, 251. 51	61. 14%	28, 574. 90	67. 50%
其中：欧洲	34, 274. 28	61. 80%	19, 994. 91	50. 41%	24, 745. 65	58. 45%
亚洲	3, 549. 60	6. 40%	2, 258. 42	5. 69%	2, 172. 47	5. 13%
大洋洲	1, 308. 89	2. 36%	1, 430. 05	3. 61%	476. 31	1. 13%
美洲	1, 276. 70	2. 30%	524. 41	1. 32%	1, 130. 95	2. 67%
非洲	147. 17	0. 27%	43. 72	0. 11%	49. 52	0. 12%

① 参见中国证监会网站《浙江三锋实业股份有限公司创业板首次公开发行股票申请文件反馈意见》，载 http：//www. csrc. gov. cn/pub/newsite/fxjgb/scgkfxfkyj/201706/t20170602_ 317811. html，2018 年 4 月 15 日最后访问。

续表

项目	2016 年度		2015 年度		2014 年度	
	金额	比例	金额	比例	金额	比例
间接出口	8,877.42	16.01%	9,439.15	23.80%	7,973.93	18.84%
内销	6.022.41	10.86%	5,976.46	15.07%	5,785.65	13.67%
合计	55.456.47	100.00%	39,667.11	100.00%	42.334.48	100.00%

由此看来，三锋是以出口为主，而且是自营出口。而且三锋自己也表示了，自营出口主要是 ODM 模式，这个模式比内销的经销模式更有优势。不过，到底好不好，数据来说话。

以王牌产品之一——电链锯为例，2014 ~ 2015 年，经销模式的毛利率为 27.37%、25.45%，同期自营出口的毛利率为 24.42%、24.17%，间接出口的毛利率为 25.02%、23.46%。

▼

项目	2016 年度		2015 年度		2014 年度	
	收入占比	毛利率	收入占比	毛利率	收入占比	毛利率
自营出口	68.45%	24.94%	61.67%	24.17%	55.28%	24.42%
间接出口	9.56%	24.78%	11.11%	23.46%	27.82%	25.02%
内销	21.99%	8.72%	27.22%	25.45%	16.90%	27.37%
小计	100.00%	21.36%	100.00%	24.44%	100.00%	25.09%

经销的毛利率比出口的毛利率还高，出口中，次要的间接出口又比主要的自营出口毛利率高，那还辛辛苦苦做自营出口干什么呢？这个问题，得好好解释一下。关于经销商法人变个人的问题，因为三锋并没有详细披露，我们也不知道具体原因。

总结我们之前分析过的案例，出口型的企业，在申请 IPO 时，最容易出现三类问题：

一是真实性。这是监管层最关注的问题，境外销售不易核查，客户关系又错综复杂，稍有不慎，就会被质疑这些销售数据的真实性。

二是规范性。海关税收、付款方式、关联交易、境外税收、境外法律等都有可能成为出现不合规的问题，需要多加注意。

三是持续性。出口退税、经济环境、汇率波动、应收账款，也都会影响产品出口的持续性。

所以，出口型企业要申报 IPO，难度还是不小的，上述的问题，个个都可能成为雷区，一不小心，就会“触雷”。

三锋股份，本次除了销售中的疑点外，还存在规范性、独立性的问题。

▼

> 根据申请文件，2010 年发行人收购了关联方三锋工具的经营资产。2014 年、2015 年发行人拆借资金给三锋工具，累计发生额分别为 35002.00 万元、4743.00 万元；2015 年拆借资金给三锋集团，累计发生额为 13366.00 万元。
>
> 上述关联交易均未履行决策程序。2015 年，发行人分配大额现金股利，申请文件称：该分红主要系控股股东，需要以分配取得的现金股利清偿其对发行人的资金拆借余额。
>
> 三锋集团与部分发行人供应商存在资金往来的情形，申请文件解释原因为：为符合银行贷款通过受托支付发放的要求，向部分供应商拆借资金以临时周转。请保荐代表人结合上述事项就发行人相关的内控制度及执行情况发表核查意见。
>
> 根据申请文件，2014 年、2015 年实际控制人黄会飞代发行人支付职工薪酬分别为 358.07 万元、178.14 万元。
>
> 请保荐代表人说明对下述事项的核查过程及核查意见：
>
> （1）招股说明书披露的发行人董事、监事、高级管理人员及其他核心人员薪酬水平是否与当地工资水平匹配；
>
> （2）除黄会飞外，是否有其他人士或机构代付发行人职工薪酬；
>
> （3）发行人上市后，其高管薪酬结构是否会发生大幅变化。①

资金拆借和员工薪酬都是常见的问题，在这里就不一一赘述了，有意思的是，只听过大股东拿公司的钱买车（双环电子 IPO 被否案），没见过大股东借资给上市公司垫钱买车的。

本案写作参考材料如下，特此鸣谢：

［1］投行小兵，《IPO 审核及核查指引之三：第三方回款问题的核查》，载《企业上市解决之道财税篇》，2016 年 12 月 20 日。

① 参见中国证监会网站《浙江三锋实业股份有限公司创业板首次公开发行股票申请文件反馈意见》，载 http：//www. csrc. gov. cn/pub/newsite/fxjgb/scgkfxfkyj/201706/t20170602_ 317811. html，2018 年 4 月 15 日最后访问。

第三方回款+业务分类标准不明+出口数据疑点+销售价格公允性

五、步科股份①

①本文关于步科股份的数据来源于《上海步科自动化股份有限公司首次公开发行股票并在创业板上市招股说明书（申报稿2017年6月12日）》，详见中国证监会网站。

2017 年 6 月 21 日，步科股份，做自动化产品的公司，创业板 IPO 被否。

这家公司，营收过 2 亿元、净利超 2000 万元，相比很多上市公司来说，已经规模较大，却还是被认为规模不足。

总结被否原因，持续盈利能力、规范性都成拦路虎。

规模相比同行太小、业务分类标准不明、收入确认时点存疑、销售价格公允性存疑，这些问题，都挺少见的。

除此之外，第三方回款、出口数据又出现疑点。重蹈了之前很多被否公司的覆辙。

步科股份，这个公司，用其亲身经历的事实向我们证明：第三方回款和之前公司的错误都需注意！

1

什么是第三方回款?

第三方回款，与我们所熟知的“第三方支付”（如×宝、×信）不同，是指采购方与付款方不一致，付款方是购销双方之外的第三方。如果是规范的会计财务会计流程，采购方与付款方必须为同一人，才能确认收入。不过，在实际中，有些企业因为避税、外汇管制、汇率波动等考虑，常常会接受第三方回款，这种情况，在企业采购时还不常见。

在销售时，客户如果采取第三方付款的方式，企业往往没有绝对话语权，尤其是出口时，更为常见。

一般而言，客户在收货和付款时是保持一致的，在特殊情况下，也会有第三方付款的情况出现。

我们总结一下，进行第三方支付的，主要有以下几种：

（1）自然人或者个体户；

（2）经销商或者代理销售机构；

（3）境外销售客户；

（4）某些正常的法人客户。

这么看来，好像所有企业都可能有第三方支付的情形，不过，境外销售时却是最容易触及红线的，我们今天的主角——步科股份，就触了这个红线，即使它的出口业务并不是主要部分，第三方支付也不是它被否的主要原因。

但是，一旦触了红线，就很难渡过，可见这个第三方支付，真是一个不折不扣的地雷——既容易被忽略，又极其致命！

2

步科股份是做什么的？

步科股份，主要生产工业自动化产品，如人机交互、控制、驱动等不同功能的产品。

它的产品，包括人机界面、伺服系统、步进系统、低压变频器、可编程逻辑控制器五大类。

▼

产品类别	产品图示	具体用途
人机界面		通常用于连接可编程逻辑控制器、专用控制器、变频器等工业自动化控制类产品，利用显示单元（如液晶模组）显示机器设备的运行状态等实时信息，利用输入单元（如触摸屏、键盘等）写入工作参数或输入操作命令等，从而实现人与设备信息交互，是各类工业自动化生产设备的标准配置。
伺服系统		由伺服驱动器和伺服电机组成，可通过闭环方式实现精确、快速、稳定的位置控制、速度控制和转矩控制，主要应用于对定位精度和运转速度要求较高的工业自动化控制领域。
步进系统		步进系统由步进驱动器和步进电机组成，可通过开环方式实现机器设备的准确定位和调速，主要应用于对定位精度和运转速度要求相对较低的工业自动化控制领域。
低压变频器		将电压、频率固定不变的交流电变换为电压、频率可变的交流电，从而实现电机的变速运行，广泛应用于电机拖动场合，可实现工艺调速、节能、软启动、提升效率等功能。输入电压低于690V的变频器为低压变频器。

咱们具体看一下这五大产品是做什么用的。

A. 人机界面，是个显示和输入的设备，如触摸屏、键盘等；

B. 伺服系统，这套设备，包括伺服驱动器和伺服电机两部分，能精确、稳定地控制设备的移动位置、转速等，应用于对精度和转速要求较高的领域；（高端）

C. 步进系统，这套设备，和伺服系统类似，包括步进驱动器和步进电机两部分，用途也很像，只不过应用于精度、转速要求不太高的领域；（低端）

D. 低压变频器，说白了就是一个变压器，能改变电压、频率，从而控制电机的转速；

E. 可编程逻辑控制器，这个设备，就像一个能储存指令的 CPU，当有人通过人机界面把指令输进去后，它就能按指令控制机器运转。

3 这些产品是如何销售的?

步科的产品，既销往国内（营收占比 80%），又有出口（营收占比 20%），所以，步科采取不同的销售方式。

在国内，步科采取分销为主，直销为辅的模式。分销模式下，步科采取买断式销售，一旦客户验收，即确认收入。而对于采购量大、定制化要求高的重点客户，步科一般都采取直销模式。

在国外，因为营收占比本来就少，所以重点客户少，步科主要采取分销模式。

值得注意的是，步科还根据与分销商合作的紧密程度不同，把分销商分为三级：核心分销商、一级分销商、普通分销商。

级别越高，分销商获得的折扣、返利、资金授信就越多。

4 雷区一：公司规模

▼

> 发行人的主营业务为人机界面、伺服系统、步进系统、低压变频器等，报告期内发行人的营业收入分别为212464996.86元、205770769.24元、236554726.91元（其中外销收入部分通过第三方回款），扣除非经常性损益后归属于母公司股东的净利润分别为20824588.31元、16789402.77元、21426232.08元。
>
> 请发行人代表：
>
> （1）说明经营规模持续较小的原因，并解释说明，如果市场需求或供给出现重大变化，公司的持续发展将会受到哪些影响；
>
> （2）结合产品功能、技术要求、公司的核心优势等，说明将人机界面、伺服系统、步进系统、低压变频器等业务归为“一种业务”的合理性；
>
> （3）从企业商业模式的角度，解释说明外销收入部分通过第三方回款的理由。①

从监管层的反馈我们可以看出，监管层主要有三个问题：

（1）公司规模这么小，以后行业内若出现变化，公司能否适应？

（2）公司的人机界面、伺服系统、步进系统、低压变频器这四个是如何分类的？为什么要归在一类？公司的核心优势是哪个？

（3）公司的商业模式很特殊吗？如果不是，为什么外销要通过第三方回款？

我们先来看看第一个问题，步科的规模到底小不小？

两亿多元的营收，2000多万元的净利润，按理说，应该符合要求，我们之前还分析过做软件的宝兰德，营收不足一亿元，监管层都不认为其规模小，怎么到了步科就要求较高了呢？

其实，这还是步科自己“弄巧成拙”造成的。

---

① 参见中国证监会网站《上海步科自动化股份有限公司创业板首次公开发行股票申请文件反馈意见》，载http：//www.csrc.gov.cn/pub/newsite/fxjgb/scgkfxfkyj/201706/t20170612_318406.html，2018年4月15日最后访问。

步科主动披露了自己“与同行业上市公司同类产品销售收入以及市场整体规模的比较情况”，还煞有介事地拿出了对手们的数据。

从数据上看，步科列出的六个对手中，只有两家公司的营收是个位数（当然单位是亿元），最小的一个信捷电气也超过3亿元，其余都是两位数，最大规模的汇川技术都超过36亿元了。

▼

公司与同行业上市公司同类产品销售收入以及市场整体规模的比较情况。

报告期内，公司与同行业上市公司同类产品销售收入以及市场整体规模的比较情况如下：

单位：万元

<table>
<tr><th>公司名称</th><th>主营产品</th><th>产品类别</th><th>2016 年度</th><th>2015 年度</th><th>2014 年度</th></tr>
<tr><td rowspan="3">英威腾</td><td rowspan="3">中低压变频器、伺服驱动系统</td><td>变频器类</td><td rowspan="2">99, 150. 65</td><td>59, 102. 66</td><td>78, 753. 30</td></tr>
<tr><td>伺服驱动系统</td><td>8, 669. 73</td><td>6, 956. 38</td></tr>
<tr><td>主营业务</td><td>130, 793. 98</td><td>107, 460. 60</td><td>105, 788. 43</td></tr>
<tr><td rowspan="4">汇川技术</td><td rowspan="4">低压变频器、一体化及专机、伺服系统和 PLC</td><td>变频器类</td><td>166, 451. 84</td><td>140, 181. 15</td><td>134, 104. 00</td></tr>
<tr><td>运动控制类（伺服系统）</td><td>50, 163. 03</td><td>34, 903. 73</td><td>29, 627. 09</td></tr>
<tr><td>控制技术类（人机界面、PLC）</td><td>10, 625. 14</td><td>7, 355. 61</td><td>6, 560. 09</td></tr>
<tr><td>主营业务</td><td>366, 004. 52</td><td>277, 052. 99</td><td>224, 255. 01</td></tr>
<tr><td rowspan="3">合康新能</td><td rowspan="3">高压变频器</td><td>变频器类</td><td rowspan="2">59, 771. 60</td><td rowspan="2">63. 775. 61</td><td>58, 819. 91</td></tr>
<tr><td>驱动系统类</td><td>6, 875. 89</td></tr>
<tr><td>主营业务</td><td>134, 099. 01</td><td>78, 541. 74</td><td>65. 695. 80</td></tr>
<tr><td rowspan="4">新时达</td><td rowspan="4">电梯控制类产品、节能与工业传动类产品和机器人与运动控制类产品</td><td>电梯控制类产品</td><td>47, 628. 41</td><td>56, 015. 10</td><td>63, 286. 01</td></tr>
<tr><td>节能与工业传动类产品</td><td>25, 812. 75</td><td>30, 375. 55</td><td>31, 581. 63</td></tr>
<tr><td>机器人与运动控制类产品</td><td>174, 616. 70</td><td>35, 116. 12</td><td>8, 089. 74</td></tr>
<tr><td>主营业务</td><td>272, 656. 78</td><td>150, 703. 30</td><td>130, 507. 56</td></tr>
</table>

续表

公司名称	主营产品	产品类别	2016 年度	2015 年度	2014 年度
埃斯顿	伺服系统、智能装备核心控制功能部件、工业机器人及成套设备	伺服系统	46, 725. 68	4, 0429. 43	9, 061. 84
		主营业务	67, 797. 77	48, 291. 78	51, 146. 31
信捷电气	可编程逻辑控制器、人机界面、伺服系统和智能装置	可编程逻辑控制器	16, 644. 05	14, 392. 54	14, 066. 34
		人机界面	8, 760. 83	7, 906. 70	8, 225. 95
		驱动系统	7, 734. 07	6, 128. 59	5, 751. 58
		智能装置	2, 022. 32	1, 677. 17	1, 280. 75
		主营业务	35, 181. 08	30, 115. 72	29, 354. 15
本公司	人机界面、伺服系统、步进系统、PLC、低压变频器	人机界面	11, 608. 78	9, 814. 94	10, 265. 01
		伺服系统	7, 032. 34	6, 372. 28	6, 929. 04
		步进系统	1, 712. 39	1, 611. 51	1, 546. 74
		低压变频器	1, 909. 52	1, 446. 41	1, 308. 45
		可编程逻辑控制器	599. 90	573. 35	526. 24
		主营业务	23, 368. 58	20, 439. 15	21, 125. 97
市场规模		人机界面	160, 000. 00（E）	160, 000. 00	169, 000. 00
		伺服系统	614, 900. 00（E）	610, 000. 00	625, 000. 00
		步进系统		51, 000. 00（E）	51, 000. 00
		低压变频器	1, 850, 000. 00	1, 800, 000. 00	1, 750, 000. 00
		可编程逻辑控制器		720, 000. 00	762, 000. 00

反观我们的步科，只有 2 亿元的营收，这就相对来说较少了。关键是公司数据拿出来，后面却全部解释“变动”与对手和行业相符，为什么就没说规模这么小呢?

▼

由同行业公司和本公司情况，并结合行业整体情况，2015 年度行业景气度有所下降，2016 年度行业有所回暖，同行业上市公司 2016 年均实现增长，公司 2016 年度营业收入也出现回升。公司的收入变动情况与同行业多数可比上市公司基本相符。

同行业上市公司中，信捷电气的销售规模和产品分类与公司最为接近，由上表，公司人机界面、伺服系统和可编程逻辑控制器销售收入变动趋势与信捷电气基本保持一致，不存在明显差异。

经核查，保荐机构认为，发行人收入变动情况与市场整体规模、同行业可比上市公司同类产品销售收入的变动情况基本相符，不存在明显差异。经核查，发行人会计师认为，发行人收入变动情况与市场整体规模、同行业可比上市公司同类产品销售收入的变动情况基本相符，不存在明显差异。

内容与审查核心不符，监管层也想知道主题内容。

不仅如此，我们还发现，步科对自动化产品的“生产”，其实主要是组装测试，零部件基本是采购而来。

其中核心原件——CPU、IGBT 都依赖进口，相比行业内营收动辄十几亿元、几十亿元的对手来说，如果国外厂商拒绝供货，估计第一个受冲击的就是步科了。

这是监管层最近久违的因规模小而否决的案例。

另外两个问题，我们下面接着说。

5
雷区二：四个产品的分类问题

监管层的第二个问题，依然是比较规模这个问题引出来的。

步科在比较了同行对手们有多大之后，还在下方特地“注”了几个对手的业务分类情况：

合康新能在 2015 年和 2016 年变频器类和驱动系统类收入重分类进“节能设备高端制造”；

英威腾从 2016 年半年报起将产品重分类为“控制层产品”“驱动层产品”“执行层产品”和“能源电力产品”；2016 年变频器类收入和伺服驱动系统收入采用“驱动层产品”收入，新时达“电梯控制类产品”；信捷电气“智能装置”为包含可编程控制器、人机界面、驱动系统、机器视觉的成套装置。

▼

注：1. 由于合康新能从2015年年报起将产品重分类为“节能设备高端制造”和“新能源类”，2015年和2016年变频器类和驱动系统类收入采用“节能设备高端制造”收入；英威腾从2016年半年报起将产品重分类为“控制层产品”“驱动层产品”“执行层产品”和“能源电力产品”，2016年变频器类收入和伺服驱动系统收入采用“驱动层产品”收入；新时达“电梯控制类产品”“节能与工业传动类产品”主要为变频器产品，“机器人与运动控制类产品”包含伺服驱动器；埃斯顿自2015年年报起将产品重分类为“智能装备核心控制功能部件”和“工业机器人及成套设备”，2015年和2016年伺服系统收入采用“智能装备核心控制功能部件”收入；信捷电气“智能装置”为包含可编程控制器、人机界面、驱动系统、机器视觉的成套装置。

这一“注”引发了监管层的问题。

我们在一开始就提到，步科有人机界面、伺服系统、步进系统、低压变频器、可编程逻辑控制器五大类产品，而同行的对手们，在这几类产品上，都重新分类了。就连步科自己，也把这五大类产品分为控制层产品、驱动层产品和执行层产品三类。

▼

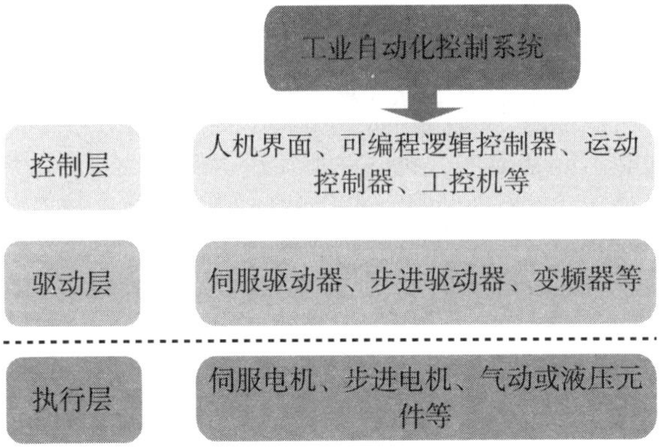

然而在之后的收入结构中，步科还是把这些产品归为一类业务，这时监管层就产生了疑问：其他公司都把这些产品重新分类了，你怎么还归成一种业务进行报告呢？到底怎么回事，步科也没说。这真是一张比较规模的表引出一连串问题啊！

6

雷区三：第三方回款是个大隐患

而第三方回款问题，是最近 IPO 被否的常客。很多境外销售都会用这个方式回款，但它偏偏是最不能碰的底线。

甚至，这次保荐代表人也出来明确表明：这个第三方，不是关联方，不影响真实性。但是监管层仍说：不相信该解释！

▼

> 请保荐代表人：
>
> （1）结合“保荐机构认为，……支付货款的第三方与发行人不存在关联关系，上述第三方付款情况对发行人的收入真实性不构成影响”的陈述，说明作出上述结论的依据及取得相关证据的途径；
>
> （2）结合报告期内发行人主要产品人机界面的销售价格持续下降的情况，说明发行人 2017 年 1 ~5 月的经营情况并对发行人的持续盈利能力发表核查意见。①

从监管层对保代的质疑中，我们可以看出，就算保代直接表示这个第三方是清白的，监管层仍然要求拿出证据来（注意：是证据，不是表态和承诺）。

到底这个证据能不能拿出来，我们并不知道，但是从步科坎坷的经历看，监管层对境外销售的第三方回款，就和对医药行业的商业贿赂一样，抱着“宁可错杀一千，不可放过一个”的态度，只要碰到了这条红线，那真是“秀才遇到兵，有理说不清”。

第三方回款，能不用则不用，如果已经踩了红线，还是要拿着白纸黑字来自证清白。

---

① 参见中国证监会网站《上海步科自动化股份有限公司创业板首次公开发行股票申请文件反馈意见》，载 http：//www. csrc. gov. cn/pub/newsite/fxjgb/scgkfxfkyj/201706/t20170612_ 318406. html，2018 年 4 月 15 日最后访问。

7

雷区四：销售模式的问题

在销售模式上，步科也有解释不清的问题。

▼

> 发行人报告期内分销收入占比较高，分销收入确认的时点与直销存在差异，部分分销商的股东系发行人离职员工，同时报告期内出口业务占比不断增加，请发行人代表说明：
>
> （1）分销和直销收入确认的时点差异及其原因；
>
> （2）部分产品直销价格低于分销价格的原因；
>
> （3）出口销售数据与海关数据的核对情况及其差异原因。
>
> 请保荐代表人说明对分销收入的最终销售情况及其作价公允性实施的核查程序和核查结论。①

从监管层的反馈中，我们看到了三个问题：

（1）公司分销和直销收入确认时点有什么不同，为什么？

（2）为什么有的产品直销比分销时便宜？

（3）为什么公司出口销售数据和海关数据有差异？

要想搞清楚收入确认时点，我们先来看一下步科股份在两个销售模式下，是怎么确认收入的：

我们说过，步科采取分销为主（营收占比70%以上）、直销为辅（占比30%以下）的模式。在分销模式下，分销商收货后，在合同约定期限内（一般是5天），如果出具验收确认函或没有提出异议，步科就确认收入。在直销模式下，步科的确认方式有两种。一是对账确认。步科和客户在对账日核对上一期的销售情况，如果

① 参见中国证监会网站《上海步科自动化股份有限公司创业板首次公开发行股票申请文件反馈意见》，载 http://www.csrc.gov.cn/pub/newsite/fxjgb/scgkfxfkyj/201706/t20170612_318406.html，2018年4月15日最后访问。

没问题就开发票，同时确认收入。二是验收确认。这个验收确认和分销模式下的确认方式完全相同。

至此，监管层提出问题：公司直销模式和分销模式下，收入确认的时点有什么不同？为什么不同？

这个时点差异，步科并没有具体披露，反倒“长篇大论”披露了直销模式的收入占比、客户名单、收入确认流程等所有细节，对主要的分销模式并未有具体说明。

而且，这个没怎么说明的分销模式下，客户有很多都是步科的前任员工，那里面没解释清的问题就更多了。

与原公司藕断丝连，这个问题在普元身上也出现过，看来，最好要与原公司划清界限!

最后仍是出口问题，第三方回款的问题已经让监管层充满疑惑，出口数据出现疑点，更让监管层怀疑其出口了。

除了持盈、销售疑点外，步科股份在运行规范性上还存在诸多疑点。

▼

2014 年 12 月，黄华林、马学童、朱宏锋分别与池家武签订股份转让协议，将其各自持有的发行人 941135 股、510200 股、299452 股转让给池家武并退出发行人股东。发行人报告期存在持续与前股东及前员工所在的公司产生采购或销售的情形。请发行人代表：

（1）说明申请文件提供的孙瑜、池家武招商银行账户信息之间的逻辑关系；

（2）说明在申报前黄华林、马学童、朱宏锋转让股份的原因以及转让后持续与其所在公司发生交易的原因；

（3）以产品 MT4620TE 为例，进一步说明相关反馈文件《主要产品主要型号的价格差异表》中的分销单价、直销单价与告之函回复文件中提及的“公司向该分销商平均销售单价”“该分销商对外平均销售单价”有何异同；

（4）补充说明对终端市场价格的管控措施。

请保荐代表人：

（1）说明对“该分销商对外平均销售单价”的获取方式及履行的核查程序；

（2）比较发行人与其前员工所在公司发生的交易价格及该公司最终销售价格，对前员工所在公司是否替发行人承担成本费用发表核查意见；

（3）说明对黄华林、马学童、朱宏锋股权转让的核查过程，并对池家武是否替三人代持股份发表明确的核查意见；

（4）对与前股东及前员工所在的公司购销交易价格的公允性是否充分披露发表核查意见。[①]

和原公司的藕断丝连，在采购、销售上都有大问题。步科的股权转让也有不少疑点，监管层的意思是：原兼并公司这么多，都成了客户，销售模式又不够清晰，不会都和这些原公司走特殊渠道吧？这些疑问，步科也都没解释清楚。

① 参见中国证监会网站《上海步科自动化股份有限公司创业板首次公开发行股票申请文件反馈意见》，载 http：//www. csrc. gov. cn/pub/newsite/fxjgb/scgkfxfkyj/201706/t20170612_ 318406. html，2018 年 4 月 15 日最后访问。

图书在版编目（CIP）数据

IPO监管雷区／并购优塾编著．—北京：中国法制出版社，2018.6

ISBN 978-7-5093-9081-8

Ⅰ.①I… Ⅱ.①并… Ⅲ.①上市公司-监管制度-案例-中国 Ⅳ.①F279.246

中国版本图书馆CIP数据核字（2018）第101804号

策划/责任编辑　任乐乐（lele_juris@163.com）　　封面设计　周黎明

IPO监管雷区

IPO JIANGUAN LEIQU

编著/并购优塾

经销/新华书店

印刷/三河市国英印务有限公司

开本/710毫米×1000毫米　16开　　印张/24　字数/236千

版次/2018年6月第1版　　2018年6月第1次印刷

中国法制出版社出版

书号ISBN 978-7-5093-9081-8　　定价：79.00元

北京西单横二条2号　　值班电话：66026508

邮政编码100031　　传真：66031119

网址：http：//www.zgfzs.com　　**编辑部电话：66071862**

市场营销部电话：66033393　　**邮购部电话：66033288**

（如有印装质量问题，请与本社印务部联系调换。电话：010-66032926）